本书受到云南省哲学社会科学学术著作出版专项经费资助

经济管理学术文库·经济类

云南近代工业化进程中的劳动力流动与产业集聚研究

Research on Labor Mobility and Industrial Agglomeration in the Process of Modern Industrialization in Yunnan

杨海滨／著

经济管理出版社

图书在版编目（CIP）数据

云南近代工业化进程中的劳动力流动与产业集聚研究/杨海滨著.—北京：经济管理出版社，2018.9
ISBN 978-7-5096-5977-9

Ⅰ.①云… Ⅱ.①杨… Ⅲ.①地方工业—工业化进程—劳动力流动—研究—云南—近代 ②地方工业—工业化进程—产业集群—研究—云南—近代 Ⅳ.①F427.74 ②F249.277.4

中国版本图书馆 CIP 数据核字（2018）第 200192 号

组稿编辑：杨国强
责任编辑：杨国强　张瑞军
责任印制：黄章平
责任校对：王淑卿

出版发行：经济管理出版社
　　　　（北京市海淀区北蜂窝 8 号中雅大厦 A 座 11 层　100038）
网　　址：www.E-mp.com.cn
电　　话：(010) 51915602
印　　刷：三河市延风印装有限公司
经　　销：新华书店
开　　本：720mm×1000mm/16
印　　张：13
字　　数：204 千字
版　　次：2019 年 1 月第 1 版　2019 年 1 月第 1 次印刷
书　　号：ISBN 978-7-5096-5977-9
定　　价：68.00 元

·版权所有　翻印必究·

凡购本社图书，如有印装错误，由本社读者服务部负责调换。
联系地址：北京阜外月坛北小街 2 号
电话：(010) 68022974　　邮编：100836

前　言

　　本书以云南近代的工业经济发展为中心，重新探讨云南近代工业化进程中出现的劳动力流动与产业集聚现象。过去一些研究为此曾经有过争论，并以中国西部边疆地区的产业欠发达为由而把西南近代工业的基本面视为落后和停滞的代表。本书通过考察1800~1930年云南地区的劳动力迁移和产业集聚，以展示和厘清两者之间复杂的互惠共生关系。此外，本书在实证研究的基础上检验主要影响1840~1936年云南地区产业集聚程度的外生变量，以求更深入地探究云南近代工业和产业经济变迁背后的历史背景和推动力量。

　　正如本书研究所揭示的，从19世纪中叶至20世纪前期，云南工业经济的发展过程中充满对当代区域经济增长具有启发意义的历史经验。对云南近代劳动力流动和产业转移的研究表明，地区间产业的整合并不单单取决于它们的经济规模，同时还受到国内市场其他因素的影响，并受限于该市场中政府和企业家的经济行为。相对而言，劳动力流入程度高的地区，市场更容易吸引其他要素并产生竞争，该地区工业的集聚效率也更高。除了劳动力流动对产业集聚的基本影响之外，外部冲击、交通运输条件、气候灾害以及政府的市场政策等都会影响到产业的转移速度和市场价格变动。此外，本研究还发现，不能忽略云南近代企业家群体所具有的社会关系网络本质，这一特殊的社会资本在一定程度上促进了产业的整合效率。简单来说，本书的一个重要发现是，验证了"区域劳动力影响产业集聚"假设，并发现劳动力流动、政府政策对产业集聚的影响存在着显著差异，一般情况下，两者呈现明显的双重集聚和替代效应。

目 录

第一章 导论 ……………………………………………………… 001

第一节 选题依据、意义 ………………………………………… 002
第二节 研究思路和研究方法 …………………………………… 007
一、研究思路 ……………………………………………… 007
二、结构脉络 ……………………………………………… 009
三、研究方法 ……………………………………………… 009
第三节 核心概念 ………………………………………………… 012
一、产业集聚 ……………………………………………… 012
二、劳动力流动 …………………………………………… 014
三、产业转移 ……………………………………………… 015
第四节 研究资料的整理 ………………………………………… 016
一、地方志 ………………………………………………… 016
二、清代官方文书、清人文存 …………………………… 018
三、民国以来海关、边疆及其他史料 …………………… 018
四、民国以来社会经济调查统计 ………………………… 020
五、民国时期洋人时人文存 ……………………………… 020
第五节 实现的创新及需进一步解决的问题 …………………… 021

第二章 文献研究 ………………………………………………… 023

第一节 劳动力流动与产业集聚关系的理论分析 ……………… 025

一、外部经济理论 ································ 025
二、竞争理论 ···································· 026
三、区域经济增长理论 ···························· 026

第二节 劳动力流动、产业集聚与区域经济的差距 ·········· 027
一、本地市场效应 ································ 028
二、生活成本效应 ································ 028
三、市场拥挤效应 ································ 029

第三节 经济史视角下的近代人口与产业研究 ············· 030
一、近代移民和人口变迁研究综述 ·················· 031
二、近代工业化理论的演变 ························ 038
三、近代中国与云南的产业变迁及工业化研究综述 ····· 043

第四节 本章小结 ···································· 049

第三章 云南近代人口增长与劳动力流动 ················· 051

第一节 清代以来中国的经济和人口变化 ················· 051
一、历史上的人口统计 ···························· 056
二、近代人口统计的改进 ·························· 061

第二节 1649~1936年云南的人口增长 ···················· 064
一、1649~1825年的云南人口统计 ·················· 065
二、1820~1936年的云南人口变化及其特征 ·········· 069

第三节 1250~1936年云南的劳动力流动特征 ·············· 075
一、1250~1700年的云南人口流动状况 ·············· 075
二、1775~1936年的云南人口流动状况 ·············· 080

第四节 本章小结 ···································· 084

第四章 云南近代工业化进程中的产业集聚和结构变动 ····· 085

第一节 中国近代工业转型回顾 ························· 085
一、中国近代工业化发展的三个阶段 ················ 086

目 录

  二、关于中国近代工业化发展的进一步思考 …………… 094

 第二节 外部冲击与云南近代工业转型 ………………………… 098

 第三节 云南近代产业结构的变动 …………………………… 106

  一、1850~1936年云南工矿、交通运输业结构变化及其特点 …… 107

  二、1850~1936年云南产业结构的变动 ………………… 109

 第四节 云南近代工业化的制度变迁与路径依赖 …………… 112

  一、云南近代工业化的制度变迁特征之一：政府主导 …… 112

  二、云南近代工业化的制度变迁特征之二：市场力量主导 …… 117

 第五节 本章小结 ……………………………………………… 123

第五章 云南近代劳动力流动与产业集聚关系的分析 ……………… 125

 第一节 云南近代人口变动的趋势及其经济含义 …………… 126

  一、云南近代人口的地理分布及其原因分析 …………… 128

  二、影响云南人口变动的诸因素分析 …………………… 136

  三、云南近代劳动力流动分析：1850~1936年 ………… 140

 第二节 云南近代产业集聚水平的测度 ……………………… 144

  一、产业集聚水平测度方法的选择和比较 ……………… 145

  二、产业集聚的模式分析 ………………………………… 147

  三、1840~1936年云南地区产业集聚测定 ……………… 150

 第三节 云南近代的劳动力流动与产业集聚——实证分析 …… 154

  一、不匹配的影响因素和研究假设 ……………………… 156

  二、计量模型、指标度量说明 …………………………… 157

  三、计量结果及分析 ……………………………………… 160

 第四节 本章小结 ……………………………………………… 164

第六章 结语 ………………………………………………………… 167

 第一节 云南近代工业化转型的启示 ………………………… 167

 第二节 从劳动力流动和产业集聚看近代中国工业化转型 …… 174

参考文献 …………………………………………………………… 177

后　记 ……………………………………………………………… 197

第一章 导 论

本书研究主要以1800~1930年云南近代工业发展史为对象，对近代云南的劳动力流动与产业集聚问题进行深入研究。一方面，从历史学的角度看，近代以来，由于西南各主要地区的经济发展，伴随着开埠通商、战争等外部冲击的影响互动，以及大规模的跨地区人口迁移，使得云南近代社会和经济发展出现了前所未有的深刻转变；另一方面，如果从经济学的角度看，近代云南的工业化产生了一系列重要的社会经济变化，其中一个效应是，由于区域产业集聚和劳动力流动的互惠共生和相互催化，使得云南工业克服了交通地理条件与市场规模的约束，在一段历史时期内实现了一定程度上的跨越式发展。然而，在很长一段时间，学界传统上对云南近代工业经济的认识还停留在落后、停滞的固化认识中。其中一个根本原因，在于人们总是先入为主地把云南视为边疆欠发达省份，这种地理决定论的观点直接导致学界长期忽略了云南近代工业转型所取得的成就和特殊的历史背景。此外，历来研究者也很少论及云南近代工业化进程中的劳动力流动与产业集聚之间的关系，这无疑是云南近代经济史研究中一个不小的缺憾。

如何解释云南近代工业化进程中出现的劳动力流动与产业集聚并存的经济现象？本书认为，如果从劳动力流动对市场规模和产业结构的影响入手，深入探究劳动力流动在区域经济和产业变迁过程中的经济功能，应该可以找到近代以来云南工业发展中的内生动力来源。从这个意义上说，本书将展开讨论的是中国经济史中一个具有重要理论价值和现实意义的问题。相较于传统经济学理论主要从"资源配置"角度研究工业化问题，本书主要从"劳动力流动与产业集聚"视角考察云南工业化的动力机制，这既扩展了人口经济和产业理论的研究视域，一定程度上也能够纠正以往对近代西南地区工业落后的认识。

第一节　选题依据、意义

去过伦敦的古典音乐爱好者大多知道，除了大名鼎鼎的英国皇家大剧院（Royal Opera House）之外，还有一个非常有名的音乐殿堂就是英国国家歌剧院（English National Opera）。除了可以在此聆听美妙的音乐之外，书籍爱好者也喜欢光顾此地。其原因在于，国家歌剧院旁边有一条巷子名叫圣马丁巷（St. Martin's Court），在这条很短的街道两边布满了二手书及印刷品的销售商。对这些店铺来说，圣马丁巷是一个十分合适的地方。当然，其他地点也可能同样合适。那么，为什么这些店铺要开在圣马丁巷呢？他们的目的显然是为了能够彼此靠近。无疑，还会有很多有趣的故事告诉书虫们当初圣马丁巷的二手书店是如何聚集到一起的，但对经济学家而言，"圣马丁巷现象"广泛存在于经济中：潜在顾客之所以选择来圣马丁巷，是因为他知道那里有很多自己感兴趣的店铺；而书店店主之所以选择把店开在圣马丁巷，也是基于同样的理由，在那里会有很多潜在的顾客。

按照空间经济学的逻辑，这种集聚现象特指经济活动的集中，它由某种循环逻辑创造并维持。集聚有多种层次，从城市中为周边居民区服务的当地购物区，到硅谷这样为整个全球服务的专业化经济区，都会产生经济集聚。如果我们借用空间经济学的视角来考察中国近代的云南经济，就会自然产生如下一些有趣的问题：经济活动的空间集中何时得以维持？传统的自给自足经济条件下如何产生经济活动集聚？在经济活动集中的过程中，劳动力的流动起到了何种作用？

事实上，大量经济史研究成果显示，近代中国人口和经济活动在地理上的分布极不平衡。近代开埠通商以来，伴随着中国经济的现代化发轫，以西方国家为仿照模式的新型工业经济在东部沿海地区逐步发展起来，产业空间分布密度呈现从东部地区向中西部递减的格局。同一时期，中国中南西部地区的大批人口开始向东部地区流动，到了清代末期，东中西三个区域的人口分布出现了明显的失衡，劳动力市场扭曲现象愈演愈烈。劳动力的流动与迁移带来的经济活动转移和聚集，间接造成了中国东部沿海地区和中西部内陆地区的区域经济增长的不平衡问题越来越突出。一些研究表明，从19世纪末直到20世纪末，中国的这一历史性产业和人口转移过程一直在缓慢持续，中国的基尼系数、泰尔系数等均在20世纪末达到历史最高水平。与其他国家相比，中国在21世纪初期的泰尔系数显著偏高，已接近或超过国际公认的警戒线水平，中国区域间的经济差距日益严重，这已经成为中国区域经济协调发展的严重阻碍。

产业集聚对区域经济差距的影响可以从以下几个角度考虑：第一，尽管我国在19世纪后期引入了西方先进的交通通信设施，但整体上看，基础设施还很薄弱。因此，在每一个能够形成产业集聚区的地区，如果区内不同产业共同分享公共基础设施，将会有效降低企业的生产成本，形成产业集聚区内单个产业的竞争价格优势。第二，尽管受到地理和交通条件的限制，我国近代市场发展呈现出整合与分割并存，但是在各个产业集聚区更容易形成经济网络关系，形成大规模的消费群体和市场。第三，1895年以后，我国东南地区以上海为代表形成了工业集聚区，涌现了一批现代机械、纺织制造企业，这些产业集聚区能够实现技术和市场信息的共享，促进技术的创新和产业的升级，由此可见，产业集聚地区更能实现产业的升级发展进而带动地区经济的增长。近代中国，东部沿海地区产业集聚优势明显，而中西部地区特别是西南地区产业分布较为分散。这样的格局从近代直至当前一直没有改变。21世纪以来，东部沿海地区产业升级可利用的资源逐渐减少，这不仅不利于自身的经济增长，中西部地区也难以获得良性发展。

经济学理论认为，人口迁移和人口增长是一个国家从农业化向工业化发展过程中必然出现的现象。人口生产也是物质资料生产的一部分，充足的人口为一个国家的持续、稳定发展提供了有力的保证，也为今后经济的扩张打下了基础。另外，经济持续、稳定发展又为人口迁移提供了动力，为农业人口向工业部门转移提供了条件。中国自古以来都是一个农业型国家，农村存在大量剩余劳动力。到了近代时期，由于城市工业化的发展，为农村劳动力向城市转移提供了一个新途径。近代云南以社会化大生产为主，手工业工场和作坊为辅，形成近代商业、金融业等同步发展的多功能经济结构，需要大量的劳动力。对于近代以来的中国经济来说，人口迁移有利于我国工业化和城市化的进程；但是，在很长时间内，人口迁移和人口增长仍是我国经济增长的一个重大压力。相较于明清因为战争和政权变动引起的人口变化，从清代中叶劳动力流动状况看，人口数据显示中国农村劳动力的流动范围要高于工商从业者，农业人口在户籍迁移和公共产品的使用过程中未受到公平的待遇。工商业者因为受到制度上的约束，只能选择就近就业，导致劳动者不能在专业匹配的岗位工作。与此同时，农村劳动者由于人数众多，仍旧会涌入发达地区，这无疑对本地的低技能劳动者产生了挤压效应，同时发达地区产业吸纳劳动力的能力逐渐下降。所以，衡量劳动力流动对区域经济发展的作用不能仅仅只看到劳动力流动带来的人力资本正面作用，同时也要关注劳动力流动导致的人口集中与产业集中是否相匹配。鉴于此，本书重点研究近代云南地区劳动力流动与产业集聚的匹配情况，并据此探讨两个要素对区域经济差距的作用效果。

从产业经济学意义上讲，产业集聚会使得区域间经济发展出现差异，产业集中的地区经济发展速度较快，而劳动力流动也会影响地区间经济发展的平衡。国内外学者在研究如何协调区域经济发展的问题上，或者侧重研究劳动力流动与区域经济增长差距的关系，抑或侧重分析产业集聚与区域经济增长差距的关系，而对同时考虑劳动力流动与产业集聚两个影响因素，通过探讨两者之间的内在联系并据此分析两者对区域经济增长差距的联合作用效果的研究资料较为稀少。因此，本书以新经济地理学理论为基础，借助区域经济增长理论，分析研究近代劳动力流动、产业集聚和区域经济增长差距的关系，从而为缓解当前云南区域间经济增长差距现状提供一定的历史经验和建议。

从现实意义上说，随着经济市场化、经济一体化和经济全球化程度的日益加深，地区间协调发展已经并继续成为我国区域经济关系的重要取向。我国劳动力区域间流动的规模不断扩大，中西部地区丰富的劳动力资源大规模向东部沿海地区进行转移。产业在空间上的分布极不均衡，以劳动密集型产业为主的外向型经济主要集中在东部沿海地区，并且呈现从东部沿海向中部地区、再到西部地区逐步递减的格局。我国现有产业和劳动密集程度的区域分布是市场配置资源的结果，充分反映了生产要素区域间的流动和重组。然而，由于受到户籍制度限制等因素的影响，劳动力流动未能实现充分有序的流动，对于东部地区而言，虽然有大量劳动力迁入，然而本地产业对劳动者的吸纳能力日益减弱。与此同时，中西部地区人力资本缺失，又因为中西部地区的产业集聚不够，使得本地区提供的非农产业劳动力不能被有效吸收、就地转化。东部、中部和西部地区呈现人口集中和产业集中不匹配的格局。因此，研究近代以来云南地区劳动力流动和产业集聚是否具有匹配性，并据此分析两者对区域经济增长差距的作用效果，对缓解区域经济差距的扩大具有重要的现实意义。

本书认为，中国的区域不平衡是一客观现实，也是近百年经济能量不断循环累积而产生的历史现象，其中近代劳动力与产业在区域空间的双重集聚起到了十分关键的作用。近代开埠通商以来，我国东部特别是长江三角洲地区经济一体化不断深入（王国斌，1998），贸易成本开始下降，使得该地区商品和劳动市场的竞争力增强，生产要素价格上升，劳动力需求扩大（Vries，2003），最终形成"本地市场效应"，并进一步吸引外围厂商和人口聚集。故而，探讨近代中国区域劳动力流动与产业集聚之间的关系，对揭示我国近代工业化进程中的经济空间不平衡现象，以及为解决当下中国严峻的地区发展失衡提供一个基于经济史的分析视角，无疑具有重要的启示性和学术研究价值。

劳动力流动与产业集聚的理论渊源可以追溯到韦伯提出的"工业区位"论（Weber，1909）。近代工业化之前，原材料的运输成本仍然很高，因此靠近自然资源就成为企业首要考虑的区位因素（Bairoch，1997）；产业革命以后，生产率提高，运输成本大幅下降（Cipolla，1962），这一方面促使农业劳动力向工业转移，另一方面也让厂商摆脱了区位选择时的自然要素约束（Braudel，1979）。基于中国近代早期工业化的历史经验，一些学者认为，伴随着19世纪中叶前后我国农村人口不断流入城市和发达地区（戴鞍钢，2011），城镇工业在空间分布上开始受到劳动力流动与劳动力质量等因素的影响（李伯重，2010）。由于劳动人口的大规模迁移，不但推动了云南等内陆省份的矿业兴旺（曹树基，2005），而且直接促进了我国近代产业结构变化和地区经济分化（王玉茹等，2000），并具体表现为产业空间不平衡，即在沿海口岸城市工业集中的趋势明显（吴松弟，

2009),而在乡村和不发达地区的工业化程度却较低(彭南生,2003)。

在改革开放的新历史条件下,我国区域经济失衡的加剧与区域劳动力流动及产业集聚加速紧密相关。国内外学者研究发现,20世纪50年代以后,我国在发达地区形成一定规模的产业集聚,使得大量农村劳动力不断向发达地区迁移,促进了非农产业向沿海地区集中(蔡昉等,2009)。同时,伴随大量中西部农村劳动力转移,高技能劳动力也由内陆向沿海流动,这一趋势既加强了发达地区的产业集聚,又扩大了地区经济差距(范剑勇等,2004;赵伟等,2007)。由此可见,历史上的不平衡所形成的累积空间力量与当代因素结合,仍然对劳动力区域转移和产业空间集聚产生了不可忽略的影响。

上述研究揭示了劳动力流动的重要作用,明确了区域劳动力流动与产业集聚的关系,并指出我国核心发达区域应充分发挥吸引内陆过剩劳动力的人口极化功能以推进产业集聚。然而,从近现代中国工业化提供的不同历史证据看,尽管两个历史时期的增长水平不可同日而语,但都存在一个共同现象:产业集聚呈现出巨大的空间差异,具体表现为南方优于北方,东部强于西部。因此,需要深入研究中国近代工业化进程中区域劳动力流动影响产业集聚的历史特征,并以此为基础探讨我国近代产业空间不平衡和地区经济差距的历史诱因。

本书立足于我国近代工业化过程中区域产业不平衡和劳动力市场变迁的历史和现实背景,着眼于近代中国区域劳动力流动的特点,以近代产业变化为目标,通过界定近代产业集聚并刻画形成集聚的动力机制,研究近代区域劳动力流动影响我国产业集聚的传导路径与作用机理,进而从劳动力流动与产业集聚引致的循环累积效应角度,深入分析我国近代产业空间不平衡和地区经济差距问题。在世界经济一体化背景下,这不但能为理解我国近代工业化进程提供历史证据和新的思路,而且可以丰富产业结构优化与经济增长方式转变的理论探讨,具有较为重要的理论价值和现实意义。

第二节 研究思路和研究方法

一、研究思路

本书在新经济地理学和区域经济增长 β 收敛理论的基础上,研究劳动力流动和产业集聚对区域经济差距的作用效果,从劳动力流动引致的人口集中和产业集中现状出发,探讨近代时期云南地区的劳动力流动和产业集聚是否匹配。具体来说,通过构建 β 收敛模型,研究劳动力流动和产业集聚要素对云南腹地和边缘地区经济增长率的影响,并根据作用效果提出缩小区域间经济差距的对策建议。基于上述研究思路,本书在结构上分为五个部分,主要安排如下:

第一章导论。首先介绍了劳动力流动和产业集聚对工业化和区域经济增长影响的背景和意义;其次提出本书的总体研究框架、研究思路和研究方法。

第二章文献研究。梳理文献和最新研究进展,就国内外学者对劳动力流动、产业集聚和工业化关系的观点进行归纳总结,着重介绍我国学者对这方面研究的贡献。主要包括:

(1) 借鉴劳动力共享的概念,界定区域劳动力流动的内涵。

(2) 评述文献中"产业分布"与"产业集聚"的源流演变,界定产业集聚的内涵;同时,基于产业地理集中与要素流动的互惠共生与相互催化,刻画产业集聚的动力机制。

(3) 比较近代东亚工业史中出现的产业空间不平衡现象,梳理其研究进展和局限性。

第三章云南近代人口增长与劳动力流动。扩展空间经济学和历史分析,使理论假定与中国近代工业史的历史条件更为接近。从要素流动与集聚角度,通过重新界定运输成本、人力要素对经济活动空间分布的影响、核心—外围等维度,证明区域劳动力流动不但会诱导企业的集聚行为,而且能够提供产业集中所需要的资源，因此可以内生影响近代中国的产业集聚变化。主要包括：

（1）以地区经济和产业差距、产业集聚为考察对象，分析我国近代区域劳动力流动、就业选择导致的劳动要素集中和分散影响产业集聚的作用路径及强度。

（2）在改进空间规模报酬递增和运输成本假设的基础上，通过引入可流动的人力资本要素，结合要素收入、市场潜能进行分析，对我国近代产业集聚的形成机理进行微观层次的探讨。

（3）考察我国近代南北方和东西部地区受到外部冲击的类型，及其对区域要素流动和经济集聚活动的影响，探讨形成核心—外围模式的历史条件和产业空间均衡的稳定性。

（4）整合上述研究，力图从整体上揭示区域劳动力流动影响我国近代产业集聚的传导路径和作用机理。

第四章云南近代工业化进程中的产业集聚和结构变动。检验与完善前面三部分的研究内容。主要包括：

（1）围绕我国近代地区产业差距的阶段性特征，提炼由于历史已有积累以及经济发展推动的中国近代空间经济格局演化过程，提出实证模型。

（2）界定异质性劳动力的流动形态，结合理论和历史特征构建劳动力流动指数，并进行计量分析，以此检验区域劳动力流动影响我国近代产业集聚的理论假设。

（3）基于经济理论和历史计量分析结果，对劳动力流动影响我国近代产业集聚的传导路径和作用机理进行理论完善。

第五章云南近代劳动力流动与产业集聚关系的分析。以中国近代工业化所呈现的空间差异为逻辑论点，整合上述理论与实证分析结果，探讨近代区域产业失衡与地区经济差距问题。主要包括：

（1）梳理我国近代移民史和工业史中有关要素流动与产业集中的空间和时序特征，界定近代区域劳动力流动与产业集聚相互催化所引发的循环累积效应。

（2）以我国近代区域劳动力流动与产业集聚的内生互动关系为切入点，探讨劳动力与产业在区域空间形成的双重集聚，以及循环累积效应影响产业空间不平衡的宏微观机制。

（3）基于中国近代区域劳动力流动影响产业集聚的传导路径和作用机理，对劳动力流动与产业集聚导致的循环累积效应进行理论凝练，并揭示我国近代产业空间失衡的内在成因。

第六章结语。对本书研究做出总结。

二、结构脉络

本书研究的基本脉络如图 1-1 所示。具体来说：首先，通过文献研究，界定区域劳动力流动与产业集聚，刻画产业集聚的动力机制与产业空间不平衡；其次，通过扩展经典理论并围绕我国近代工业史，分析区域劳动力流动影响产业集聚的传导路径与作用机理；最后，基于我国近代要素流动与产业集聚之间相互作用产生的循环累积效应，进行提炼与揭示，分析其对我国近代产业空间不平衡的影响。

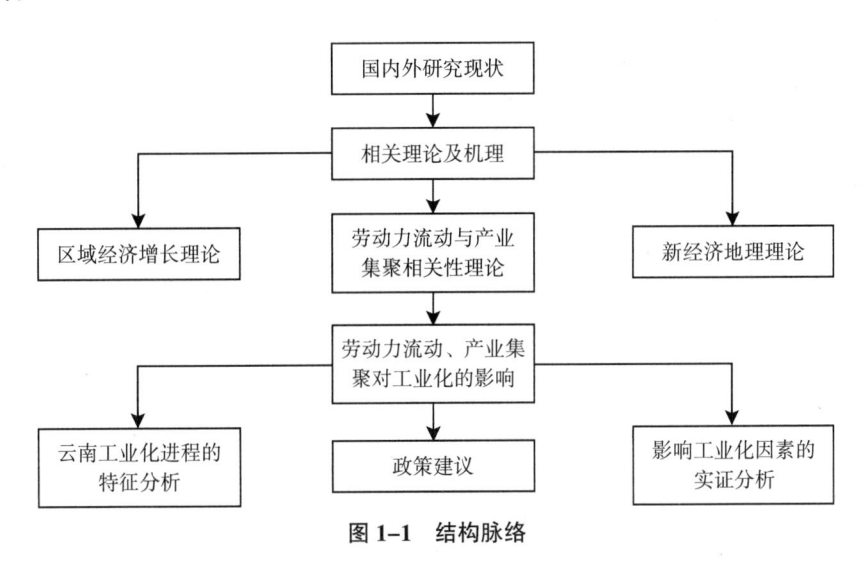

图 1-1 结构脉络

三、研究方法

本书研究融合了传统史学研究方法与现代经济学研究方法，将文献研究与思想研究、断代研究与贯通研究、理论研究与现实研究相结合，形成综合的研究方法。具体来说，本书在研究中遵循吴承明（2001）所提出的"史无定法"原则，主要探讨了云南近代劳动力流动与产业集聚的互动关系，并从产业转移和制度变迁的角度考察了劳动力流动在产业发展过程中的作用机制。本书主要采用了以下研究方法。

(一) 归纳与演绎方法

对经济学家来说，哲学家托马斯·库恩在其1962年出版的著作《科学革命的结构》中提出了一个引起他们共鸣的概念："范式"。然而，他们并不知道的是，库恩是从科学史的角度提出范式概念的。库恩曾经说他这部作品的核心在第十章"革命是世界观的改变"中，而在该章的开头，库恩这样说过："从现代编史学的眼界来审视过去的研究纪录，科学史家可能会惊呼：范式一改变，这世界本身也随着改变了。科学家由一个新范式指引，去采用新工具，注意新领域。甚至更为重要的是，在革命过程中科学家用熟悉的工具去注意以前注意过的地方时，他们会看到新的不同的东西。"这段话实际上揭示了所谓范式的重要特征，即范式是一种经过历史过程后获得公认的模型或方法，但这种模型或方法并不排斥引入新的结构和角度。在库恩之后，Lakatos（1970）曾经指出："一个研究范式可分为两个组成部分，即该范式不变的硬核和它可变的保护带；对一个研究范式的修正是重新调整它的保护带，而对于原有研究范式的内核要素的改变则意味着形成一种新的研究范式。"

因此，从范式概念的角度出发，归纳与演绎就成为科学研究过程中两种不同却又相互联系的推理方法。具体来说，归纳方法是指一种思维方法和推理形式，这种思维方法和推理形式能够从个别的、单一的事实中概括出一类事物的一般性原理；演绎方法是指根据一类事物都有的一般属性、关系和本质来推出个别结论。针对不同的研究对象，归纳和推理方法也有不同的应用场合。一般来说，经济史研究中倾向于使用归纳方法，而古典经济学和新古典经济学在面对现实经济问题时，则更多地使用演绎的推理方法。

在本书研究中，我们将根据分析对象的不同来探索一种将归纳和演绎两者很好结合起来的方法。基于经济学和历史学的逻辑框架和视点，研究近代云南区域劳动力流动影响产业集聚的传导路径与作用机理，及其循环累积效应对产业空间不平衡的影响；

一方面，通过抽象的经济模型演绎来明确产业经济关键影响变量之间的关系，并对此做出一些理论假设；另一方面，通过对近代中国区域经济和商品市场发育的历史事实进行描述和分析，并就近代工业史中的劳动力流动提高产业集聚程度的史实基础上，归纳出关于劳动力流动与产业集聚的一般化理论。

(二) 以宏观历史分析为主，结合使用微观定量分析

基于历史计量方法，选择云南近代工业化转型过程中的典型区域、主要产业和数据，检验并完善"区域劳动力流动影响产业集聚"的理论假设。

由于本书的研究时段跨度长达100年，涉及近代云南工业经济发展的关键阶段，因此，需要在宏观层面将工业史、人口史和经济学结合，对劳动力与人口密度，以及作为产业变迁现象的产业集聚进行分析，以证明劳动力流动对于近代云南工业经济发展的重要性。与此同时，尽管何炳棣（2000）曾经在研究中国1368~1953年的人口问题时，因为缺乏明清两代的历史数据而抱怨过，"因为中国的明清时代并不具备为这一目的需要的人口普查数据和政府统计报告这类现代或接近现代的统计数据"，但我们仍然从Acemoglu、Johnson和Robinson等发表于2002年的一篇经典论文"财富的逆转"（Reversal of Fortune）中得到足够多的启示和鼓励，使得本书努力避免在研究中只开展历史材料的分析和理论描述而忽视经验研究的重要性。为此，本书首先从微观层面给出了一个劳动力流动影响要素市场价格变动，进而影响产业集聚程度的数理分析模型；其次利用历史计量学的分析工具对近代劳动力迁移与产业转移的静态均衡和动态演进过程进行模型化和一般化的阐释，并结合相关的史料、人口数据来验证和进一步丰富理论分析的结论，从而为本书提供一个理论分析框架。

(三) 采用多学科综合的技术路线

本书作为结合历史学和经济学的综合性研究，其研究路径可概括为以下四个递进步骤：

（1）从有关近代云南的劳动力迁移和产业集聚的史实中提炼出核心问题，并提出理论假说；

（2）通过建立模型来阐明解释逻辑，以及参数和均衡的因果关系；

（3）运用历史经验对所形成的假说进行检验和证实，并结合相关历史数据对

模型分析结果进行评价；

（4）将有关结论进行整理和比较，以实现理论的一般化。

（四）具体研究方法

（1）文献分析法。本书采用文献研究方法，研究了国内外有关劳动力流动、产业集聚和工业的文献资料，分析了三者关系理论的研究现状，形成一个比较系统的理论框架，对本书研究云南近代劳动力流动对区域差距的影响具有重要的借鉴作用。

（2）比较分析法。近代中国不同区域间有着非常不同的经济发展水平，工业分布也存在着地区间的差距，劳动力流动在东部、中部、西部地区呈现差异性分布，本书通过图表比较各个地区经济增长水平、产业集聚指数和劳动力流向，分析云南近代区域产业和人口流动的情况。

（3）模型分析法。本书首先采用 Panel Data 模型分析云南近代东部、中部、西部地区劳动力流动和产业集聚的匹配性，通过模型分析影响产业和人口匹配因素的效用值，从而得到能增加产业和人口匹配的方式；其次构建劳动力流动与区域经济增长率的收敛模型，通过收敛系数 β 值判定劳动力流动的影响结果，并且分析产业集聚要素对经济增长率的作用效果。

第三节　核心概念

考虑到本书研究综合了经济学和历史学的研究方法，加之面对的研究对象是云南地区的历史人口数据与工业史，其中的关系错综复杂，因此，需要在开展研究之前对相关的重要概念加以界定和厘清。

一、产业集聚

新经济地理学指出，在历史和偶然因素以及循环累积的自我实现机制共同作用下会形成产业集聚。各生产要素由低回报率的地区向高回报率的地区流动，这种为追求"集聚租",产业资本要素在空间范围内不断汇集聚合,从而形成的高度的地理集中就是产业集聚。具体来说,某个特定地区的产出主要由一个或少数几个行业贡献而形成的是产业专业化(Industrial Specialization),而某个特定行业的产出主要集中在一个或少数几个地区,这是地理集中(Geographic Concentration)。产业集聚是指产业专业化和地理集中综合影响、相互作用而形成的资源配置结果。

由于研究产业集聚问题的学科较多,而学科之间缺乏交流与融合,所以目前产业集聚研究缺乏统一的概念定义与研究范式,使得相关研究陷入了一定程度的混乱之中。经济学和区域经济学通常都采用"产业集聚"的这一名称;管理学则多以"产业群簇或产业簇群""产业集群""产业群""地方企业集群"等概念;经济地理学一般较多使用"产业区""新产业区""区域集群"的概念。虽然各学科所用概念名称不尽相同,而且关于产业集聚的内涵定义各学科之间也有一定的差别,但总的来说这些"产业集聚"的概念都是指产业或组织在特定区域的汇集、聚合,既是企业在特定区域的集中,也是产业在某一特定区域的集中,众多资源要素的集中逐渐构成网络群。因此,管理学、经济地理学所使用的产业区、产业集群的概念可以理解为微观层面上的企业的"空间集中",研究视角可以扩展到文化、地方社会制度、技术创新与区域网络等更为宏观层面上的非物质联系。经济学的研究视角则显得更为抽象,主要探讨集聚经济的内在机制,关注企业之间的物质联系,强调企业的成本与收益。产业以相同的演化机制形成的空间集聚可以分别体现在不同的层面上:第一,在一个区域内第一产业与第二、第三产业因集聚而造成的分离导致城乡分割,即所谓的城乡二元经济结构;第二,国内制造业在某特定区域内的集聚而导致产业地方化,这也就是本研究所考察的层面;第三,在国际范围内,某种制造业或服务业在某一个或几个国家或地区内集聚而导致的国际专业化。

经济学意义上的产业集聚包含单一产业集聚和多个产业集聚两个方面。单一产业集聚(马歇尔—阿罗—罗默外部性)是指专业化的单一产业集聚对生产率形成的影响,如垂直一体化的深化、低效重复的开发设计的减少以及规模经济效应的提升形成的产业领域的费用节约。多个产业集聚(雅克比产业间外部性)是指众多产业集聚在同一区域,共同为创新供应多种多样的知识;与此同时,这种综合化的生产结构能够削弱该区域对于外界影响的反应程度。分析表明,多个产业集聚对经济增长的正面影响显著强于单一产业集聚。

根据相关研究的成果进行归纳总结,本研究中将"产业集聚"大致定义为:在空间布局上有相同指向性的产业,或者某些在产品和生产分配上有较为紧密的经济技术联系的产业,在资源丰富、生产条件优越的某个特定区域内大规模地集中聚拢,所形成的集约化和专业化程度较高的生产体系。在产业形成集聚的区域内,由于地理集中和产业专业化,产生了集聚经济效益。

二、劳动力流动

劳动力流动是指为了获取更多的劳动收入,劳动力在地区间、产业间、部门间、行业间的迁徙和移动。由于研究对象的差异性,本书研究所考察的主要是云南近代时期地区间和产业间的劳动力流动。在劳动力流动的相关经济学理论当中,发展经济学家的研究可谓做出了突出的贡献。其中,著名的刘易斯模型、拉尼斯—费模型以及托达罗模型是主流经济学家用来分析劳动力流动对发展中国家经济发展的重要工具,特别是刘易斯的二元经济结构最为著名。由于在后面理论基础中会详细阐释刘易斯的二元经济结构模型,所以在此就暂不赘述。而拉尼斯(Ranis G.)和费景汉(Fei J.)两人在刘易斯模型的基础上,提出了他们的劳动力流动模式。由于这两个模式有一脉相承的关系,所以现在人们也把他们合称为刘易斯—费—拉尼斯模型(Lewis-Fei-Ranis Model)。拉尼斯—费模型认为,三个不同阶段的层层递进构成了实质意义上的劳动力流动:第一阶段是边际生产率为零的那些多余劳动力的流出;第二阶段是不变工资水平大于边际生产率,且边际生产率大于零的那部分劳动力的流出,这两个阶段流出的总和称为伪装失业者的劳动力;第三阶段是前两个阶段流出后剩余的劳动力流动的方向。农业部门的劳动力流出经过第一、第二两个阶段后,只要进入第三阶段,劳动者的工资水平就不再由制度因素决定,而是由市场因素决定。

一般认为,托达罗模型所阐释的劳动力流动是基于发展中国家存在普遍失业的背景而提出的。托达罗认为,劳动力流动既是一种经济活动的表现,也是一种最优化的理性行为。只要未来预期的城市工资收入现值大于未来预期的农村收入现值，而且在城市中得到工作机会的可能性足够大，劳动力就会选择流动。促使劳动者做出进入城市部门决定的，是预期的工资收入差异而不是现实的。当然，这里的期望工资差额是由收入和就业概率两者共同确定的。倘若农村收入水平是城市工资收入的一半，只要城市就业概率大于50%，城市就会吸引农村劳动力源源不断地流入。因此，托达罗模型认为促使劳动力流动的主要动力，除了比较收益和成本的理性经济考量之外，预期的心理因素也尤为重要。

三、产业转移

产业转移的内涵主要从两个方面界定。从宏观层面界定，产业转移是由于经济、技术、资源供给和需求状况的变化，或者是因为产业本身发展周期的需要，所形成的把该产业从一个国家或地区向另一个国家或地区进行转入迁移的过程，是产业结构调整优化的重要方式。从微观层面界定，产业转移实质上表现为企业迁移，是企业空间的扩张过程，是企业区位的调整过程，是企业从一个地区向另一个地区转移。综合起来，产业转移是一种产业的空间移动现象，指某一地区或国家通过一定方式，把某些产业从一个地区或国家向另一个地区或国家进行转入迁移的经济行为和过程，包括区域间和国际间对外贸易与直接投资的生产要素流动的全过程，是产业在空间和时间维度上立体动态的布局过程。广义上的产业转移还应包括产业的研发、设计、生产、销售和服务等环节发生的转移，即同一产业内部的不同范围、不同层面、不同方式、不同进程的研究、开发、设计、生产、营销等发生的转移。

由于研究对象的差异，在本书中，产业转移主要是指近代时期云南省内中部地区的制造向中西部地区进行的区际转移。此外，本书从不同的角度把产业转移模式分为六种不同的形式：从产业特性的角度将产业转移分为拓展性产业转移和退出性产业转移；从产业分工特性的角度把产业转移分为垂直顺梯度工序型产业转移、垂直逆梯度工序型产业转移和水平工序型产业转移；从转移动力机制角度把产业转移分为成本导向性、市场开拓型、多元化经营型、竞争跟进型、供应链衔接型、规模经济激励型和政策导向型七种产业转移模式；从产业转移路径角度把产业转移分为整体转移型、商品输出型、市场扩张型、资本输出型、产业关联型和人才联络型六种产业转移模式。

第四节　研究资料的整理

毋庸多言，完备的资料是经济史研究的重要基础。正如历史学家余英时先生所说："史学论著必须论证（Argument）和证据（Evidence）兼而有之，此古今中外之所同。不过两者相较，证据显然占有更基本的地位。证据充分而论证不足，其结果可能是比较粗糙的史学；论证满纸而证据薄弱则并不能成其史学。"他还举出韦伯和马克思之所以能够进入西方史学的主流，重要原因就在于韦、马二人十分重视经验性的历史资料。因此，本书研究也不敢在相关历史资料的汇集整理上有所懈怠，一直通过多方努力寻找云南近代以来权威的档案史料。当然，由于条件限制，只能把有限的时间和精力更多地用于关注工业史和人口史方面的资料。大体而言，与本书研究关系最为密切的主要资料大多是地方志、清代官方文书，以及清人文存、边疆史料汇编。此外，还有民国以来的社会经济调查统计和民国时期洋人文存等五类。下面大致对这五类资料加以详细说明。

一、地方志

中国历代王朝都极为重视修史，除了官修的史书之外，各地方也具有长久的修志传统，迨至南宋时期，特别是地方志历来有"资治、教化、存史"的功能，为我们从更大范围内了解和研究中国古代经济的发展演变保存了大量宝贵的原始资料。以明清云南地区为例，据统计，1949 年以前所编制的原云南地区的各种地方志，有市志一种、府志十四种、州志二种、县志八十五种、卫志五种、厅志两种、乡镇所志一百三十三种，合计二百四十一种。如果加上各种专志、内志、文征和地方笔记等地情著作，总数当更远大于此。由于本书的研究范围大致定为近代的云南省，所以与本书研究关系最为密切的地方志总共有 21 部：

清光绪时期的《滇南志略》；

清光绪时期的《云南地志》；

清光绪时期的《腾越厅志》；

清光绪时期的《永昌府志》；

清光绪时期的《续云南通志稿》；

清宣统时期的《续蒙自县志》；

民国周钟岳时期的《新纂云南通志》；

民国云南省志编纂委员会办公室的《续云南通志长编》；

云南省档案馆馆藏档案的《民国云南省建设厅档案卷宗》；

云南省档案馆馆藏档案的《民国云南省经济委员会档案卷宗》；

云南省档案馆馆藏档案的《民国云南省社会处档案卷宗》；

云南省档案馆馆藏档案的《民国云南省商会档案卷宗》；

民国时期的《元江志稿》；

民国时期的《昆明市志》；

民国时期的《大理县志稿》；

民国时期的《云南省地志——宣威县》；

民国时期的《巧家县志》；

民国时期的《蒙化县志稿》；

民国时期的《昭通县志稿》；

民国时期的《建水县志》；

民国时期的《宣威县志稿》。

从质量而言，这 21 部志书均属上乘，不但包含了许多与本书研究直接相关的重要材料，而且也包含了许多关于云南地区 19 世纪经济状况的资料，为我们了解 19 世纪的云南经济提供了主要的背景材料。此外，研究中涉及的四川、贵州等地的资料大多取自清代陈布雷所编撰的《古今图书集成·方舆汇编·职方典》中的志书，限于篇幅不再一一举出。

二、清代官方文书、清人文存

《清圣祖实录》；

《清世宗实录》；

《清高宗实录》；

《清宣宗实录》；

《清文宗实录》；

《清穆宗实录》；

《清德宗实录》；

《大清宣统政纪》；

《光绪朝东华录》；

《明清档案》；

《皇朝经世文编》；

《清朝文献通考》；

《清朝续文献通考》；

嘉庆时期的《钦定大清会典》；

光绪时期的《钦定大清会典事例》；

《邮传部第一次邮政统计表》（光绪三十三年）；

《岑襄勤公（毓英）遗集》；

吴大勋的《滇南闻见录》；

檀萃的《滇海虞衡志》；

贺长龄的《耐庵奏议存稿》；

陈惟彦的《宦游偶记》。

三、民国以来海关、边疆及其他史料

清代以来还有很多海关、边疆及其他史料，这些史料中也保留了很多云南人口和工业的相关资料，历来为研究者所重视。本书在能力范围内主要收集并使用了一些资料：

海关副税司班思德编：《最近百年中国对外贸易史》，海关税务司署统计科译印，1933年。

郑友揆、韩启桐编：《中国埠际贸易统计（1936~1940）》，中国科学院，1951年。

姚贤镐编：《中国近代对外贸易史资料》，中华书局，1962年。

中国第二历史档案馆、中国海关总署办公厅编：《中国旧海关史料（1859~1948）》，京华出版社，2001年。

《云南清理财政局调查全省财政说明书初稿》，云南清理财政局编，宣统庚午年（1910）。

孙毓棠编：《中国近代工业史资料》，科学出版社，1957年。

李文治：《中国近代农业史资料》，生活·读书·新知三联书店，1957年。

王铁崖：《中外旧约章汇编》，生活·读书·新知三联书店，1957年。

陈真：《中国近代工业史资料》，生活·读书·新知三联书店，1961年。

梁方仲编著：《中国历代户口、田地、田赋统计》，上海人民出版社，1980年。

许道夫编：《中国近代农业生产及贸易统计资料》，上海人民出版社，1983年。

云南档案馆、云南省经济研究所编：《云南近代矿业档案史料选编》，1987年。

云南省档案馆编：《近代云南人口史料（1902~1982）》，1987年。

云南省人口普查办公室编：《云南省人口统计资料汇编（1949~1988年）》，云南人民出版社，1990年。

顾金龙、李培林：《云南近代矿业档案史料选编（1890~1949）》，云南人民出版社，1990年。

李春龙主编：《云南史料选编》，云南民族出版社，1997年。

方国瑜主编：《云南史料丛刊》，云南大学出版社，1999年。

聂宝璋、朱萌贵：《中国近代航运史资料》，中国社会科学出版社，2002年。

国家图书馆分馆编：《清代边疆史料抄稿本汇编》，线装书局，2003年。

《清代民国财政史料辑刊》，北京图书馆出版社，2007年。

严中平：《中国近代经济史统计资料选辑》，中国社会科学出版社，2012年。

陈廷湘等主编：《民国珍稀文献丛书——中国盐政实录》，巴蜀书社，2012年。

四、民国以来社会经济调查统计

民国时期政府和社会工商机构组织了很多社会经济调查，留下了数量不菲的统计材料，一些珍贵的史料留存至今。其中有很多史料在本书研究中起到了重要的作用：

铁道部财务司调查课编：《粤滇线云贵段经济调查总报告书》、《湘滇线云贵段经济调查总报告书》、《湘滇线川黔段经济调查总报告书》。

根岸佶：《滇国商业综览》，东亚同文会，1906年。

苏曾贻：《滇越铁路纪要》，1919年。

行政院农村复兴委员会编：《云南省农村调查》，商务印书馆，1935年。

经济部中央地质调查所、国立北平研究院地质学研究所编：《中国矿业纪要》，1941年。

卜凯主编：《中国土地利用》，金陵大学农学院农业经济系，1941年。

张肖梅主编：《云南经济》，中国国民经济研究所，1942年。

《战时西南经济问题》，正中书局，1943年。

张印堂：《滇西经济地理》，国立云南大学西南文化研究室，1943年。

万湘澄：《云南对外贸易概观》，新云南丛书社，1946年。

蒋君章：《西南经济地理》，商务印书馆，1947年。

谭熙鸿、吴宗汾主编：《全国主要都市工业初步报告提要》，经济部全国经济调查委员会，1948年。

孙敬之主编：《西南地区经济地理》，中国科学院中华地理志经济地理丛书，科学出版社，1960年。

王声跃主编：《云南地理》，云南民族出版社，2002年。

唐润明主编：《抗战时期大后方经济开发文献资料汇编》，重庆出版社，2012年。

五、民国时期洋人时人文存

此外，还有一些近代文存也有重要的参考价值：

［英］李敦著：《英国蓝皮书第三册——考察云南全省播告》，黄文浩译，湖北洋务译书局刊，时间不详。

Henry Yule, Sir: Colesworthey Grant; Linnaeus Trips; Arthur Purves Phayre, Sir., A narrative of the mission to the court of Ava in 1855.

［英］阿奇博尔德·约翰·立德：《扁舟过三峡》，黄立思译，云南人民出版社，2001年。

谢彬：《云南游记》。

第五节　实现的创新及需进一步解决的问题

本书研究的创新点主要表现在以下四个方面：

一是研究视角较新颖。本书从产业集聚的角度对劳动力流动和区域差距的关系进行论证。区别于以往研究仅从劳动力流动的成本收益的角度对区域差距问题进行讨论，本书中选用劳动力与产业的匹配系数作为被解释变量，讨论劳动力流动壁垒对人口和产业拟合度的影响。

二是在对劳动力流动、产业集聚与工业化增长差距的关系判定过程中，利用实证的方法构建区域经济增长理论 β 收敛模型，说明劳动力迁移对区域经济差距影响虽然是扩大，但差距扩大的速度逐步降低。

三是遵循"史无定法"原则，本书以历史分析为基础，结合空间经济理论，从区域劳动力流动视角观察我国近代工业化进程中产业集聚的产生与变化，并力图揭示近代产业空间不平衡的经济含义和成因。

四是本书首次构建和计算近代中国省级行政区域的劳动力流动指数，并实证分析其对地区经济差距和产业集聚的作用机理及影响程度。

诚然，由于条件限制，本研究还存在改进的空间，仍需进一步解决的问题有两个方面：

一是统计口径的不一致导致部分数据难以直接获取，需要通过计算取得，所以这部分数据不够精准。

二是在做劳动力流动与产业集聚匹配以及近代工业化进程影响因素分析的实证研究过程中，本书只统计选取了1850~1911年的数据，面板数据的时间跨度从上时段历史研究的角度来说略短。数据的难以直接获取以及面板数据时间跨度较短虽然对模型因子分析的结果判定不会产生较大的影响，但结果还会存在一定的误差。如果能增加面板数据的时间跨度范围，会使研究的结果更加精准，这也是今后研究需要改进的方向。

第二章 文献研究

中国的区域不平衡发展一直是一个客观现实，也是近百年经济能量不断循环累积而产生的历史现象，其中近代劳动力与产业在区域空间的双重集聚起到了十分关键的作用。近代开埠通商以来，我国西部地区特别是以云贵川为代表的西南地区经济一体化不断深入（王国斌，1998），贸易成本开始下降，使得该地区商品和劳动市场的竞争力增强，生产要素价格上升，劳动力需求扩大（Vries，2003），最终形成"本地市场效应"，并进一步吸引外围厂商和人口聚集。故而，探讨近代中国西南区域劳动力流动与产业集聚之间的关系，对揭示我国近代工业化进程中的经济空间不平衡现象，以及为解决当下中国严峻的地区发展失衡提供一个基于经济史的分析视角，无疑具有重要的启示性和学术研究价值。

劳动力流动与产业集聚的理论渊源可以追溯到韦伯提出的"工业区位"论（Weber，1909）。近代工业化之前，原材料的运输成本仍然很高，因此靠近自然资源就成了企业首要考虑的区位因素（Bairoch，1997）；产业革命以后，生产率提高，运输成本大幅下降（Cipolla，1962），这一方面促使农业劳动力向工业转移，另一方面也让厂商摆脱了区位选择时的自然要素约束（Braudel，1979）。基于中国近代早期工业化的历史经验，一些学者认为，伴随着19世纪中叶前后我国农村人口不断流入城市和发达地区（戴鞍钢，2011），城镇工业在空间分布上开始受到劳动力流动与劳动力质量等因素的影响（李伯重，2010）。由于劳动人口的大规模迁移，不但推动了云南等内陆省份的矿业兴旺（曹树基，2005），而且直接促进了我国近代产业结构变化和地区经济分化（王玉茹等，2000），并具体表现为产业空间不平衡，即在沿海口岸城市工业集中的趋势明显（吴松弟，2009），而在乡村和不发达地区的工业化程度却较低（彭南生，2003）。

在改革开放的新历史条件下,我国区域经济失衡的加剧与区域劳动力流动及产业集聚加速紧密相关。国内外学者研究发现,20世纪50年代以后,我国在发达地区形成一定规模的产业集聚,使得大量农村劳动力不断向发达地区迁移,促进了非农产业向沿海地区集中(蔡昉等,2009)。同时,伴随大量中西部农村劳动力转移,高技能劳动力也由内陆向沿海流动,这一趋势既加强了发达地区的产业集聚,又扩大了地区经济差距(范剑勇等,2004;赵伟等,2007)。由此可见,历史上的不平衡所形成的累积空间力量与当代因素结合,仍然对劳动力区域转移和产业空间集聚产生了不可忽略的影响。

上述研究揭示了劳动力流动的重要作用,明确了区域劳动力流动与产业集聚的关系,并指出我国核心发达区域应充分发挥吸引内陆过剩劳动力的人口极化功能以推进产业集聚。然而,从近现代中国工业化提供的不同历史证据看,尽管两个历史时期的增长水平不可同日而语,但都存在一个共同现象是产业集聚呈现出巨大的空间差异,具体表现为南方优于北方,东部强于西部。因此,需要深入研究中国西部地区近代工业化进程中区域劳动力流动影响产业集聚的历史特征,并以此为基础探讨我国近代产业空间不平衡和地区经济差距的历史诱因。

本书立足于我国近代工业化过程中区域产业不平衡和劳动力市场变迁的历史及现实背景,着眼于近代云南区域劳动力流动的特点,以云南近代产业变化为目标,通过界定云南地区近代产业集聚并刻画形成集聚的动力机制,研究云南近代区域劳动力流动影响我国西部产业集聚的传导路径与作用机理,进而从劳动力流动与产业集聚引致的循环累积效应角度,深入分析云南近代产业空间不平衡和地区经济差距问题。在世界经济一体化背景下,这不但能为理解我国近代工业化进程提供历史证据和新的思路,而且可以丰富产业结构优化与经济增长方式转变的理论探讨,具有较为重要的理论价值和现实意义。

第一节　劳动力流动与产业集聚关系的理论分析

经济学中关于劳动力流动和产业集聚之间关系阐述的理论中，经济学家马歇尔和波特的观点最具有代表性，两人分别从外部性和竞争角度分析，指出劳动力流动和产业集聚之间是相互促进的关系。在对区域经济增长收敛性的分析中，β收敛理论指出β值为正时，地区经济增长向稳态经济收敛。此外，新经济地理学对劳动力流动、产业集聚与区域经济增长差距三者关系的阐述最为详尽，指出随着流动成本的增加，区域经济差距呈现先增加后缩小的趋势。

一、外部经济理论

英国经济学家马歇尔在古典经济学框架下深入研究了"产业集聚"这一经济现象，并最早提出"工业区"、外部经济和内部经济等概念，对产业集聚的内涵及外延进行了具有开拓性的研究，从而为后来的学者研究产业集聚产生的原因提供了坚实的基础。在马歇尔看来，引致产业集聚的基本原因大致有如下三点：首先，产业集聚地区能够提供多样化的就业岗位，使劳动者能够便捷地找到与相关专业匹配的岗位；其次，产业集聚地区能够产生专业化经济，产业区能够从多样化的经济中获得好处，能够以不同方式生产最终产品而不损失效率；最后，产业集聚的地区能够实现信息的共享，能够形成共有知识和相互信任，方便信息和知识的流动，从而有助于降低生产过程中的交易成本。

按照马歇尔的外部经济理论，工业区即产业集聚区周围能形成一个劳动力共享的公共市场，这种共享保障了劳动力的潜在供给，同时产业集聚地区能够为劳动者提供丰富的就业岗位，能够降低劳动者搜寻岗位的成本。这样，一方面能有效降低劳动者的失业率，另一方面能保证厂商及时找到专业匹配的员工。产业集聚一旦形成，就会形成一系列连锁反应，不断吸引关联产业的加入。新岗位配置的增加吸引劳动力流入，集聚区内人口增加会使得对产品的需求和消费增加，带动产业经济增长率的提高。专业劳动力增加能够产生知识溢出效应，实现专业知识的共享和传播，从而提高产业的创新能力。相应地，产品收入的增加通过税收的方式增加了地方的财政收入，对地区基础设置建设的投资增加，为产业集聚提供良好的外部环境。

二、竞争理论

经济学家早就注意到，经济欠发达地区的劳动力向经济发达地区聚集的趋势极为明显。针对这一现象，波特在1990年首次指出："在某一特定区域下的一个特别领域存在一群相互关联的公司、供应商、关联产业和专门化的制度和协会。"波特的"产业集群理论"认为，产业部门只要具有特殊的比较优势就是一个国家的竞争优势，该国产业部门主要通过聚集上下游支撑产业。一方面造成相关企业间的紧密联系，使得企业内部持续进行研发和创新；另一方面降低了其他企业进入的风险。因此，这一理论的核心观点在于强调产业间的协同发展，通过产业效益的提升获取更大的竞争优势是产业集聚的目的。

在产业集群理论的基础上，波特还构建了一个所谓"钻石模型"分析产业集聚的作用效果，并指出产业集聚离不开五个条件：生产要素、市场需求、产业支持、市场竞争和企业战略。为了研究劳动力流动和产业集聚的关系，我们只探讨生产要素这一条件。一般说来，生产要素包括一般生产要素和专业生产要素，平时我们所说的专业研究机构和专业人才就属于专业生产要素。企业为了在与其他企业竞争的过程中获得优势，增强产业的创新能力，需要不断创造条件吸引高级人才的流入，而且专业人才的不断涌入集聚，也能够形成知识外溢效应。这种集体学习方式一改单向从外界吸收知识的过程，实现知识的同步分享和传播。规模化竞争学习的优势在于其能在产业集群内不断强化，并伴随知识外溢向四周扩散。当知识结构和层次升级达到一定规模后，又会在新的基点继续形成规模化学习氛围，向更高层次扩散，最终能够构建起不同层级的人力资本结构。

三、区域经济增长理论

区域经济增长理论是美国经济学家 Barro 和 Sala-i-Martin 在新古典经济增长

理论的基础上提出来的,并且在实证研究中创造性地构建了一个收敛检验的方法。通过收敛检验方法构建的经济增长模型,Barro 和 Sala-i-Martin 以资本边际收益递减为前提条件,发现当富裕国家和贫困国家的资本边际报酬存在差异时,富裕国家的资本边际报酬水平相对贫困国家要低。因此,随着经济的发展,富裕国家的投资收益逐渐减少,经济增长速率放缓;贫穷国家的边际投资收益逐渐增加,经济增长速率增加,最终实现富裕国家和贫困国家经济增长逐步趋向一致。从实证角度看,该方法的主要贡献在于构建了产出增长率和初期人均收入水平两者的关系函数,并根据 β 系数的正负判定经济是否具有收敛性质。[1]

然而,由于地区人均产出的增长率除了与初始的人均产出收入水平相关外,产业结构、劳动力要素流动等其他变量也会影响增长率变化。因此,需要加入新的变量,这些变量将共同影响收敛系数。β 收敛检验方法不仅可以通过 β 系数的增幅测度区域经济增长趋势的差异,而且可以判定其他变量对经济收敛的影响,进而指导促进区域经济收敛的政策建议。鉴于这一方法的优点,本书将在第四章研究中使用此方法进行区域经济收敛因素分析。

第二节 劳动力流动、产业集聚与区域经济的差距

一般认为,新经济地理学发端于 20 世纪 90 年代,其主要的研究方法在于将主流经济学长期忽视的空间因素纳入到一般均衡理论的分析框架中,研究经济活动的空间分布规律,以解释现实中存在的不同形式经济活动产生的空间集聚机制以及经济要素在空间里的流动,并在此基础上分析长期经济增长的规律和途径。

正是基于新经济地理学这种特有的理论路径,新经济地理学家在继承新古典经济学开创的供给需求新理论后,提出了完全区别于传统经济理论所定义的完全竞争市场和需求具有同质性的前提假设,构建了以"中心—外围"模型作为分析

---

[1] 周之又:《西部地区经济增长差异及其收敛性》,西南财经大学博士学位论文,2007 年。

厂商空间集聚的基本方法。该模型设定了三个前提条件：①部门间存在不同的规模收益性。假设两个生产部门，其中一个具有规模收益不变的特性，另一个则具有规模报酬递增的特性。②规模收益不同的部门具有不同的市场结构。规模收益不变的厂商处于完全竞争的市场，生产的产品具有无差异性；规模报酬递增的厂商处于垄断竞争市场，生产具有差异性的产品。③部门间贸易成本有差别。规模收益不变的部门生产的产品没有贸易成本；规模收益递增部门具有贸易成本。基于这些前提条件，新经济地理学家得到两个部门各自的工业品需求函数和价格指数函数、生产者产出函数、消费者效用函数。由此，新经济地理学进而试图从三个角度分析产业集聚的原因。

一、本地市场效应

具有规模收益递增性质的垄断企业选择建址在市场需求规模较大的地区，生产的产品出口到需求规模较小的地区，从而能够节约运输成本获得规模报酬递增效益。随着垄断企业不断扩大规模，与该企业具有垂直关联关系的厂商也选择建址在该地区。假设 A 企业和 B 企业具有垂直关联关系，A 企业生产的产品是 B 企业生产的原材料，那么 A 企业就是上游企业，B 企业就是下游产业。上游企业和下游企业具有相互依存关系，上游企业的价格决定下游企业的成本，下游企业对产品的需求决定上游企业的生产规模，消费者对产品的需求决定下游企业的生产规模。换句话说，上下游企业之间存在市场接近效应。下游企业的大量集聚在市场规模较大的地区，刺激了对原材料的需求，导致上游企业搬迁至该地区。与此同时，不断增加的上游企业之间竞争加剧，使得中间产品的价格降低，相应地为下游企业节约生产成本，进而刺激更多下游企业向该地区集聚。

二、生活成本效应

首先，厂商集聚的地区提供更多样化的产品，需要从外地进口的产品就会减少，从而降低地区的贸易成本，相应带动价格指数下降。实际工资等于名义工资除以价格指数，价格指数下降意味着劳动者的实际工资增加，实际购买能力增强，对当地产品的消费起到带动作用。

其次，在厂商集聚的城市，消费者能够获得更加便利的生活，除了能够以低廉的价格买到丰富的产品外，劳动者在就业时能够迅速找到与专业能力匹配的工作，大大降低了搜寻成本。

最后，厂商集聚能够产生正的技术外部性，使得劳动者之间分享知识共同提高专业技能，实现技术创新能力的提高。

三、市场拥挤效应

企业集中的地区市场竞争逐渐加剧，使得每个企业平均享有的市场份额降低，生产生活成本上升，具体指房屋水电等非贸易品价格上升。生活用品价格的提升带动消费价格指数的上涨，进而引发劳动力工资的上涨。在企业市场份额下降和劳动力成本上升的双重作用下，企业的利润率下降。拥挤成本的存在，而产业集聚不是无限的，拥挤成本不断扩大，产业集聚就会达到一个临界点及最优规模。当拥挤成本超过外部性收益时，产业不再向中心集中，开始向外围扩散。[1]

新经济地理学将本地市场效应和生活成本效应归为产业集聚的向心力作用。本地市场效应导致产业不断向中心地区集聚，集聚区的市场规模不断扩大；与此同时，生活成本效应带给劳动者更高的实际工资收入，从而吸引劳动者向中心地区集聚。市场拥挤效用被归为产业集聚的离心力作用，导致产业向外围地区扩散。

产业集聚的过程就是资源和要素流动的过程，商品和要素的流动存在流动成本，流动成本越高，区域内产业集聚越不容易形成，厂商集聚效应越难发挥作用。短期内各地区生产消费处于自给自足状态，产业在区域间呈现分散的格局。伴随着市场一体化程度提高，商品要素流动成本降低，由于某种偶然因素造成某一地区具有初始制造业优势，继而促使更多制造业向本地区集聚出现累积循环效应，大量工业集聚地区的劳动者收入不断提高，通过不断向外输出制造业产品实现本地经济快速增长。中心地区受到制造业集聚影响，吸引大量劳动力流入集聚到核心地区，此时生活成本效应和本地市场的向心作用大于市场拥挤效应的离心

---

[1] 安虎森等：《新经济地理学原理》，经济科学出版社2009年版。

作用,中心地区的劳动者福利水平上升。相比较而言,外围地区由于缺少制造业集聚优势,主要以农业等初级产品生产为主,经济发展相对缓慢,劳动者福利水平严重受损。因此,产业集聚加剧中心—外围地区经济发展不平衡。从长期看,流动成本持续下降,产业集聚区对劳动者的需求逐渐增加,劳动力成本上升,使得中心地区不再具有生活成本效应优势,而外围地区低廉的劳动力成本优势凸显,制造业尤其是劳动密集型产业从中心地区向外围地区迁移,中心地区的制造业集聚水平下降,使得中心地区逐步调整产业结构,扩张发展金融贸易等服务行业。外围地区在承接了中心地区转移的制造业后,实现了对本地区产业的升级和改造,工业发展速度加快。伴随产业结构的动态调整和产业功能的升级,外围地区收入持续增加,两地区间的经济发展差距逐渐缩小。

第三节 经济史视角下的近代人口与产业研究

对历史上中国人口流动现象的研究,一直是历史学等相关学科关注的重要问题,其直接的动因是探讨历史时期的移民活动及产生的影响和作用。因此,中国学者很早就开始了对历史时期人口流动问题的研究,至今在研究对象、方法、内容等方面已积累了丰硕的成果,逐渐形成了一套较为全面、科学的移民史理论体系。近代云南人口由于受到战争、自然灾害和政局变化等多方面因素的影响,不仅数量变化较大,而且职业构成一直在变动,加上可资利用的人口数据极为有限,对云南近代以来人口变化的探究还有很多值得开拓的领域。

与人口研究不同,以民国时期张肖梅博士为代表的学者从20世纪40年代就开始对云南近代产业经济开展了具有开创性的研究。从现有史料看,近代云南工业已形成金属制品手工业、纺织和食品手工业、日用品手工业三大门类20多个种类的较为齐全的传统手工业发展局面。此外,云南矿产蕴藏丰富,矿产开发和矿物冶炼的历史悠久。近代以来,企业逐渐放弃使用土法转而采用机器采矿,冶炼产量也随之日益增多,出现了一大批规模较大的矿业公司。

一、近代移民和人口变迁研究综述

在中国近代经济史研究中，一般认为最早从事移民史研究的学者是已故的著名历史地理学家谭其骧先生。早在20世纪30年代，谭其骧于暨南大学求学时的毕业论文题目就是"中国移民史要"。1932年6月，谭其骧在燕京大学师从顾颉刚的研究生毕业论文为《中国内地移民史湖南篇》，并发表于燕京大学所办刊物《史学年报》上，[①] 这也是目前可考的第一篇有关近代中国区域移民史的专题论文。

谭其骧在《中国内地移民史湖南篇》一文中以抽样调查和计量方法作考证，这不但是一个具有开创意义的论题，而且极具开创意识。在该文中谭其骧还深入检讨了相关史学方法与史料学，尤其强调了族谱在移民史研究中的重要作用。为此，他在论文中特别指出："谱牒之不可靠者，官阶也，爵秩也，帝皇作之祖，名人作之宗也。而内地移民史所需求于谱牒者，则并不在乎此，在乎其族姓之何时自何地转徙而来，时与地既不能损其族之令望，亦不能增其家之荣誉，故谱牒不可靠，然惟此种材料则为可靠也。"在此之后，谭其骧还发表了《晋永嘉丧乱后之民族迁徙》《粤东初民考》等断代和区域移民史方面的论文。

然而，由于种种原因，从1949年起至20世纪80年代，移民史的相关专题研究并没有得到学界应有的重视。在此期间，谭其骧的研究方向也有所改变，虽然他将注意力集中于主持《中国历史地图集》的编绘工作，但并未完全放弃移民史课题的研究。1978年实行改革开放以后，学术界重新开始关注起移民史的研究，并开始涌现出一批优秀的移民史学者及研究成果。其中，谭其骧所指导的多位博士研究生及其主持成立的复旦大学历史地理研究所显得尤为突出，成为中国移民史研究的主要参与者和研究阵地。例如，谭其骧的学生葛剑雄完成于1982年的博士论文《西汉人口地理》，[②] 所研讨的内容就是汉代的人口迁移问题。而其

[①] 谭其骧：《中国内地移民史湖南篇》，《史学年报》第1卷第4期，第47—104页。1933年南京中央大学所办《方志月刊》转载时，谭其骧将题目改为《湖南人由来考》。参见谭其骧：《长水集》（上），人民出版社1987年版，第300—360页。

[②] 葛剑雄：《西汉人口地理》，人民出版社1986年版。

另一位弟子吴松弟1992年完成的博士论文题目为《北方移民与南宋社会变迁》,①就是一篇真正意义上的断代移民史著作。此外,葛剑雄、曹树基和吴松弟等于1993年合作编写了一部《简明中国移民史》。②在此基础上,三人还合作撰写了六卷本《中国移民史》,并于1997年由福建人民出版社出版。

葛剑雄先生在《中国移民史》第一卷"导论"中指出了中国移民史研究的重要性:"可以毫不夸张地说,离开了移民史就没有一部完整的中国史,也就没有完整的经济史、人口史、疆域史、文化史、地区开发史、民族史、社会史。至于其他学科的研究中要运用移民史的研究成果,那就更不胜枚举了。"需要特别介绍的是,《中国移民史》一书涵盖了从先秦至民国时期中国境内人口迁移的主要历史变迁,是第一部以全国范围为研究对象的中国移民史通史性著作,在中国移民史研究上具有标志性意义。该书的主要理论贡献有二:一是对中国不同历史时期的移民概念、移民类型进行了专门界定;二是就历史分期、主要迁移历史以及移民对中国历史发展的重要影响等问题进行了全面的研究。该书的研究成果从某种意义上说是谭其骧研究思路的继续,但在研究方法、观点和深度、广度上都有极大的创新和突破,为当代中国移民史的研究奠定了坚实的学术基础。

就云南人口史研究而言,《中国移民史》一书中各卷均涉及云南地区的移民情况,并对云南历史上各时段、各地区的民族结构即汉族与各少数民族所占的人口比例做出了大致估算。对其所涉及的各历史时期移民史内容的安排,作者主要围绕着"战乱—人口损失—移民浪潮"的线索展开。在处理各历史时期移民史的基本思路尤其是明、清、近代部分时,是按照"确定移民的分布范围—确定各地移民在总人口中的比例—确定各地标准时点的人口数—求出移民的人口数"进行的。由此可见,"求证本期历次移民的数量和规模"是书中的基本内容,也是作者关心的重点。③相对而言,这一写作特点在曹树基所著的第五卷《明时期》中尤为突出,此外,曹树基在其所著的另一部第六卷《移民史:清、民国时期》中,除求证"移民数量"这一重点外,还较深入地讨论了"移民和土著的关系",以

---

① 吴松弟:《北方移民与南宋社会变迁》,台湾文津出版社1993年版。
② 葛剑雄、曹树基、吴松弟:《简明中国移民史》,福建人民出版社1993年版。
③ 曹树基:《中国移民史》(第6卷),福建人民出版社1997年版。

及由于移民运动导致中国人口与自然资源的重新组合而产生深刻影响的"人与环境"的主题，从而使得该书的论述更富内涵。具体涉及云南等地西南地区的移民，曹树基认为方国瑜所著的《中国西南历史地理考释》等的移民研究"最为有力"，其所得结论"准确、可靠"，并强调自己的工作"仅在于对移民数量做了进一步的考证"。[①]

当然，《中国移民史》中考证仅限于云南地区的汉族移民，对于种类、来源庞大的少数民族移民则仅见于书中如"蒙元时期非汉民族的内迁"（第四卷）、"民族人口迁移"（第五卷、第六卷）等部分章节中，涉及材料易见的或影响较大的部分民族的少许概述，基本还不能算深入研究。总的来看，由于《中国移民史》研究内容的面面俱到，使其不可能对一些重要问题进行更深入细致的研究。事实上，一部移民史也绝不可能解决所有问题，对其求全责备似无必要。客观地讲，该书中相对完整的中国移民史框架的建立、一系列有关移民史所涉及的基本理论和概念的全面阐述，有助于后人在此基础上进行更为深入的探讨，对本书进行少数民族移民史研究也具有重要的指导意义。

除此之外，以全国范围为研究对象的宏观性移民史研究著作，还有田方、陈一箱主编的《中国移民史略》，田方、林发棠主编的《中国人口迁移》，石方《中国人口迁移史稿》，范玉春《移民与中国文化》等。[②] 其中江应樑所著《中国移民史略》第四章"明代外地移民进入云南考"，[③] 探讨军伍、流寓、屯田等方式进入云南的外地移民（主要是汉族），并考证了移民人数、分布情况及移民迁入后民族关系的变化。另外，以某一特定区域为研究对象的微观性移民史研究著作，还有张国雄《明清时期两湖移民研究》、安介生《山西移民史》、葛庆华《近代苏浙皖交界地区人口迁移研究》、张世友《变迁与交融：乌江流域历代移民与民族关

[①] 曹树基：《中国移民史》（第6卷），福建人民出版社1997年版，第653页。
[②] 田方、陈一箱：《中国移民史略》，知识出版社1986年版；田方、林发棠：《中国人口迁移》，知识出版社1986年版；石方：《中国人口迁移史稿》，黑龙江人民出版社1990年版；范玉春：《移民与中国文化》，广西师范大学出版社2005年版。
[③] 此部分即江应樑的《明代外地移民进入云南考》（云南大学《学术论文集》，1963年第二辑）一文的基本内容。

系研究》等的研究。①

在研究时段的选取上，这一时期的研究成果中既有以从古到今的长时段研究，如葛剑雄主编的六卷本《中国移民史》；也有以某一朝代或重要时期为限的短时段研究，如吴松弟所著的《北方移民与南宋社会变迁》。从研究方法上看，这些研究基本按照葛剑雄先生总结的那样，主要利用历史学的文献资料，再以考古学、人口学、历史地理学、地名学、语言学、社会学和文化人类学等文献以外的研究方法为补充。②无须赘言，上述这些研究成果虽然不一定涉及云南移民的内容，但其研究方法和视野无疑为本书的写作提供了一个极富启发性的视角，成为研究者了解云南移民情况的重要线索。

随着研究的深入，对中国移民史研究以及其他特定区域与断代移民研究的深入，以云南地区移民作为对象的研究成果也逐渐增多。代表性的研究主要有：郝正治编著的《汉族移民入滇史话》，③初步考察了历史时期汉族移民的徙滇过程及徙滇后的情况。虽然作者非历史学专业出身，其研究只是粗略考察，但也可供治学者参考。陆韧的博士论文《变迁与交融——明代云南汉族移民研究》，对明代云南的汉族移民进行了研究。作者按传统的历史学实证方法进行研究，通过发掘新史料和探索新的移民史研究方法，对云南的明代汉族移民历史进行了深入分析，主要关注了汉族移民的类型、方式和数量，并对汉族移民的分布状况、带来的影响及汉族移民如何土著化等问题进行了探究，得出了明代云南的汉族移民是汉民族融合当地少数民族的过程的观点。

当然，明代云南的移民不止汉族移民，还有回族等其他民族人口，"只是无法准确辨析他们的族属，本书姑以汉族移民统而论之"。④郑一省、王国平合著的《西南地区海外移民史研究——以广西云南为例》，⑤是近年来涉及云南地区移民

---

① 张国雄：《明清时期两湖移民研究》，陕西人民教育出版社1995年版；安介生：《山西移民史》，山西人民出版社1999年版；葛庆华：《近代苏浙皖交界地区人口迁移研究》，上海社会科学出版社2001年版；张世友：《变迁与交融：乌江流域历代移民与民族关系研究》，中国社会科学出版社2012年版。
② 葛剑雄：《中国移民史》（第1卷），福建人民出版社1997年版。
③ 郝正治：《汉族移民入漠史话》，云南大学出版社1998年版。
④ 陆韧：《变迁与交融——明代云南汉族移民研究》，云南教育出版社2001年版。
⑤ 郑一省、王国平：《西南地区海外移民史研究——以广西云南为例》，社会科学文献出版社2013年版。

史研究的最新成果。该书在充分利用中国古籍、地方史料,借鉴现有中外研究论著资料以及在西南少数民族移民地区进行的田野调查基础上,综合运用人类学的理论方法对西南少数民族移民历史进行了研究,具体分析了西南边疆边界的历史变迁及民族分布、少数民族向周边国家的移民、少数民族移民聚居地及社会结构和少数民族的移民模式及移民网络等问题,阐释了西南边疆少数民族向周边国家移民所具有的国际性、亲缘性、集体性和地缘性特征,并运用移民理论分析和重构了该地区的移民模式及移民网络。同时,该书还向我们展示了历史上西南地区的少数民族移民概况。若论其不足之处,则在于所论述的内容大多是外迁移民,对于入迁该地的少数民族移民则涉及寥寥。另外,云南学者吴晓亮(2003)以洱海地区的城市为个案,分析认为古代云南城市人口研究的起点在元朝。云南城市人口的变化主要是自元朝开始,洱海地区的中心城市的人口形成规模。明清以来,工商业城市人口的增长较快。19世纪后期以后,城市人口的数量、人口流动状况、人口的职业构成等诸多变化反映出中国社会正处于由以农业为主导的社会向农工商共同发展的社会转变的时期。

  国外学术界研究历史上云南移民的著作,主要有美籍华人何炳棣著的《明初以降人口及其相关问题 1368~1953》,[①] 及其博士生李中清的《中国西南边疆的社会经济》,[②] 两书均对明清时期云南的移民与人口增长的原因进行了分析,并对各时期人口与移民的数量和空间分布、人口密度的变化以及移民与人口对社会经济文化发展的关系等进行了探讨。此外,李中清还发表了一系列相关论文,重要者如《1250~1850 年西南移民史》,[③] 认为西南的人口迁徙经历了两次主要历史阶段:第一阶段发生在元、明之间,第二阶段发生在清代。李中清认为西南的移民绝大多数是汉族,第一次移民主要是强制进行,第二次移民则在现代学术文章中被人们普遍所忽视,但它在数量上自愿的意向占绝对多数。他们的论著可以说是美国学界研究中国西南边疆移民、经济人口问题的典范之作和必备的参考论著,在研究视角、方法、结论等方面均有新意,为我们研究移民与人口问题提供了新的思路。

[①] 何炳棣、葛剑雄译:《明初以降人口及其相关问题 1368~1953》,生活·读书·新知三联书店 2000 年版。
[②] 李中清、林文勋、秦树才:《中国西南边疆的社会经济 1250~1850》,人民出版社 2012 年版。
[③] 李中清:《1250~1850 年西南移民史》,《社会科学战线》1983 年第 1 期。

通过梳理以上研究可以发现，迄今为止还没有学者专门对云南地区外来少数民族移民进行系统性的深入研究，已有的成果只是散见于一些有关民族史或移民史研究的著述中。单篇论文中与云南民族移民有关的成果则有不少，较为重要的有：方国瑜的5篇文章，①关注汉晋、唐宋、元明清时期的汉族移民对云南各地区的影响，汉文化在云南少数民族地区社会发展过程中的主导作用，以及汉族移民在民族融合中的核心作用。陈庆德的《清代云南矿冶业与民族经济的开发》，②分析了部分移民产生的原因、移民对云南社会经济发展的影响，其中不乏对少数民族移民现象的论述。谢国先的《明代云南的汉族移民》，③分析了明代云南汉族移民的来源、方式，认为当地众多少数民族不同程度地走上了汉族化的道路，但终明一代云南境内仍以少数民族人口占绝对多数。方慧的《元、明、清时期进入西南地区的外来人口》，④分时段探讨了外来移民进入西南地区的方式和途径，并对此时期各外来少数民族的移民情况进行了介绍，但未对其影响等作出分析。苍铭的《云南民族迁徙的社会文化影响》《西南边疆历史上人口迁移特点及成因分析》，⑤探讨了包括汉族和各少数民族在内的西南边疆各民族迁徙的特点与成因，认为今天的民族构成与不同历史时期各民族绵延不断的人口迁徙有密切关系，并分析了民族迁徙所产生的社会文化影响。邓立木的《云南边疆地区移民文化形成与特征初探》，⑥论述了云南历史上移民文化形成的过程及其特征，认为这种文化是中国地方多元文化融合的结果。秦树才、田志勇的《绿营兵与清代云南移民研究》，⑦认为汉族为主体的绿营兵及其家属不但在云南形成了三种移民类型，造就了38万多人的移民，还对清代民间移民产生了重大影响。林超民的《汉族移民

---

① 方国瑜：《汉晋时期在云南的汉族移民》《试论汉晋时期的"南中大姓"》《汉晋至唐宋时期在云南传播的汉文学》《唐、宋时期在云南的汉族移民》《明代在云南的军屯制度与汉族移民》《方国瑜文集》（第一辑），云南教育出版社2001年版。
② 陈庆德：《清代云南矿冶业与民族经济的开发》，《中国经济史研究》1994年第3期。
③ 谢国先：《明代云南的汉族移民》，《云南民族学院学报》（哲社版）1996年第6期。
④ 方慧：《元、明、清时期进入西南地区的外来人口》，《中央民族大学学报》1996年第5期。
⑤ 苍铭：《云南民族迁徙的社会文化影响》，《云南民族学院学报》（哲社版）1998年第1期；《西南边疆历史上人口迁移特点及成因分析》，《中央民族大学学报》（哲社版）2002年第5期。
⑥ 邓立木：《云南边疆地区移民文化形成与特征初探》，《云南民族学院学报》（哲社版）2000年第3期。
⑦ 秦树才、田志勇：《绿营兵与清代云南移民研究》，《清史研究》2004年第3期。

与云南统一》,①深入分析了云南汉族移民的基本情况,认为云南成为中国统一多民族国家的一部分,与历代王朝向云南移民有重大关系。李晓斌的《清代云南汉族移民迁徙模式的转变及其对云南开发进程与文化交流的影响》,②认为清代内地与云南的经济互补性的实现,使云南汉族移民的迁徙模式由强制性向自发性转变,并指出迁徙模式的转变加速了清代云南的开发进程与文化交流的影响。杨煌达的《清代中期滇边银矿的矿民集团与边疆秩序——以茂隆银厂吴尚贤为中心》,③认为矿民集团是边疆移民的重要类型,其拓展活动对边疆的稳定形成冲击,最终导致清政府无情的打击,说明追求稳定而非扩张是清朝在西南边疆基本的政策。

此外,古永继连续撰写多文对移民问题进行了深入研究,如《元明清时期云南的外地移民》《秦汉时西南地区外来移民的迁徙特点及在边疆开发中的作用》《明代滇黔外来移民特点及影响探究》《明代外来移民对云南文化发展的影响和推动》《明清时期云南的江西移民》等,④对各朝代移民的方式、来源、特点、民族构成等进行了系统论述,并对移民在云南历史上所产生的作用和影响做出了深入分析。有关云南历史上的军事移民,学者们也给予了充分的重视,江应梁的《明代外地移民进入云南考》、方国瑜的《明代在云南的军屯制度与汉族移民》,可说是云南地区军事移民研究的开创之作。另外,陆韧、范玉春、蔡志纯、郭红、丁柏峰等,也对军事移民及影响进行了研究。⑤

---

① 林超民:《汉族移民与云南统一》,《云南民族大学学报》(哲社版) 2005 年第 3 期。
② 李晓斌:《清代云南汉族移民迁徙模式的转变及其对云南开发进程与文化交流的影响》,《贵州民族研究》2005 年第 3 期。
③ 杨煌达:《清代中期滇边银矿的矿民集团与边疆秩序——以茂隆银厂吴尚贤为中心》,《中国边疆史地研究》2008 年第 4 期。
④ 古永继:《元明清时期云南的外地移民》,《民族研究》2003 年第 2 期;《秦汉时西南地区外来移民的迁徙特点及在边疆开发中的作用》,《云南民族大学学报》(哲社版) 2006 年第 3 期;《明代滇黔外来移民特点及影响探究》,《云南民族大学学报》(哲社版) 2009 年第 3 期;《明代外来移民对云南文化发展的影响和推动》,《西南边疆民族研究》(第 8 辑),云南大学出版社 2010 年版;《明清时期云南的江西移民》,《思想战线》2011 年第 2 期。
⑤ 陆韧:《变迁与交融——明代云南汉族移民研究》,云南教育出版社 2001 年版;陆韧:《明朝统一云南、巩固西南边疆进程中对云南的军事移民》,《中国边疆史地研究》2005 年第 4 期;范玉春:《论中国古代军事移民对移居地的影响》,《广西师范大学学报》(哲社版) 2000 年第 1 期;蔡志纯:《略论元代屯田与民族迁徙》,《民族研究》2002 年第 4 期;郭红:《明代卫所移民与地域文化的变迁》,《中国历史地理论丛》2003 年第 2 辑;丁柏峰:《明代移民入滇与中国西南边疆的巩固》,《青海社会科学》2003 年第 1 期。

二、近代工业化理论的演变

工业化是人类历史发展进程中一个划时代的标识。从世界范围看，全球工业化进程至今也只经历了 300 年左右的时间，并且目前仍处于不断发展深化的过程之中。一般研究认为，其比之传统农业占主导的生产方式的不同表现在于："首先，一般来说，国民收入（或地区收入）中制造业活动和第二产业所占比例提高了，或许因经济周期造成的中断除外。其次，在制造业和第二产业就业的劳动人口的比例一般也有增加的趋势。在这两种比例增长的同时，除了暂时的中断以外，整个人口的人均收入也增加了……"① 然而，如果仔细推敲，上述表述更接近于对工业化的一种"现代性"含义的界定。

结合当今发展中国家和新兴经济体的情形，一种更具动态性的描述或许应该是，"所谓工业化，从总体上说是非生物动力工业替代生物动力工业的过程。就近代中国的工业化而言，则一方面是移植西方机器工业的过程，另一方面是固有的传统手工业向机器工业过渡的过程"。② 但作为本书对工业化概念的运用，则不仅仅指工业部门在生产过程中其生产力性质部分的变更过程，也包括了由于工业部门生产方式的变革导致社会中商品市场运行、人们的行为方式等的相应变化，或许也指"缺乏农业过程的内涵"。③ 当然，就近代云南工业化进程而言，尤其是轻工业发展对农业原材料的依赖所引起的农业生产品种及结构的变化显然也存在一种连带变化的效应，因而，以上对于工业化的界定都涵盖于本书研究的工业化研究范围之内。

在开始研究本书所定的问题之前，还有一个需要澄清的历史前提，即中国于 20 世纪上半叶，是否是一个经济发展处于停滞的时期？之所以要厘清这一问题，原因在于本书研究涉及的云南早期工业化的历史时段主要是 1911 年滇越铁路建成之后至 1949 年的时段，而这恰恰又几乎与民国时期相重合。由于过去长期受到某种意识形态支配的认知体系的影响，"在许多专家及人们的心目中形成了这

---

① 《新帕格雷夫经济学大辞典》，经济科学出版社 1996 年版，第 861 页。
② 章开沅、罗福惠：《比较中的审视：中国早期现代化研究》，浙江人民出版社 1993 年版，第 210 页。
③ 罗兹曼：《中国的现代化》，江苏人民出版社 1988 年版，第 7 页。

样一种普遍观念,即在解放前的中国,其经济增长与现代工业发展长期表现为停滞的特征,直到1949年的新中国成立前夕也很少甚至没有什么现代工业基础可言"。① 而翻开中国近现代经济史的有关内容,则大量充斥的都是"萧条""萎缩""衰落""水平底下"等字眼,以至本书在选择了这个研究课题之后,于学界内就遭遇过若干次这样的诘问:在中国近现代史上,难道真有一个云南近代工业化的问题存在吗?很显然,如果这种关于民国时期经济停滞的论断成立,本书选择这一时期作为云南近代工业化研究的时间对象将不仅在事实上难以成立,而且就近代化含义来说也将是毫无意义的了。

目前理论界的一般看法是,19世纪末中国甲午战争的失败标志着洋务运动以军事工业为重心的早期工业化路线选择的失败。美国哈佛大学经济史学家德怀特的研究也认为,19世纪中国工业化失败的重要原因主要是来自政府的无能及其阻滞作用。② 但对辛亥革命之后其工业化发展的评价,某些相关的研究也认为,直至民国时期,尽管可以看到"近代工业确实正在中国兴起,但工业发展的进程并未走得太远"。因为直至"30年代时,中国近代工矿企业产值还不到国民生产总值的10%,而农业产值则占62%……20年代后,当第一次世界大战的刺激作用减退以至完全消失时,中国工业发展的进程即开始停滞"。③ 原因主要是国民党"政府的权利没有被使用于为经济发展提供资金,促进技术的改进,或者促成体制改革。相反,南京政府的政策助长了传统模式中对经济资源和产品的配置方式,即助长了停滞的动因"。④ 依上所言,尽管可能事实上我国在当时的工业化发展水平确实不如想象应有的那么高,但我们却不难看出其对问题分析判断时所具有的现代西方中心观的价值标准及存在着事先设定的与工业化发展初期的事实不相吻合的假说在里面。

---

① John K. Chang: Industrial Development of Mainland China 1912–1949 [J]. The Journal of Economic History, Volume XXXVII, Number 1, March 1967.
② Dwight H. Perkins: Government as an Obstacle to Industrialization: The Case of Nineteenth Century China [J]. The Journal of Economic History, Volume XXVII, Number 4, December 1967.
③ 郑友揆:《1840—1948中国的对外贸易和工业发展》,上海社会科学出版社1984年版,第48页。
④ Douglas S. Pauw: The Kuomdang and Economic Stagnation, 1928–1937 [J]. The Journal of Asian Studies, Volume XVI, Number 2, February 1957.

首先，现代只能从传统中演化而来，而且其变化的形式只能是在自身传统的基础上循序渐进地发展；变化之中又始终是你中有我、我中有你，在相互交错中逐渐生成，并在新旧力量的不断较量中得以凸显出来。保尔·芒图在研究英国近代大工业发展初期的情形时指出："大工业的特殊性并不是一下子就显露出来的。为了从其起源的模糊不清中更好地发现这些特性，我们必须从叙述它们今天呈现在我们面前的那些情形开始。"同时对传统工业生产方式向大工业生产方式演化的过程做了更为贴近事实的描述："首先，机器的出现并不是一下子完成的"，与此同时"手工工场过渡到大工业的行列是通过一些几乎觉察不出的改变"。因而"人们很可以主张在手工工场和大工业之间并没有很明显的分别"，因为"在手工工场中，工人的独立性已经丧失了。在各个企业的内部，已经有很细的分工，其结果是使工人永远丧失技术上的全面知识"。由此可见，为了对传统手工业如何向机器大工业过渡的问题作出说明，进而对两者所进行的分类与区别无非是便于人们更容易把握事件本身的特殊性而已，但其中也已包含着或多或少的人为性质了。因此，著者紧接着说："当我们努力区别这些相继的阶段并说明其特征的时候，我们不可忘记这些阶段毕竟只是同一演进中的不同时机而已。"[①]

我国近代以来所经历的由传统向现代的过渡，不也正是处于英国产业革命初期的时段上吗？在其时，由于传统力量出自本能的束缚，即使政府行为可以带有一些更多的人为干预，但在协调社会生活的过程中显然也不能够脱离现实的经济基础而走得太远，因而其在资源配置上仍然在某种程度上沿用传统模式中的有效方式也就不足为怪了。当然，在此无意对近代中国政府的行为方式进行辩解，而是想说明进行这一论题研究的学者们本身其实是用西方在产业革命已经历了一两百年，其现代生产方式较为成熟的模式来对中国当时的情形给予评论的，其显然有不合时宜之虞。更何况由于不同地区其历史、自然与社会条件的差异，其制度模式的多样性选择也是客观存在的，因而更难一概而论了。

其次，尽管中国的早期工业化与英国产业革命初期的不同之处是，英国的大

[①] 保尔·芒图：《十八世纪产业革命——英国近代大工业初期的概况》，商务印书馆1983年版，第23-24页。

机器工业是在自身工场手工业发展的基础上逐渐生成的，而中国的大机器工业在初期大多数主要是靠成套设备的引进建成，如洋务运动时期以军事工业为主建立的一批现代工业。但是，随着中国近代民用工业的逐渐兴起，企业大多是因地制宜地采取土洋结合的生产方式。在这种情况下，也是有可能判断其产品或产值分属于传统还是现代的不同的生产方式下进行的生产，特别是对前者而言。但不应忘记的历史前提是，近代工业化是一个系统工程，某个独立的、脱离现实生产力基础的大工业生产是无法生存的，否则洋务派的倡导者们也就不会从最初一心要搞军工，以实现军事的现代化，而后却又扩展到矿务、铁路以至某些民用生产的发展中。上述工业发展在经历了甲午战败之后，清朝在全国一批有识之士要求进行社会政治经济改革的强烈呼声中，以及在当时国际国内形势的压力之下而逐渐出台并实施的一系列关于兴办实业的措施议案中，这种实施工业化所表现出来的系统性尤为明显。例如，自19世纪40年代以来，随着各通商口岸的相继形成，棉纺织品一直是国外对华倾销的大宗商品，甲午战后外商又纷纷直接在华开设纱厂，为此清政府特别重视发展本国的纺织业。但同时也认识到"训农为通商惠工之本"，即"商务之基，以提倡土货为要务，而商之本在工，工之本在农，非先振兴农务，则始基不立，工商亦无以为资"。[①]

也有研究者发现，清政府在甲午战后之初作为促进农业工业化改革的初步认识及措施主要集中体现在如下几个方面："首先是将农业的发展视为工商业发展的基础，并将农业、商业、工业的发展看作不可分割的一体，这种认识对于以前的清朝统治者来说是不曾有过的。其次是开始重视农学与农业教育，西方的农业知识得到传播，新式农务学堂逐渐产生。最后是西方国家的农业生产工具和生产技术，在这一时期开始传入我国，使我国落后的农业生产逐步改观。"[②] 而根据史料记载，"云南省自清末即开始提倡植绵，民初以还，始为有系统之提倡"。由于"本省棉纺布匹，每年输入达国币千余万元，为数之巨，诚足惊人，是故政府诸公，有鉴于此，乃积极振兴棉业，广设试验棉场，同时并定各种植棉奖励方法，

[①]《清朝续文献通考》第三七八卷，实业一，第11241页。转引自朱英：《晚清经济政策与改革措施》，华中师范大学出版社1996年版。

[②] 朱英：《晚清经济政策与改革措施》，华中师范大学出版社1996年版。

以资提倡,复筹设纺织工厂,为棉产预谋销路,而达将来自给之目的。最近各厂已装置就绪,不日即可局部运转"。①

最后,就近代中国农业部门本身的发展情况看,由于为了适应国际市场的需求,其产品结构、农产品的商品化程度及生产的专业化程度等也发生了适应近代化进程的转变。例如,"1895年以后,不但原有的出口商品豆类、烟叶、果类以及农产制成品油类、粉类、豆饼等都有所增加,一些原来并不出口的农产品和畜产品也都成为出口商品,如芝麻、蛋类、花生等。由于出口需求的增加,逐渐出现了农产品专业化区域,如江苏和东北成为专业产棉区,河南成为产烟区,四川、山西、陕西和甘肃是罂粟的专门种植区域,福建、广东则成为产茶区"。②而就中国近代传统工业的情形来说,也并不是与早期工业化的进程完全无关,除部分通过单件机器引进而逐渐转化为近代化工厂者之外,不少传统工业的生产对象及在生产形式上由于客观环境的变化也发生了与近代工业或多或少的联进效应。有研究者认为,"即使是完全从外国引进的企业,它们在建厂时需要手工厂进行营造、装置和制造零配件。投产后,也需要手工厂进行原料整理、机械修配、成品包装等工作;为节约资本,又常将一些辅助工序转包给手工厂或家庭户承担。原来手工业生产多是并联的而非串联的,近代化工业专业化较细,对于传统生产有联进作用,这就促进了工场手工业的发展"。③

通过综合上述分析,本书在研究云南近代工业化的问题上便获得了一个基本的立论前提:即如果本书研究所引述的资料记载及研究结果确实无误,便表明在19~20世纪初期,近代中国工业化进程中的确存在着一种持续增长(尽管其增长率曲线趋于下滑,但也有时高时低的波动,由于国家的地域辽阔,其各地区的实际增长状况显然也是会存有差别的)的事实,而并非如以往学术界所认为的处于停滞的论点,这无疑为本书开展的研究提供了一个现实的可行性依据。但这里我们还要说明的一点是,前提的成立并不表明中国近现代已然处于具有现代性特质的工业化进程之中,毕竟这只是一个起步的阶段。因而,需要再次强调的是,本

---

① 《云南全省经济委员会纺织厂概况》,《云南建设月刊》第一卷,第四、五号,1937年版。
② 许纪霖、陈达凯:《中国现代化史》,生活·读书·新知三联书店1995年版。
③ 吴承明:《市场·近代化·经济史论》,云南大学出版社1996年版。

书研究的意义旨在揭示近代以来我国工业化初期其社会经济变革所呈现的动态形式，使用"工业化"一词也主要是一个描述性词语，而非一种对工业化性质的内在判断。

三、近代中国与云南的产业变迁及工业化研究综述

自18世纪英国工业革命出现，及其后世界各殖民地半殖民地国家在遭受列强的军事与经济侵略的同时，工业化问题首先在实践的层面，业已成为世界各个发展中或欠发达国家试图进行经济振兴和实现民族独立的情结与发展选择。经济史学家阿恩特据此认为，就发展中国家来说，"据我所知，最早追求现代化的地方在日本和中国，出于国家生存，抵挡西方攻击的需要；以后继续追求现代化的第三世界，其动机部分是考虑国家的力量和地位"。[①] 而从理论层面看，始自亚当·斯密、J.S.穆勒、马克思、桑巴特、马歇尔等有关资产阶级或资本主义性质及发展的理论或论争，或是后期工业化理论的逐渐明晰，以及对单纯工业化或经济增长指向的批判，而转向以社会经济发展目标所成就的发展经济学、现代化理论等，其中大都是以机器大工业或工业化作为其阐述的理论主体或根基。因为正是近代大工业对以农业生产为主的社会活动方式的转化，成为人类"现代性的标志"，即"由于工业革命的胜利，过去对于人类社会的'文明'与'野蛮'的划分，就被'现代工业社会'与'非工业社会'的划分所代替"。而"就19世纪大部分时间来说，进步与工业主义可以说是同义语"。[②]

早在19世纪中期，马克思在《资本论》第一卷的序言中明确指出："工业较发达的国家向工业较不发达的国家所显示的，只是后来者的景象。"[③] 在此之后，后期的发展经济学或现代化理论的研究者均把马克思视为经济发展理论或指明欠发达国家现代化发展道路的始作俑者。然而，本书认为其中并不像某些现代化理论学者所认为的，是马克思首先指出了发展中国家工业化道路的西方化模式的必

---

① H. W. 阿恩特：《经济发展思想史》，商务印书馆1999年版，第199页。
② 罗荣渠：《现代化新论》，北京大学出版社1993年版，第26—27页。
③ 马克思：《资本论》第一卷，人民出版社1999年版，第8页。

然选择,①恰恰相反,马克思所指仅是由物质生产过程的实质性内容变化所引致的社会生产方式的变更,而非工业化道路或发展模式的具体选择。因为马克思还进一步指出:"一个国家应该而且可以向其他国家学习。一个社会即使探索到了本身运动的规律,它还是既不能跳过也不能用法律取消自然的发展阶段。但是它能缩短和减轻分娩的痛苦。"②显然,这其中就内含了人们不能回避经济发展内在规律的支配,但在遵循规律的运行方面,不同的社会可以有不同的行为选择方式。

近代各国工业化实践的意义还在于其有力地推动了社会人文科学的发展。"如果说第一次工业革命使社会进化思潮在西欧和北美找到自己生长的土壤,那么,第二次工业革命就使新的社会进化思潮在更大的范围内重新复活。"③而在非欧洲国家,有研究者指出,"孙中山于第一次世界大战以前就希望探求中国的经济发展计划",并"预见到了1945年后的思想"。孙中山用英文写于1918年的《中国的国际发展》一书,阐明了其欲通过借助于国际资本来发展本国工业化的想法,并于其他著作中进行过具体的说明。还有研究者认为:"国家需要计划,它将防止资本主义的社会问题:'发展国家企业'。中国不能为大量工业化在本国获得足够的资本,因此,我们一定要借助于外国资本来发展自己的交通运输设施,并借鉴外国智力和经验管理它们。"因而可以说,"孙中山是他那个时代的一代先驱"。④出于"实际决策的同样紧迫需要激励了1924~1928年'苏维埃工业化辩论'的参与者",并最终认为,"对于他们来说,工业化就是经济进步的同义语,是未来完全社会主义的重要基础"。⑤

在国际工业化实践与理论思潮的影响之下,我国较早由龚骏撰写的《中国新工业发展史大纲》于1931年商务印书馆出版发行。龚骏主要研究了1862~1911年晚清政府主导的中国早期工业化的起步及发展历程。刘大均于1944年撰写了《工业化与中国工业建设》一书,明确提出中国工业化问题,而简贯三则在1945

---

① 亨廷顿等:《现代化理论与历史经验的再探讨》,上海译文出版社1993年版。
② 马克思:《资本论》第一卷,人民出版社1999年版。
③ 罗荣渠:《现代化新论》,北京大学出版社1993年版。
④ H. W. 阿恩特:《经济发展思想史》,商务印书馆1999年版。
⑤ 厄利奇:《苏联工业化争论》,转引自H. W. 阿恩特:《经济发展思想史》,商务印书馆1999年版。

年撰写《工业化与社会建设》一书。从这两本书中可以获悉，早于20世纪40年代，有关中国工业化的问题就曾在当时的学术界引起过广泛的讨论，并已在工业化的含义方面作出过具有今天理解意义上的解释。在《工业化与中国工业建设》一书中，刘大均认为，"二十五（1936）年以前，笔者即主张我国必须工业化，并作文加以鼓吹；嗣后对此问题之研究与讨论，未尝或懈，在初国人多未加注意，然自抗战军兴，工业化之需要乃深入人心，而政府且定为国策焉。然一般论者，对于工业化犹仅视为工业本身之发展，而不知其他一切经济事业、组织，以及政治、社会文化等，在工业化时代中，亦与前此者迥异；唯此种变迁大半属于渐进性质"，且"不专指工业一项，其影响所及，极为普遍"。刘大均由此还将工业化界定为包括：工业本身的机械化与科学化、现代运输事业、动力的普及、产品标准化、组织管理的科学化与合理化、生产性事业的资本化、城市化等10项具体内容。[①] 不仅于此，其时简贯三还涉及了工业化与现代化的关系，以及工业化与工业革命的关系等，认为只有"促进工业化之建设，以科学精神为本，以新式技术为用，方可脱离贫弱，迈进富强，跻身于现代化之林"。然而，"近来在论坛上往往把这三个术语——工业革命、工业建设、工业化——混为一谈"，虽然"在通常意义方面，大体上可以如此通用；但在严格意义方面，工业化的内容不但要建筑大规模的工厂，制造最新的机器，生产形形色色的物品，而且要更进一步地运用科学技术的原理，改造我们的社会组织，更新我们的社会态度"。[②]

对于如何区分经济发展和工业化的问题，阿恩特曾经指出，"到了第二次世界大战结束时，'经济发展'名词取代'工业化'的一般用法，原因是十分明显的"。因为尽管"现代发达或工业化国家里，工业化是资本主义经济发展最显著的特点，而且在更近的时期工业化成为列宁和斯大林领导下的苏联发展的主要部分。工业化作为一种目标，意味着城市化，包含现代城市文明。在大萧条和战争时期，初级产品出口国（尤其是拉丁美洲）的脆弱性促进了对工业化的要求并作为经济多样化的手段"。但"无论什么目的，工业化需要固定资本——工厂、厂

[①] 刘大均：《工业化与中国工业建设》，商务印书馆1944年版。
[②] 简贯三：《工业化与社会建设》，中华书局1945年版。

房和设备；如果还需要技术知识的话，没有资本加入其中，技术知识的进步可能就无经济意义"。因此，"资本形成的重要性依次深含在广泛的思想环境中，影响了战后初期几乎所有的经济发展思想，在西方文献中和不发达国家自身中都是一样，而且必须进行一些论述"。[1] 从而，在20世纪四五十年代，"西方经济学界以经济增长理论为核心的发展经济学这门新学科在逐渐形成之中。这一研究的深入，推动了政治发展、社会发展的问题以及近代以来世界历史发展过程中多方面问题的研究"，并"引起了西方社会科学研究中的重大变化：政治学家从政治发展和比较政治的角度探索政治现代化过程，社会学家从社会结构的观点来研究现代社会的变迁，而历史学家则从比较史学的角度来研究这一具有世界性的历史演变过程。现代化理论就是在对这一发展进程进行经济、政治、社会、历史等综合研究之中形成的"。[2]

在此之后，工业化理论一般来说就都涵盖于现代化理论体系之中。而随着研究的逐渐深化，20世纪50年代末期形成了以美国普林斯顿大学为中心的现代化研究的新领域，认为该理论的实质是说明从农业社会向工业社会的转变过程。其代表性的著述主要有布莱克撰写或主编的《现代化的动力》（四川人民出版社，1988年版）、《比较现代化》（上海译文出版社，1996年版）、《日本和俄国的现代化》（商务印书馆，1992年版）；亨廷顿撰写或主编的《变化社会中的政治秩序》（北京三联书店，1989年版）、《现代化理论与历史经验的再探讨》（上海译文出版社，1993年版）；艾森斯塔德的《现代化：抗拒与变迁》（中国人民大学出版社，1988年版）等。20世纪60年代初，格尔申克龙在《经济落后的历史透视》一书中，从经济史的角度对东欧早期工业化的特征所做的历史分析，为研究落后国家的工业化起步提出了一些著名论点，并由此引起了一系列关于此类命题讨论的展开，也使东亚发展模式与工业化战略在20世纪70年代以来真正进入并成为现代化和发展研究领域的新课题。

近年来，国内也有经济史学家如李伯重指出："工业化是人类历史上最伟大

---

[1] H. W. 阿恩特：《经济发展思想史》，商务印书馆1999年版。
[2] 罗荣渠：《现代化新论》，北京大学出版社1993年版。

的经济变革,因此作为近代工业化标志的工业革命,通常也被视为'把人类历史分开的分水岭'。经过这个伟大的变革,人类告别了以往传统的农业社会,进入新的工业社会。由于其在世界历史上具有'头等的重要性',因此对工业化的研究在世界历史研究中也理所当然地占有特殊的地位。不仅如此,由于在世界上许多地区,直至今日尚未完成工业化,因此对工业化的研究,不仅在'纯'学术的层面上来说具有十分重大的价值,而且从现实的层面上来说也具有极其重要的意义。"①

此外,最早对中国近代社会转型或早期现代化、工业化的发生动因及变迁进行系统研究的,当属1954年由美国哈佛大学邓嗣禹、费正清撰写的《中国对西方的回应》一书。② 但由于其"西方中心观"的强烈意识,使作者在由导论及七部分内容的各章节组成的全书中,都始终贯彻了一个主旨:在1839~1923年,近代中国社会所发生的一系列变化,均源于西方近代文明的冲击。甚至溯源于此前16世纪开始的中西文化交流中西方天主教对中国文化的影响也可视为较早的冲击之一。即把中国假设为在西方到达之前完全处于一种无变化的状态之中,并由此形成了著名的"冲击—反应"的理论模式。该理论模式在20世纪50~70年代几乎整个儿地支配了国外对中国近代化研究的思维方式。直至20世纪80年代初,由美国哈佛大学柯文撰写的《在中国发现历史——中国中心观在美国的兴起》一书的出版,③ 标志着史学界试图从中国自身的因素来解释中国近代发生历史事变的主要原因的学术发展趋向,并由此而引发了出自对中国的档案及史料收集形成的一些著名研究,如M.齐林撰写的《县长的银两:十八世纪清朝中国的财政合理化改革》,罗威廉的《汉口:中国一城市的商业与社会,1796—1889》,黄宗智的《华北小农经济与社会变化》等。

对关于中国现代化、工业化问题进行专门研究的,则有由J.罗兹曼主编的《中国的现代化》一书,④ 该书是美国一批著名学者研究我国现代化事业的综合性著作,在历史时段上包括了从晚清至20世纪70年代末的十一届三中全会为止

---

① 李伯重:《江南的早期工业化(1550—1850年)》,中国社会科学文献出版社2000年版。
② Ssu-yu Teng, John K. Fairbank: China's Response to the West-a documentary survey 1839-1923, Harvard University Press Cambridge, 1954.
③ 柯文:《在中国发现历史——中国中心观在美国的兴起》,中华书局1989年版。
④ 罗兹曼:《中国的现代化》,江苏人民出版社1988年版。

的，关于国际环境、政治结构、经济发展、社会整合与科技进步五个方面的变化内容。以及 Leo Ou-fan Lee 的《上海的现代化：1930—1945 中国的一种新的城市文明的形成》，Barry C. Keenan 的《中华帝国晚期的传统高等教育：1864—1911 长江下游的社会变迁》，①此外还有费维恺的《中国早期工业化——盛宣怀（1844—1916）和官督商办企业》一书，②但该书只是对中国早期工业化的一种局部性研究，并主要集中于当时清政府创办的几个官督商办企业。当然，其中对近代关于官督商办企业产生的历史背景、运作方式及存在弊端的剖析均极有见地。

由上述内容也可看出，在20世纪80年代以前，对中国关于现代化、工业化的研究主要以国外学者为主，研究对象上主要集中于沿海地区。国内史学界则由于各方面的原因对该领域的研究工作几乎无人问津。20世纪80年代以后，国内对现代化、工业化理论的认识，则首先始于对国外有关现代化、工业化理论研究主要成果的系统介绍（详见前所引有关书目的出版时间）。截至20世纪90年代，国内的有关研究成果相继问世。其主要有章开沅、罗福惠的《比较中的审视：中国早期现代化研究》（浙江人民出版社，1993年版）；马敏、朱英的《传统与现代的二重变奏——晚清苏州商会个案研究》（巴蜀书社，1993年版）；虞和平的《商会与中国早期现代化》（上海人民出版社，1993年版）；许纪霖、陈达凯的《中国现代化史》（上海三联书店，1995年版）；朱英的《转型时期的社会与国家》（华中师范大学出版社，1997年版），罗荣渠的《现代化新论》（北京大学出版社，1993年版）及《现代化新论续篇》（北京大学出版社，1997年版）；李伯重的《江南的早期工业化（1550—1850年）》（中国社科文献出版社，2000年版）等，李伯重在其著述中指出："早期工业化"乃是"世界经济史和中国经济史研究中的新课题"。当然，"国际学坛上对于早期工业化的研究仍主要集中在近代早期的西欧，但是越来越多的学者也意识到研究西欧之外地区的早期工业化的重要意义"。③

工业化乃是传统农业社会发生转型的起因，近代以来各国的现代化均是以工

---

① 这两本书尚未被翻译引进，其主要内容介绍见：The Journal of Asian Studies, Volume 56, Number 1, February 1997.
② 费维恺：《中国早期工业化——盛宣怀（1844-1916）和官督商办企业》，中国社会科学出版社1990年版。
③ 李伯重：《江南的早期工业化（1550-1850年）》，中国社会科学文献出版社2000年版，第13页。

业化为发端,并以工业化作为其社会变迁的核心内容。但从上述的已有研究看,工业化比之于现代化问题的研究,在我国仍是一个极为薄弱的环节,甚至到目前为止仍缺乏一个关于近代以来中国工业化发展状况的总体性归结。但值得庆幸的是,关于该论题的个案研究已经逐渐出现,这显然在一定程度上为后继的总体性研究奠定了一种必要的理论准备与研究基础。

在前近代中国,不存在严格意义上的现代工业,那时候的第二产业主要包括手工业或如李伯重所谓的"早期工业"、采矿业和建筑业三个部门。李伯重指出:"工业化是人类历史上最伟大的经济变革,因此作为近代工业化标志的工业革命,通常也被视为'把人类历史分开的分水岭'。经过这个伟大的变革,人类告别了以往传统的农业社会,进入新的工业社会。由于其在世界历史上具有'头等重要性',因此对工业化的研究在世界历史研究中也理所当然地占有特殊的地位。不仅如此,由于在世界上许多地区,直至今日尚未完成工业化,因此对工业化的研究,不仅在'纯'学术的层面上来说具有十分重大的价值,而且从现实的层面上来说也具有极其重要的意义。"[①] 以往关于近代中国工业的研究大多是从对外贸易、不平等条约、国别之间的经济往来等方面来进行的,其中最有代表性的是郑友揆先生的《中国的对外贸易和工业发展》,[②] 他是从进出口商品结构的变化,关税、银价变动对我国对外贸易的影响,中国近代工业发展在对外贸易中的作用等方面着手的。王玉茹、燕红忠在《世界市场价格变动与近代中国产业结构模式研究》一书中着重分析世界市场价格的变动对中国近代产业结构的影响,并以中外贸易与进出口物价的变动为中介。

第四节 本章小结

本章的目标主要是从产业经济和人口流动两个视角梳理相关文献,这既可以

---

② 李伯重:《江南的早期工业化(1550—1850年)》,中国社会科学文献出版社2000年版。
③ 郑友揆:《中国的对外贸易和工业发展》,上海社会科学出版社1984年版。

知道当前学界的研究进展,也可以明白本书研究的理论基础和着力的方向。具体来说,首先,从外部经济学和竞争角度分析劳动力流动和产业集聚两者间的关系,马歇尔从外部经济性的角度考虑,他认为产业集聚减少了劳动力的搜寻成本,推动知识的外溢和技术的进步;波特从竞争的角度考虑,通过上下游产业的密切联系和创新,保持企业在同类型产业中的竞争优势,从而吸引优秀的人才形成不同层次的劳动力结构。马歇尔和波特虽然分析的角度不同,但都认为劳动力流动引致的人口集聚和产业集聚是相互促进的。其次,引用 Barro 和 Sala-i-Martin 在新古典经济增长理论的基础上构建的 β 收敛模型,得出地区经济增长是否趋向于稳态经济能够以 β 值反映出来,这也是第四章模型分析的理论基础。最后,以新经济地理学理论为研究基础,指出劳动力流动和产业集聚要素在对区域经济差距的影响过程中,流动成本是其中的关键因素。伴随流动成本的降低,短期内区域经济增长差距呈现扩大的趋势,但从长期看,中心地区的产业逐步向外围地区迁移,外围地区劳动者的收入持续增加,导致地区间的经济发展差距逐渐缩小。

综上所述,根据经济史学界、产业经济学家和劳动经济学家的相关研究,产业转移已成为当前产业转型与升级背景下的重要任务,而劳动力流动、产业集聚一直以来被大多数学者作为分析产业转移的主要影响因素。这些结论无疑为本研究提供了理论借鉴,形成了逻辑起点。但通过阅读文献发现,相关研究仅限于理论分析,呈现出"现实描述式"的特征,缺乏基于劳动力流动和产业集聚相关数据的实证分析。而且几乎没有学者把我国东部地区作为研究对象,具体研究我国东部地区制造业产业集聚、劳动力流动对产业转移的作用机理和影响机制。所以,本研究将依据云南近代东中西部地区十余个州府工业相关数据进行具体的实证分析,进而揭示产业集聚、劳动力流动与产业转移的本质内涵和关系,探讨云南近现代以来产业转移的战略方向和实施对策。

第三章　云南近代人口增长与劳动力流动

在本章研究中，我们将分清代、民国两个时期论述云南移民和人口发展的情况及空间变化。首先，以史志和档案资料中云南人口数记载和近代政府云南人口登记制度的考察分析为基础，对近代云南人口有一个总的认识；其次，再以所获官方数字对人口数进行估计和校正，由此提出对云南近代人口的估算；最后，分析云南移民和人口增长的原因，各时期人口与移民的数量和空间分布、人口密度的变化，揭示近代劳动力流动对云南社会经济发展的影响，从而为后续研究提供一个坚实的基础。

第一节　清代以来中国的经济和人口变化

直到17世纪80年代在明代遗民的反清复明斗争和"三藩之乱"被镇压之后，清王朝才开始大规模地允许减免赋税。按照何炳棣的研究，到1711年事情已发展到这样的地步，减免的赋税总数达到1亿两白银，超过了中央政府一年的收入。[①]丁税和地税被合二为一以白银缴纳，这样便于征收和管理；这一改革促进了税收从明代通常采用的实物缴纳发展到以货币缴纳的大转变。许多学者认

---

① 何炳棣:《中国人口研究1368-1953年》（*Studies on the Population of China, 1368-1953*）（剑桥：哈佛大学出版社，1959年）；王业键:《中华帝国的土地税1750-1911年》（*Land Taxation in Imperial China, 1750-1911*）（剑桥：哈佛大学出版社，1973年）。详见清代税收制度部分。

为，从以人丁计算到以土地计算的这一变化，完全符合社会不断向商业化发展、流动性更强的大趋势。1713年将丁税数额永久固定的做法受到欢迎，被认为是朝廷仁政的一个新的标志，这不仅反映了政府不会另定税制，也反映了它将来不会增税。

前近代中国在以农业为主的情况下，地税是政府收入最大的一项来源。出于财政上的考虑以及传统上重农思想的影响，使得清代政府一开始就致力于复耕被抛荒的土地。由于在1661年的政府赋税册中已少了大约两亿亩土地（超过1600年时耕地总数的1/4），所以恢复农业生产就成为新王朝要实现的一个主要目标。[1] 满族人特别需要由华北和华中选定的几个省每年向北京缴纳的"漕粮"（清代少数几种主要税收之一），用来养活依靠朝廷维持生计的京城地区成千上万的旗人和官员。

清代，政府为恢复粮食生产先是安置流民并向他们提供耕牛、农具、种子甚至银两。这样做显然大受百姓欢迎，到17世纪末这种做法已经很有影响，康熙年间在中国西部的成都平原、湖南、湖北以及边远的西南地区都得到了推广。尽管雍正和乾隆都担心移民难以管理，但还是鼓励在帝国军事征讨扩展时开垦荒地，并向新开拓的疆域移民。

政府向中国边疆和内地移民垦荒还得益于来自新世界的粮食作物之助，这些粮食作物是在16世纪后期传入中国的，它们同时也改变了全世界人的饮食习惯。正是在清代主要靠个体农民的劳作，这些作物对中国人使用土地的方式产生了重大影响。由于种植玉米和土豆使贫瘠土地得到大力开垦。被称为"穷人口粮"的甘薯保证了人们不用受饥荒的威胁，而作为食用油一种新来源的花生使得在土地利用上也出现了一场革命，可以利用山地和沿河的沙土地种植。16世纪的新作物是烟草，像许多民族一样中国人也很快对它上了瘾。与稻米和甘蔗一样，烟草也需要有良田来种，它成为一种重要的经济作物。

在农业生产中可能比引进美洲粮食作物更重要的是作物类型的变化，这些变

---

[1] 王业键：《1750—1911年中华帝国的土地和租税》，郭松义：《清初封建国家垦荒政策分析》，《清史论丛》1980年第2辑；江太新：《清初垦荒政策及地权分配情况的考察》，《历史研究》1982年第5期。

化虽不那么明显但同样实用。像小麦这样的北方旱地作物被引种到南方,稻米的耕作扩展到新开垦的水田,在南方双季稻的耕种逐步增加,尤其是冬小麦或大麦与夏粟或稻的双季种植,所有这些变化都在缓慢却明显地使产量增加。

政府赈灾的同时也致力于兴修和维护水利工程。这种国家性的行为在一个王朝开国的阶段都会出现,因而人们会认为在中国只有政治上巩固了才会兴修水利。而国家对水利系统关注的程度与农业和地理条件的不平衡有关。在以稻米为主食的中国南部和中部,水利对农业经济至关重要,地方上会修建完善的水利系统以在作物生长季节适时地将水引入相互贯通的水田。与南方情形不同,在中国北方,黄河经常会淹没华北东部平原,淤积严重,要控制这条河就需要清政府进行全方位的管理,这无疑要涉及到协调黄河与供应北京的主要水道大运河之间的水位。

事实上,清政府和民国政府用了很大的精力去恢复水利系统,这也体现出政府在此方面的办事效率。清代为了控制黄河水患,每年都要花费大约10%的年收入。17世纪后期,河道总署开挖了清江(1686),疏浚了黄河河口(1688)并加强了河堤(1699)。这些工程使低洼易涝的淮北地区受益最多,当地凋敝的经济也在17世纪后期成功得到复苏。在其他地区,尤其是南方和华中,政府在这些未遭战乱的地区只是鼓励私人来兴修管理,因为当地有积极性重新投资水利工程以便于开垦荒地。虽然清代史料中有关兴修水利系统的数量(甘肃和陕西除外)不能与明代16世纪兴盛时的情形相比较,但清代工程的规模无疑要大很多;而且整个18世纪都持续在江南等富庶地区对旧有的水利设施进行修缮。

由于水运对经济有重要意义,所以水利系统的修复对商业也像对农业一样有益。要想让中国的主要水道长江的沿江港口能够通航,使货物流通能维系长江三角洲每平方千米超过千人的人口密度,疏浚河道就是政府必不可少的任务。其中,大运河是向京城运粮漕运的关键,康熙在执政之初就把漕运看作是最重要的事情。当然,疏浚运河尤其是它与黄河和淮河的交汇处,因为涉及官员、商人和地方精英三者的利益,因此需要官方和民间相互合作。

清代初期发展经济的努力不仅增加了耕地面积,同时也为人口增长打下了较好的基础。由表 3-1 中可以清楚地看出，中国人口总量在 17~19 世纪增长了 2 倍有余，而耕地只增长了 1 倍左右。①

表 3-1　中国人口和土地数量（1600~1850）

年份	人口（百万人）	耕地（百万亩）
1600	120~200	670
1650	100~150	600
1685	—	470
1750	200~250	900
1770	270	950
1850	410	1210

资料来源：王业键：《中华帝国的土地税 1750~1911 年》，剑桥：哈佛大学出版社 1973 年版。

表 3-1 中所录的统计数字显示，在 100 多年的时间里，中国人口数量连续突破 2 亿人、3 亿人、4 亿人大关。考虑到人口统计的滞后性，吴承明认为在嘉庆末年（1820 年前后）人口可能已经接近 4 亿人了。中国人口在 1851 年的时候是 4.3 亿多人，而世界全部人口是 11.71 亿人，中国占世界人口比重的 36% 还多，而整个欧洲、美洲和大洋洲的人口仅占全世界人口的 29% 还少。② 由此，我们可以清楚地了解到，中国当时已经形成了非常巨大的人口基数，同时实现了 100 年间年均 0.6% 的增长率。一些学者在解释这种现象时，常常不以为然，并将其与欧美进行比较，认为 1750~1850 年欧美国家人口由 1.58 亿人增加到 3.35 亿人，100 年增长了一倍多，年增长率已达 0.75%。然而，持这种观点的人大多忽略了两个前提：首先，要明确虽然两者时间上是一致的，但工业化进程却完全不同。这一时期欧美工业化已经启动，并在工业化进程中；中国的工业化还没有启动，是在工业化之前，两者存在着本质上的差异。这恰恰是问题的关键所在，一旦工

---

① 王业键：《中华帝国的土地税 1750-1911》；何炳棣：《中国人口研究 1368-1953 年》第一部分，该书经过分析，认为没有理由不相信官方的人口和田亩数字。1949 年后的历史学家继续采用官方的数字：孙毓棠、张寄谦：《清代的垦田与丁口的记录》，《清史论丛》1979 年第 1 辑，文中比较了这些数字。另见何炳棣书表 21，附录 I，第 281-282 页。
② 刘佛丁：《中国近代经济发展史》，高等教育出版社 2000 年版。

业化开始，农业生产就会出现革命性的变革，生产技术进步极快，同样的土地可以提供更多的粮食；同时，工业发展可以吸纳农村过剩的劳动力，大大减轻农村的人口压力，因此，不应该做简单的类比。其次，此间的中国人口看上去增长率似乎不高，但人口的增长通常是以几何级数增长的，在人口基数已经很大的情况下，这个增长速度就显得十分惊人了。

一旦经济恢复走上了正轨，清政府就要让它稳步运转。清前期的几位皇帝如顺治、康熙和雍正都按照行之有效的传统做法，建立并维护好一个粮食储备系统，规定每个省要在各个县设立"常平仓"制度，以此防止饥荒的后果难以收拾。这些粮仓通常都能很好地发挥作用，以1743~1744年北京南部的一次饥荒为例，政府宣布蠲免税赋，派人调查受灾农户，区分饥荒的程度建造安置营和施粥所，向大约160万人发放救济。同时，政府还向灾区运送粮食，并采取一些长效措施以恢复农业生产。当然，能够如此有效地处理灾情，不仅因为有充足的粮食储备和交通便利，还在于18世纪清政府要求每个县、府和省在奏议中必须报告当地的粮价，这样中央政府就能及时掌握市场价格，在很多救灾的情形下可以酌情选择使用货币就近购买粮食，而不一定直接运送粮食，这既能及时救灾也避免了不必要的浪费。

不过，清政府为减少饥荒危害所做的努力并不能说明其对市场采取完全干预的态度。尽管皇帝对城市尤其是长江三角洲这种重要地区城市的粮价非常重视，但一般来说对是否进行国家干预仍极为谨慎。例如，乾隆十三年（1748）皇帝在其颁发的上谕中就提到："所涉设市买卖之事，应以百姓自买自卖为宜。若由官府办理，抑或初衷为施惠于民，当也不惬人意，阻隔重重。"清代主要的垄断贸易是盐的生产和销售，随着人口的增长其需求增加。1753年，政府将近12%的国库收入来自于盐。除云南外全国被分为11个管理区，盐的生产、运输和销售都由专卖商人控制。扬州的盐商只能运输销售，不能生产贩私，其在18世纪一年差不多要运销6亿市斤盐，供应全国约1/4的人口食用，总计获利约有500万两白银。

除了上述的经济变化之外，中国人口在清代宣统时期增至4.36亿人也许是18~19世纪中国社会最引人注目的特点，这得益于导致人口增长的一些条件变得更为有利：农民地位改善、商业发展、有了对付天灾的公共设施，如水利设施、农业产量提高、田亩扩大以及农业生产技术的传播。虽然人口增长转而又促进了新的地区的开垦并对市场需求有所推动，但以何炳棣为代表的一些学者也对这一人口增长的整体影响持否定态度，其基本观点认为："到18世纪最后25年，各种迹象表明，中国经济在现有技术条件下如果不加以发掘就难以养活正在不断增加的人口。"①

一、历史上的人口统计

中国历史上很早就将人口视为治国理政的基础。《诗经·小雅·北山》中就提到人口和土地的重要性，"普天之下，莫非王土；率土之滨，莫非王臣"，这句话表达了古人一种朴素的国情认识观念，即土地与人口，是构成一国的主体，这句话也是传统农业社会中，国家（即皇帝、王朝）对版图内最重要的土地、人口认识的最直白表达。中国数千年的文明史，从根本上说是一部农业社会史，农业社会是我国传统帝制时代的基本特征，在传统农业社会的基本国情中，地表地理环境及其地理环境影响下的农业生态归结起来成为历朝历代统治者最关注的土地问题；在前工业社会，我国的传统农业是一个完全靠人力耕作的时代，人力即劳动力，而劳动力的数量和质量（在此主要指年龄结构、农业生产技能等）决定着农业开发和农业发展的程度，同时是决定国力盛衰的重要表征，因为在以人头计税的漫长的传统帝制时代，土地和人口赋税是国家财政的基本来源。前帝制社会时代，历代王朝国家的基本资源为土地、人口；国家专控的特需资源为矿产，土地和人口是历代王朝最重视的基本资源，通过土地、赋税、户籍制度加以管理。而矿产是古代铸造工具、武器和货币的主要原料，与社会发展密切相关。兹有人口、土地、矿产三种资源。② 所以，历代统治者治国理政最关注的资源是土地、人口。历代史籍和政书都对各朝的土地、人口进行专门记载，反映出中国传统农业社会认识的特点和局限，即以赋役征收为目的来认识人口特征，同时也说明农

---

① 何炳棣：《中国人口研究 1368~1953 年》（*Studies on the Population of China*, 1368~1953）（剑桥：哈佛大学出版社，1959 年）。
② 马琦："国家资源：清代滇铜黔铅开发研究"，云南大学博士学位论文，2011 年。

业社会最重要的内容即土地（耕地）和人口（劳动力）。

清代前期200年人口的迅速增加，是我国前现代经济史中数量指标最重要的变化之一。这种近于爆炸速度的人口增长，为明末清初战乱残破的社会经济尽快恢复、重建，提供了充足的劳动力来源，也构成了清代前期社会经济总规模增长的重要基础。但过快膨胀的人口也带来了人均耕地减少，剩余收入和社会积累萎缩等诸多问题，最终造成了18世界中叶以后开始的人均收入和整个国民经济增长趋于停滞的局面。以上观点已大致为经济史学界所接受。但清代的社会经济发展同中国社会前后各历史时期相比，以及与同时期的其他国家相比处在怎样一个水平，是进一步研究中国经济史所必须回答的问题。要回答这个问题，必须对中国经济史中各个重要经济变量有一个数量上的估算，如整理出一套比较准确的和成系列的清代人口数字。研究清代人口数字已有许多成果，但或者从统计制度上予以说明、评价，或者局限于某一地区或某一历史时期的人口数字分析，多数没有能形成一套完整的清代人口时间序列数字。

仅以明清两朝为例，历史时期对人口的统计，是以征收赋税为主要目的。明代从洪武三年起逐渐建立了对户口进行记录统计的户帖制度，《明史》曰"太祖籍天下户口，置户帖、户籍，具书名、岁、居地。籍上户部，帖给之民。有司岁计其登耗以闻。"[①] 此户帖有几个特点，第一是户口登记的范围面向全国，第二是户口登记表式和内容全国统一，第三是依此编制《条鞭赋役册》（即《赋役全书》）、黄册，并建立起人口组织的基本形式"里甲制度"。[②] 洪武年间的户帖制度，尽管有其不足之处，如对卫所的军人和家属、少数民族人口等均未登记，但因为有官员参与调查，军队参与复查，相比较历史时期的人口统计数字看，其整体的质量相对较高，这是学术界对洪武初年人口调查的基本态度。

清代对土地与人口的统计和认识主要依靠重立赋役簿籍、整顿赋役制度来进行，形成系统的赋役册簿有三种：第一种，《赋役全书》是清代系统登录全国各地的赋役数额的册籍。第二种，丈量册，详载田地的形状、大小，以及上、中、下

[①]《明史》卷《食货一·户口田制》。
[②] 曹树基：《中国人口史》（第四卷），复旦大学出版社2000年版。

田制等土地基本的分类内容。第三种，黄册，核心是详载人户登耗、各项赋税预征的数额，是清代由户部统一汇总人口的动态统计。

以康熙五十一年（1712）为界，明清时期有关人口的统计因赋税政策的改变发生了重大的变化，葛剑雄指出，"从理论上说，从清康熙五十一年（1712）实行'新增人口永不加赋'以后，户口登记已经与赋税征收脱钩，户口统计已经成为真正的人口调查了"。[①]但因为保甲编查中有人为编造户口的现象，这一时期的统计人口与实际人口仍有一定程度的偏离，总的趋势则是偏低。[②]

20世纪上半叶，虽然我国的人口学家王士达、陈长蘅等以及历史学家罗尔纲等对中国近代人口问题进行了许多开创性的研究，但从总体上来说，有关清代人口研究的最重要著作，仍然属于美国华裔学者何炳棣1959年出版的《1368-1953中国人口研究》一书。在何炳棣这一堪称经典的著作问世以后，有关讨论随之展开。以四川人口为例，尽管何炳棣和珀金斯（Dwight H. Perkins）都意识到该省一系列人口数据中存在问题，[③]但都没有对这一数据加以认真的分析和勘误。施坚雅（Skinner G. William）在其《19世纪四川的人口——从未加核准的数据中得出的教训》一文中则采取了另一种分析方法。[④]他对中国第一历史档案馆所藏的《四川通省民数册》所载四川各县的历年人口数据1368个进行了认真的核对，结果发现大量的错误。如在所有的1368个数据中，共有112个数据没有被汇总；许多数字被颠倒，或多添了一位数，或遗漏了一位数，有的甚至被抄错了数字。尤其惊人的是1887年绵州的人口记录，由于不知在什么地方置换了一位数字，结果人口暴增了10倍。是年该州户数为68394户，人口却高达6629533人，出现了至少600万人以上的误差。

除了统计上的误差外，施坚雅还发现，四川人口数据中还存在明显的人工编造的痕迹。将1822年四川的人口数据与20世纪的人口数据进行比较，可以发现1822年的人口数据要比1887年合理得多，1808年或1812年数据很可能是一系

---

① 葛剑雄：《中国人口史》（第一卷），复旦大学出版社2002年版。
② 姜涛：《中国近代人口史》，浙江人民出版社1993年版。
③ 珀金斯：《中国农业的发展1368~1968》，伍丹戈等译，上海译文出版社1984年版。
④ 施坚雅：《中国封建社会晚期的城市研究——施坚雅模式》，王旭等译，吉林教育出版社1991年版。

列数据的起点。施坚雅认定嘉庆《四川通志》中的人口数据可能就是1812年的人口数。他从人口密度、家庭规模、性别比等方面对1812年的人口数进行了认真的分析，结果表明尽管这一年的人口数据中存在一些问题，但这一年的人口数据本身不是伪造的。一切证据都说明嘉庆中期四川的人口统计是真实可靠的。在此基础上，施坚雅以1673年为起点，对清代的四川人口进行了估算。另外，施坚雅将四川的例子推广到全国，认为有理由相信在很多省份也存在类似四川这种夸大统计数字的情况。因此，他将19世纪的中国人口数从4.3亿人修正到3.8亿人。

显然，施坚雅在取得一项成功的同时，却又忽略了另一种情况，即19世纪中期在一些省的人口统计中存在低估，甚至是严重的低估。笼统断言大部分的省份存在四川似的人口高估是缺乏依据的。施坚雅的研究给我们的启示是，对于清代各个时期人口数据的重建，应该建立在区域人口的研究基础上。遗憾的是，施坚雅犯了一个逻辑上的以偏概全的错误，他将四川的经验作为普遍的真理推广，结果得出不正确的全国人口数。

1933年，我国学者姜涛出版了《中国近代人口史》。这是近些年来中国学界有关清代人口历史最有分量的著作。这本著作以清代初年作为近代人口的研究起点，主要阐明了以下几点事实：

其一，乾隆四十一年（1776）的人口数出现大幅度的增长，是各省认真清理人口统计的结果。虽然像1775年这种全国规模的人口清查，直到1851年没再进行过，但清政府通过完善和加强保甲制度来维持经常性的人口统计。因此，在这一时期，对人口的统计和管理还是相当严密的。

其二，太平天国以后的人口统计失实，并不在于何炳棣所称之保甲人口登记的短缺，而在于有关省份的数据根本就没有建立在州县人口的清查和册报的基础上。如江苏（苏州）布政使所谓苏州、松江、常州、镇江、太仓四府一州，在太平天国战阵后期就一直未将所属人口数上报。

其三，《嘉庆一统志》中的数据质量不高，除时点差异和统计口径的差异外，各省原载人口总额往往与按府州厅的合计数不符。有些地区的数据存在很大的错误。姜涛的研究根据乾隆《大清一统志》、各省《通志》和有关府志，尽可能地对有关数据做了校正处理。

其四，姜涛还针对清代户部历年的《汇造各省民数谷数清册》进行了细致的整理。他用很大篇幅列出历年各省民数，并将缺报的府、州、厅、县在附注中说明。这一工作如此重要，使得所有清代人口史的研究者都有可能轻易地利用户部《清册》人口数据。尽管这些数据在很大程度上并不反映实际的人口数。

总的来看，姜涛研究的第一点贡献在于他对于各省数据的整理和讨论。这一工作加强了对何炳棣观点的进一步论证。姜涛研究的第二点贡献相当重要，它澄清了长久以来历史学界的错误，包括曹树基1993年在其著作中由于轻信战后江苏省的人口数而造成的错误。[①] 第三点贡献是姜涛研究揭示了省级人口的准确与否其实有赖于府级数据是否正确。最后，姜涛研究对户部历年《清册》中民数的整理，也给后人带来了许多便利，后来的研究者在此基础上可以少走许多弯路。

此外，王育民在其1995年的遗著《中国人口史》中，对清代人口特别是太平天国战争造成的人口死亡问题进行了较有意义的研究。[②] 通过尽力收集苏、浙、皖三省有关县份的战前、战后人口数，以所得资料作为样本，归纳出各地区人口死亡的百分比，求出各地区战后人口的死亡数，这一做法，避免了使用战后户部清册中不实的人口数，使结论更接近于事实。在区域人口史的研究中，除了上述施坚雅等的著作外，韩光辉所著《北京人口历史地理》也是一部上乘之作。他对于明清时期北京城市人口的研究，堪称城市人口史的典范之作。该著作体现的学术水平，已在很大程度上形成了对何炳棣研究成果及方法上的超越：区域性的户口调查制度有其特殊性，城市人口可以做精确的定量研究。

我国台湾学者对明清人口历史研究的贡献，主要表现在对人口增长原因的解释方面，其中以全汉昇、王业键对有关清代人口的研究最值得注意。众所周知，全汉昇、王业键长期以来从事中国经济史研究，著作颇丰，成就斐然。1961年，在《清代人口的变动》一文中，他们认为乾隆时期可信的人口数据始于乾隆二十二年。[③] 然而因为他们提供的证据不足，难以完全推翻何炳棣的观点。对于清代

[①] 葛剑雄、曹树基、吴松弟：《简明中国移民史》第八章《清后期、民国时期的移民》，福建人民出版社1993年版。

[②] 王育民：《中国人口史》，江苏人民出版社1995年版。

[③] 全汉昇、王业键：《清代人口的变动》，载中国台湾"中研院"历史语言研究所集刊第三十二本。

人口增长速度的变化,他们认为除了与农业的发展、新作物的传播和种植有关外,还与中国当时的国际贸易密切相关。这一观点,对于我们理解清代人口的变化无疑是有益的。

总之,尽管传统帝制时代已经对土地、人口基本情况有深刻的认识,但至少在清末以前,基于赋役征收的需要,国家对其关注的地理空间与社会行为主体的重大内容主要集中在土地与人口方面。以明清时期为代表,明代通过"鱼鳞图册"和"开方法",对全国的土地进行了较为全面的测量,清代通过"摊丁入亩"加强了对土地的管理和控制,但对人口的认识主要停留在与赋税有关的丁口方面,"摊丁入亩"之后虽然登记的人口已经包括了全部人口,但统计的结果却与实际人口还有很大的差距。由此可见,以明清为代表,中国古代对人口的认识有较大的局限性,不仅关注的内容有限,在成就显著的土地、人口方面也有很大不足,并未真正全面认识当时的实际情况。

二、近代人口统计的改进

清末以后,中国社会正发生着由传统社会向近代化社会变迁。中国开始从单一农业社会向以近代工业兴起的多元经济结构的现代社会转变,在此背景之下,近代中国政府对于资源的基本认识,已经不再仅仅局限于传统的土地(耕地)、人口(农业劳动力)简单项目的认知,而是逐步地与世界接轨。与此同时,随着西学东渐,各种新兴的现代社会科学引入,近代地理学的发展,特别是中国近代化的发展,要求必须跳出土地(耕地)、人口(农业劳动力)简单项目的窠臼,必须由土地(耕地)向更全面细致的地理调查推进;对人口(劳动力)也向人口所应包含的全体国民人口数量、人口质量、职业状况、教育程度等要素的人口调查或人口普查发展。这种变化在清政府最后的挣扎中已经开始,晚清政府试图通过多种调查统计对中国的土地和人口进行更为广泛的认识,寻求挽救其颓势的方法,从而引发清朝政府组织的人口调查统计的转型。

为了更好地了解整个国家的发展状况,特别是人口数据的实际情况,清政府逐渐引入西方主要的社会调查与统计方法。1906年清政府宣布"预备立宪",专设考察政治馆,次年改为宪政编查馆,下设编制和统计两局,在各省又设立调查局，在各部院设立统计处。统计局专办全国统计事宜，"至统计一项，所以验国计盈绌、国势强弱参互比较，以定施政之方。故宜内考全国之情势，外规世界之竞争，此后各部院、各省应就其所管之事详细列表，按期咨送臣馆。臣馆总汇各表即以推知国家现势之若何"。①由此可见，统计局的主要工作是为"国势强弱""考全国之情势"等国情认识提供调查统计资料，为"推知国家现势"和"定施政之方"提供科学的依据。以统计局为主，清政府有关的国情调查统计有户口调查、民情风俗调查、民商事务习惯调查、矿务调查、学务调查等。

清末最重要的国情认识得益于民政部组织的户口调查，这次调查"于光绪三十四年（1908）订立调查户口计划，政府颁布清查户口条例，第二年的工作为调查各省人户总数，第三年汇报各省人户总数，编订户籍法，第四年实行户籍法，宣统元年（1909）颁行填造户口格式，宣统二年进行调查。"②虽然这是一次试图不以赋役征收为目的，而为全面清查中国户口和统计人口数字为目的的人口调查，但实际上相当简单并缺乏严谨的科学性。因为其是以户为单位，而非以行为主体的人为单位的清查，无论是"规定关内十八省每户按5.5口计算，而关外每户则按8.38口计算"，③还是中国传统粗漏估算式的人口数量统计，可以想象是相当不准确的，所以未能实现真正人口学意义上的人口及国情调查。宣统年间的人口调查，尽管存在较大数量的误差与漏报，尤其人口数字仍然是估计所得，但其为民国时期以人口为主要方面的国情认识与研究提供了借鉴。

中国传统官方对人口和土地资源认识的局限，促使清末仁人志士参与到统计调查之中，并对人口统计调查的重要性逐渐有了认识。如梁启超1910年《中国国会制度私议》中讲到，"天下无论何种制度，皆不能有绝对之美，惟当以所施之国适与不适为衡。离国情以泛论立法政策，总无当也"。④以预备立宪与孙中山领导的辛亥革命为代表，清末是中国历史以来社会结构发生重大转变的"千年未有之变局"时代，这一转变的核心动力是清朝的政治体制已经不符合当时中国的

---

① 《军机处王大臣奏遵旨改考察政治馆为宪政编查馆拟订办事章程折附片并清单》，上海商务印书馆编译所编纂《大清新法令（1901—1911）》（点校本·第2卷），荆月新等点校，商务印书馆2011年版。
②③《清史稿》卷120《食货一·田制》。
④ 梁启超：《中国国会制度私议》，《国风报》1910年第13期。

国情，孙中山所领导革命的成功，正是源自于新兴的革命党人对中国国情的深刻认识使然。

有学者曾对清代末期957个中国人在国内的调查进行过梳理，发现其内容主要集中在"社会调查、政治调查、经济调查、文化教育调查"等类，在1903年后有显著的增长轨迹，其促成了政府调查机构与调查统计活动的展开，但其中的不足也十分明显，"清末的社会调查仅仅描述了社会现象，几乎没有哪个调查达到科学认识社会的程度"。[1]这充分说明清末由于国家治理能力的薄弱和涣散，无法形成强有力的政府执行力，导致开展社会调查时需要动员的社会资源无法满足要求。

清末由于面临着政治制度的巨大变革以及国情的重大变化，清政府的国家能力在一定程度上受到诸多限制，在此历史条件下，国家层面很难组织对人口、社会、矿务等国情的调查，大部分调查都是以社会团体组织和个人名义展开，因此成果不算是很多。尽管成果不多，但有限的成果中也有一些为民国时代的全方位开展国情研究奠定了一定的政治与学术基础。

孙中山在《建国大纲》中曾经讲道："在训政时期，政府当派曾经训练考试合格之员到各县协助人民筹备自治，其程度以全县人口调查清楚，全县土地测量完竣。"因此，民国初年政府机构的统计调查依然延续了传统帝制时代人口、土地为重点的特征，但是已经不再是沿用过去清代保甲法的官方统计，而是要求深入"始成为一完全自治之县"为示范的基础上，探讨科学方法，总结经验后再向全国推广。[2]遵照孙中山留下的遗训，1928年南京国民政府拟定《户口编查条例》、《人事登记条例》，推行全国人口调查。[3]从而使我国的人口统计认识从为国家赋役征收服务和以户为单位的调查统计迈入以"社会行为主体"的个人为调查对象的人口调查时代。随后，1931年国民政府内政部组织了全国各县市土地调查，1935年

---

[1] 李章鹏：《清末中国现代社会调查肇兴当论》，《清史研究》2006年第2期。
[2] 孙中山：《国民政府建国大纲（1924年1月23日）》，中国社科院近代史所等编《孙中山全集（第9卷）》，中华书局2011年版。
[3] 侯杨方：《中国人口史（1910–1953）》，复旦大学出版社2005年版。

出版了《全国各县市土地人口调查》，是民国时期土地与人口统计的重要成果。[1]

总的来说，抗日战争前民国中央政府为了搞清楚中国的土地与人口等基本情形，多次进行相关的调查统计，但结果却不甚理想。造成这一结果的原因有很多，最重要的一个因素在于，抗战前民国政府对人口的认识还处于尚未覆盖全国的人口调查水平上，还未进入国际公认的通过科学的人口普查来全面准确认识人口数据的阶段，因而连最基本的全国人口总数这一数据都未搞清。由于民国时期我国已经处于传统农业社会向近代化转型时期，民国政府因对土地的认识有所局限，尚未启动全国性的土地调查，更不用说地理普查。除了土地与人口等基本数据外，国民政府的各级行政单位还对其他财政、教育、司法、矿冶、物产等有关材料进行过统计，有多种类型的年鉴和统计报告发表及出版，这些成果极大地丰富了有关数据资料，提高了对人口数据统计的广度与深度。

第二节　1649~1936年云南的人口增长

1250~1850年，由于移民的涌入和人口的自然增长，中国西南地区的人口在近六百多年的时间长河里逐步从三百万人增长到二千一百万人。[2] 不可否认的是，相对于同一时期全国人口从不到一亿人增长到四亿人的情况而言，西南地区的人口增长率要高得多。对于我国历史上的人口增长原因，过去不少中外学者如何炳棣、珀金斯（Dwight H. Perkins）以及卡蒂尔（Michel Cartier）和魏丕信（Pierre-Etienne Will）认为，中国的人口增长与粮食生产的发展相关。[3] 中国人口增长是

---

[1] 民国内政部统计司：《全国各县市土地人口调查》，出版地不详，1935年版、1943年版。
[2] 李中清：《中国西南边疆的社会经济：1250—1850》，人民出版社2012年版。
[3] 何炳棣：《中国人口研究：1368—1953》（*Studies on the Population of China，1368—1953*），剑桥：哈佛大学出版社1959年版；珀金斯：《中国农业的发展：1368—1968》（*Agricultural Development in China，1368—1968*），阿尔戴恩出版社；卡蒂尔、魏丕信：《中国人口统计学和制度对帝国时期人口调查和分析的贡献》（*Demographie et institutions en Chine：contributions a l'analyse des recensements de l'epoque imperiale*），见《人口学史年鉴》（*Annales de demograhpie historique*），1971。

三种因素长期作用的结果：13世纪以来农业生产的加速发展；16世纪以来美洲粮食作物品种在中国的传播；这一时期可耕地的持续扩大。所以这些因素，共同扩大了中国的食物基础。根据这一人口分析模式，较高的人均粮食产量降低了中国人口的死亡率，最终的结果是中国的人口增加了。

但是，如果仅仅针对全国性人口上升的总体原因做宏观层面的估计和分析，可能会掩盖微观层面中存在的地方性差异。从中国人口史的角度看，历史上中国的人口发展既有全国性的周期，也有地区性的周期。就近代云南人口发展的特点来说，云南由于从地理上讲是一个边疆省份，原住民的数量本就不多，其人口中所占基数最多的还是省外移民以及明代进行军屯后留下来的内陆军民，因此，其近代人口能够大幅度上升，动力也更多来自于外部移民。以明末清初（1596~1681）为分界点，云南的人口发展大致可分为两个周期：第一个时期为元明时期，时间大致在1250~1600年。这一时期云南的人口大约翻了一番，从200万人增至400万人。第二个时期为清代时期，时间大致在1700~1850年，此时期的云南人口增长了4倍，从400万人增至1600万人，因没有入籍而无法统计的人口甚至还有更多。

不可否认，从社会经济发展的角度看，任何社会的人口如果要获得增长都需要扩大其食物来源并且采取鼓励人口生育的措施。但是，近代云南的例子有一些特殊之处在于，是否仅仅只是农耕人口才会对食物供给的增加产生直接反应，还是城镇人口对此的反应要滞后一些呢？如果缺乏精确的数据和史料，这个问题很难有一个确切的答案。不过，按照美国学者李中清的研究，在1600年前的350年中，人口的稳步增长直接与农业生产的增长有关，但在1700年以后的一个半世纪，人口的快速增长很大程度上则是工商业发展的必然结果。[①]

一、1649~1825年的云南人口统计

自古以来，地处边陲的云南都是少数民族人口的主要聚居地，在元代之前人口成分中以原住民为主。然而，这一趋势自明代开始逐步被打破，洪武以后一直

---

① 李中清：《中国西南边疆的社会经济：1250-1850》，人民出版社2012年版。

有大批汉人随着军队迁入。到了清代中期，来自东部各省及四川等地的移民源源不断地流入云南，云南中心区的汉人也被迫逐渐向边缘区的少数民族聚居地迁移。正是基于这一历史渊源，清代前期的户口调查，在很大程度上都仅仅是针对汉族人口而非少数民族人口进行调查和统计，其数据并没有真实反映出人口的状况。因此，直到清代中期的嘉庆二十五年（1820），云南仍有许多地区的人口统计呈空白状。对此，清代《嘉庆一统志》的解释是，"向因蛮民杂处，未经编丁"。这样看来，云南大批少数民族人口此时仍是中原王朝的化外之民。

抗日战争时期，西南联大在云南省呈贡县创办清华大学国情普查研究所，这是我国第一个以国情为研究内容的学术团体，1938~1946年历时8年，进行了呈贡县人口普查，呈贡县、昆阳县户籍及人事登记，云南环湖市县户籍示范等三项重要的人口统计研究工作，完成了极为珍贵的《云南呈贡县人口普查初步报告》《云南呈贡县昆阳县户籍及人事登记初步报告》《云南省户籍示范工作报告》，杨海挺、陆韧等历经多年的艰苦收集，将这些在抗日战争艰苦环境下手写油印的调查报告进行了全方位的整理，[①]有以下资料：

（1）《云南呈贡县人口普查初步报告》。清华大学国情普查研究所在1938年开始筹备，以1939年3月1日为普查日，范围包括呈贡县全境的人口普查，至4月末结束，统计工作于1939年底完成，1940年8月在呈贡县文庙内，油印出版了《云南呈贡县人口普查初步报告》。本报告共约90000字，大概分为三编（九章）计153页的内容，附有各类统计表56种，统计图10幅，对人口普查的筹备、人口资料的整理和分析均有细致的记录，尤其在附录中，通过《调查员须知》把调查过程中的细节问题，包括问询方法、填表方法等进行了详细解释，展现了国情普查研究所在呈贡县人口普查中严谨的学术态度、科学的调查方法。

（2）《云南呈贡县昆阳县户籍及人事登记初步报告》。1939年清华大学国情普查研究所在呈贡县的人口普查完成后，随即在呈贡县城附近的27个乡村开始人事登记，因成绩较好，1940年初推广至呈贡全县，1941年昆阳县临近滇池的4

[①] 杨海挺：《抗日战争时期西南联大在云南的地理与人口国情调查实验》，云南大学博士学位论文，2015年。

个乡镇开始也加入人事登记。呈贡县与昆阳县的人事登记一直持续到1946年西南联大北返前。清华大学国情普查研究所于1946年6月在呈贡县文庙内油印出版了《云南呈贡县昆阳县户籍及人事登记初步报告》。该报告共160000字左右，大概分为三编并含十章内容，对呈贡地区人口登记资料的收集、整理和分析，均进行了细致的记述，文中共有137种各类统计表，对人事登记的结果也有详细的分析论述。

（3）《云南省户籍示范工作报告》。1942年清华大学国情普查研究所与内政部、云南省政府合作，在环滇池区域举办户籍示范，包括昆明市、昆明县、昆阳县和晋宁县，1942年3月1日为普查日，人口普查完成后，随即开始户籍登记的设籍工作。5月开始人事登记。1944年2月，清华大学国情普查研究所在呈贡县文庙内统计整理铅印出版《云南咨户籍示范工作报告》。该报告共约350000字，有九章383页，全文共附有各类统计表158种，在对环滇池区域户籍示范的户口普查、户籍及人事登记工作进行详细论述的基础上，并把该区域的户籍资料同国内其他地方，以及国际上的人口资料进行了比较研究。

西南联大在云南环滇池地区的地理与人口调查研究，清晰地反映出西南联大时期对统计调查的重视与学术发展共进的特点：一是国情研究的突破，二是学术研究的发展。抗日战争时期，面对内外危机，国情研究成为与国家命运息息相关的重要学术问题。梅贻琦在《云南省户籍示范工作报告》中指出国情是多方面的，"总括起来却又不出两种基本的东西，一是人，一是物"。[①] 以西南联大地质地理气象学系和清华大学国情普查研究所的调查为例，西南联大地质地理气象学系在调查中关注的是地理环境与"物"，而清华国情普查研究所关注的则是社会与"人"，两者在环滇池区域的调查研究都充分利用了当地的调查数据与人口普查数据，以及户籍和人事登记数据，全面准确地反映了这一区域的基本情况。结合上述研究机构的调查和研究，基本可以确定近代以来云南在滇西沿滇越铁路一带的经济地理情况，其中环滇池区域与滇西地区也由此成为抗日战争时期中国人口研

[①] 梅贻琦：《梅序》，云南环湖户籍示范实施委员会：《云南省户籍示范工作报告》，国立清华大学国情普查研究所，1944年。

究的代表性地区。

就当时的调查条件和水平而言，西南联大等高校学者视野下的人口统计并非仅限于战时和云南滇池地区，很多研究也充分考虑到战后国家建设需要以及未来对中国国情认识的方法探讨。其中，梅贻琦就认为清华大学国情普查研究所所有工作的目的是"一旦抗战结束，建国的事业一旦发轫，国家鉴于这种研究的尚非徒劳无功，加以采纳，实行通国普查"，抗战时期西南联大在云南的国情调查着眼于战后国家建设，可以在三方面发生重要功效，"一部分是数字，一部分是方法，一部分是和国内外其他研究的比较"，[1]索适合中国国情的人口普查、户籍管理方法和人口学研究方法，在这些实实在在的工作基础上实现与国际学术接轨，推动学术的发展。因此上述调查报告及其后续研究，呈贡县人口普查目的是以此为实验田，如陈达所言调查呈贡人口的目的是"从一县或市起，然后推广至一省，最后而至全国"。如陈达的《现代中国人口》就是以呈贡县人口普查为基本数据，深入研究近现代以来中国人口数据和国情的经典之作，[2]被视为中国现代人口学的开创性研究，是中国历史上第一次以县为单位完成的最科学完整的人口普查。在后来的社会学、人口史及相关研究当中，都把陈达所主持的这一次人口普查活动视作是"质量最高"者。[3]唯一可惜的是，在陈达开展的研究中大都是彼此叙述与结论的相互参考，对原始资料的解读与引入均属缺乏。正是出于改进前人研究的目的，本书与即将出版《西南联大清华大学国情普查研究所人口资料汇编》具有相同的目的，即通过论述和出版这批史料，向学术界展现这批珍贵史料反映出的云南的人口与社会现象，探索在国情认识与研究中的价值及意义。

结合上述研究脉络可知，西南联大在云南环滇池地区的地理和人口调查，重

---

[1] 梅贻琦：《梅序》，云南环湖市县户籍示范实施委员会：《云南省户籍示范工作报告梅序》，国立清华大学国情普查研究所，1944年。

[2] 陈达：《现代中国人口序》，廖宝均译，天津人民出版社1981年版。1946年陈达先后接到普林斯顿大学邀请，参加建校二百周年纪念的学术讨论会，在会上宣读了《现代中国人口》论文，随后又出席芝加哥大学的世界人口学术研讨会，再次宣读该论文，此后该文用英文在《美国社会学学报》(*The American Journal of Sociology*) 一九四六年七月号上全文发表，通期只有这篇论文，这种在学术期刊上独占篇幅，是很少见的事。该文于1981年由廖宝时翻译出版。

[3] 侯杨方：《中国人口史（1910-1953）》复旦大学出版社2005年版；查端传：《人口学百年》，北京出版社1999年版。

要的是两项考察地域范围基本重合，加之张印堂在滇西的调查，构成了近代云南地理和人口普查的典型示范。

二、1820~1936年的云南人口变化及其特征

由于云南1775~1850年的人口统计数有幸被保存下来，因此可以准确地找出近代人口增长的数字，详见表3-2。同时，由于云南22个府中有17个府的人口系列数保存得比较完整（1775~1778年，1780~1781年，1784~1785年，1794~1796年，1804~1806年，1809~1811年，1814~1815年，1819~1821年，1824~1825年，1829~1830年），因此，我们可以用总的平均数衡量各地的差别，并详细标示人口增长空间分布状况。虽然这些人口数据只包括"土著人口"，不包括"老年人"和"移民"，但就目前看，它们仍然是中国所有省份中唯一的时间跨度如此之长，并按年编排的系列人口数据，其中府一级的系列数据是目前所能找到的省以下行政级别中最详细的资料。其珍贵程度无出其右者，值得仔细研究，从中可以比以前更好地窥见中国西南地区人口增长的时间和空间分布特征。

表3-2 以官销食盐量为基础推算的1700~1800年云南人口数[a]

年份	产盐数	食盐运入数	销盐数	估计人口数	在册人口数
1700	2258187	—	—	1737053	
1723[b]	27800000	—	—	2138462	
1727	22985698	—	—	1768130	
1730	27287436	—	—	2099033	
1742	29307036	3000000	32307036	2485156	917812
1751	30880850	3500000	34380850	2644680	1974031
1755		3000000	36000000	2769230	2069171
1760		5000000	—	—	
1800	36277998	1000000	37106000	2854315	4445309

资料来源：a. 除非特别注明，表中数据均来自光绪刊《云南通志》（1894年版）卷七十二。亦见于刘隽《清代云南的盐务》，见《中国近代经济史研究辑刊》第二辑，1933年版。
b. 檀萃的《滇南虞衡志》。
c. 师范的《滇系》。
d. 张泓的《滇南新语》。

近代云南人口由于受到战争、自然灾害和政局变化等多种因素的影响,不仅数量变化较大,而且职业构成也不无变动。道光二十年（1840）至咸丰五年（1855）,云南境内共发生七次瘟疫,波及元江、楚雄、罗平、赵州、河阳、禄丰等地,[①]但是并没有造成太大的人口损失。嘉庆二十五年（1820）云南全省人口共计1029.9万人,到道光三十年（1851）增长为1267.5万人,[②]31年间年增加了237.6万人口,年平均增长率6.7%,增长还是比较快的。

1856年爆发了由杜文秀领导的起义,云南由此陷入了长达16年的战争,而在战争期间鼠疫横行。战争和瘟疫的共同作用使云南人口在此期间大幅减少。同治十二年（1873）战争基本结束,云南巡抚岑毓英上疏说,"自军兴以来,各属久遭兵燹、饥馑、瘟疫,百姓死亡过半","现查各属百姓户口,被害稍轻者十存七八,或十存五六不等,其被害较重者十存二三。约计通省百姓户口,不过当年十分之五"。[③]尽管岑毓英对战争中人口损失的议论,只是根据在册所载的人口数量而论,因此并不一定十分准确,[④]但战争与饥荒瘟疫造成云南人口大量减少确是不争的历史事实。尤其是随着此后战争范围的扩大,人口伤亡急剧增加,也直接导致战后人口锐减。史料显示,回民起义前的1851年,云南人口合计有1267.5万人,至1865年时,战争虽然已持续将近十年,但因其直接战场主要局限于滇西和滇西南,[⑤]造成的人口损失相对有限,全省人口以年平均增长率3.9%的速度增加;[⑥]然而,从1866年开始,主要战场发生一定程度的东移,战争几乎波及全省范围,全省人口也随之停下了增长的步伐,1872年的人口数字1123万人与1865年的1337.9万人相比,人口减少达214.9万人,其中尤以云南府的人口损失最大,1872年的人口数仅及1865年的40%,减少达113万人。[⑦]

按照上海交通大学历史系著名史学家曹树基教授的研究,起义结束后,云南

[①] 李春龙:《云南史料选编》第8编,"清代灾害",云南民族出版社1997年版。
[②][④][⑥] 葛剑雄、曹树基:《中国人口史》第5卷,复旦大学出版社2005年版。
[③] 岑毓英:《裁止民兵厘谷请免积欠钱粮片》,岑春蓂:《岑襄勤公（毓英）遗集》卷八,台北文海出版社1976年版。
[⑤] 谢本书等:《云南近代史》,云南人民出版社1993年版。
[⑦] 1865年和1872年人口数字据葛剑雄、曹树基:《中国人口史》第5卷"表13-1 回民战争前后云南分府人口",但其却将人口减少数在该表和文中计为241.6万人,疑有误。

人口开始恢复。1820~1850年云南省人口年均增长率为6.72‰，1851~1909年为-2.92‰，1880~1909年为4.86‰。[①]不过，由于战后百废待兴，人民的生产和生活恢复起来极为艰难。故而一直到1910年，云南全省人口也只有1346.8万人，[②]只比1865年多出8.9万人，人口恢复的缓慢由此可见一斑。

1911年的云南人口，内务部户籍表册计为7174887人，这一数字竟然比在经过长达16年之久的战争后云南人口跌入最低谷的1872年还少了400余万人，显然是很不合理的。对此，经济史学家侯扬方曾指出，"由于大量少数民族的存在，清末与民国的历次人口普查统计数可能均偏低"，[③]这也就是说以上数据应该有较大的遗漏。从现存史料看，《云南行政纪实》中所记载的1932年云南省户口调查的数据里，云南人口共有11568922人；然而，民国著名学者张肖梅女士在《云南经济》一书中的统计数据则显示，1934年云南共计有12042157人，户均5.04人；1936年云南人口共计11944133人。因此，根据侯扬方的研究，1911~1936年，云南地区人口年平均增长率为-0.07‰，据此回溯，1911年的云南人口大致在1200万人左右。这也就是说，1911~1936年，云南人口基本上在1200万人上下徘徊的同时，约略呈下降的趋势。

根据历史资料分析看，云南于1937~1945年接纳了大批来自全国各地的难民，这无疑是使一些地方的人口出现了较大增长的重要外生因素。例如，昆明一地"据（民国）25~（民国）28年各年调查：（民国）25年之人口数为145440人，而（民国）26年为142657人，并无任何变动。然而，从（民国）27年开始突增为205896人，（民国）28年仍为196962人，较前两年约增2/5以上"，也就是说，昆明一地1936~1939年人口出现了波动。当然，在战争中云南也损失了不少的人口。抗战八年间，云南人口其实总体上是减少的。据云南省民政厅的统计，1938年全省共有10323881人，1939年有10354671人，而到了1948年12月，全省统计共有9108094人，其中包括寄籍239482人，由此可见云南在抗战八年中人口减少了近100万人之巨。"抗战"结束之初，随着西迁企业、学校等

---

①② 葛剑雄主编，曹树基著：《中国人口史》第5卷，复旦大学出版社2005年版。
③ 葛剑雄、侯扬方：《中国人口史》第6卷，复旦大学出版社2005年版。

单位返回原地，云南人口进一步减少，随后逐步恢复，到1949年，云南人口增长到1595万人，成为近代时期云南人口的最高值。

从现存史料来看，近代云南人口的职业构成情况鲜有较为详细的记载。1932年云南省民政厅所做的《云南省户口统计报告书》，其中特别提道："凡二十岁至四十九岁之男女人口，计为5148786人。其中农业为2437754人，占全数47.3%；工业709397人，占全数13.8%；商业169602人，占全数3.3%；公务为56842人，占全数1.1%；自由职业63596人，占全数1.1%；人事服务1608188人，占全数31.2%；无业者103377人，占全数2%；失业者25149人，占全数0.5%。"①

另据云南档案馆所编的《1946年1-3月户口统计报告表（本籍人口职业性别）》和《1946年1-3月户口统计报告表（寄籍人口职业性别表）》两表计算，昆明市、陆良县、江川县、昆明县、呈贡县、镇南县、宜良县、峨山县、漾濞县、晋宁县10县市在1946年的人口，共计748246人，其中农业人口304044人，占全部统计人口的40.6%。②通过以上两组数据，可以发现民国时期的人口统计分类已经非常科学，其统计范围虽然不同，职业划分也略有差异，但农业人口占所统计总人数的比重比较接近，这也就是说，近代云南在青壮年这一年龄阶段中，占全省40%~50%的人口是农业人口。

正如《续云南通志长编》中所指出的，"云南僻居边陲，山势丛杂，河流多不能通航，南部仅法人兴修之滇越铁道线，全省公路网尚未完成，自昔交通险阻，故工商各业较外省逊色。全省居民，除城镇多有营工商业者外，其余大都从事农业"，③农业人口不仅是全省人口的主体，而且所占比重较全国其他大多省份为高。据国民政府内政部人口局的统计数据，1947年湖北、山西、福建、台湾、辽宁、吉林、南京、上海、北平、青岛、汉口等地农业人口占总人口的比重为41.58%，其中以湖北最高，为57.38%。④两相比较，云南农业人口占全省总人数

---

① 云南省档案馆：《近代云南人口史料（1909-1982）》第2辑。
② 据《1946年1-3月户口统计报告表（本籍人口职业性别）》、《1946年1-3月户口统计报告表（寄籍人口职业性别表）》计算，以上二表皆来自云南省档案馆；《续云南通志长编》（下册）。
③ 云南省志编纂委员会：《续云南通志长编》（下册）。
④ 葛剑雄、侯扬方：《中国人口史》，复旦大学出版社第6卷2005年版。

的比重毫无疑问地应该是高于湖北等地的,而1942年进行的户人口普查资料也说明了这一点:由云南省环湖户籍示范区实施委员会于1942年所作的昆明市、昆明县、昆阳县、晋宁县人口普查表明,①以上县市农业人口占总人口的比重为59.15%。②然而,令人奇怪的是,以上所谓环湖示范区四县市为云南全省工商业最为发达的地区,农业人口所占比重应该比省内其他地区为低。1935年出版的《云南农村调查》据国民政府统计局和云南省民政厅调查统计数据计算,全省农户占总户口的70.96%。③总体而言,即使是保守估计,20世纪三四十年代,云南农业人口占总人口的比重也应该在60%以上。

图3-1中的基本数据来源于1775~1850年云贵两省的相关史料,对比了1775~1850年两省在册登记人口的增长情况。由图所示的人口变化可知,西南人口的上升趋势最早开始于17世纪中期的贵州,其中的原因可能是由于明清之际的战乱迫使许多难民从云南和四川逃往贵州,造成贵州在这一时期人口出现外援性增加。到1733年,贵州在册人口已经超过60万户,即可能到达300万人,这一数字是1550年登记户数的4倍,也是16世纪贵州人口数150万人的两倍。然而,1740年之后,西南人口增长的中心又回到了云南。根据这一时期云南食盐消费的官方数字对人口数进行的估计,到18世纪中期,云南省的实际人口可能已达到300万人,极大地超过了在册人口数。④然而,直到1809年之前,云南省的在册人口也一直未能超过贵州省。其后,在整个19世纪,云贵两省人口一直呈现持续增长的趋势,而到了1850年,两省在册人口总共为1300万人。如果算上四川的在册人口(其南部的在册人口在1850年可能已超过300万人),那么,这也意味着此时西南三省的在册人口总数在清末达到了史无前例的1600万人之多。

---

① 调查数据具体参见《续云南通志长编》(中册),户政三。
② 葛剑雄主编,侯扬方著:《中国人口史》第4卷,复旦大学出版社2005年版。
③ 行政院农村复兴委员会:《云南农村调查》,商务印书馆1935年版。
④ 据张泓《滇南新语》卷一第19页记载,在1740年,云南人口每年食盐消耗超过3600万斤。另据江道长(Chiang Tao-chang)《1644-1911年中国的盐业》(*The Salt Industry of China, 1644-1911*)(夏威夷大学博士学位论文,1975年)第151页计算,云南每年人均食盐消费量被定为13斤。这意味着在这一时期云南几乎有300万人口。

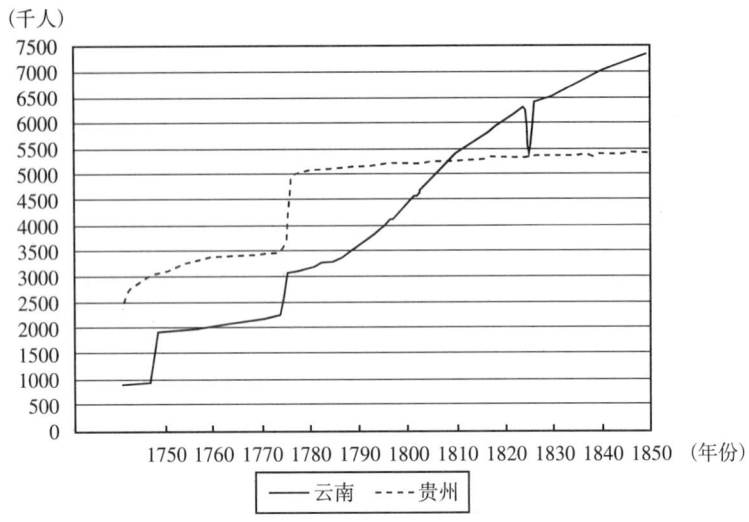

云南近代工业化进程中的劳动力流动与产业集聚研究 ‖

图 3-1　1750~1850 年云南和贵州两省在册人口变化比较

资料来源：a.道光《云南通志》（1835年版）卷五十五，第13页上至第19页下；光绪《云南通志》（1894年版）卷五十五，第13页上至第19页下。又见下列"民数谷数奏折"，《朱批奏折》和《录副奏折》之"内政·保警"乾隆十二年十二月二十日奏、乾隆四十年十二月十一日奏、乾隆四十一年十月四日奏、乾隆四十二年十一月二十九日奏、乾隆四十九年十二月八日奏、乾隆五十年十二月七日奏、乾隆五十一年十一月二十七日奏、乾隆五十七年十二月十六日奏，以上藏北京中国第一历史档案馆；乾隆十六年十二月七日《宫中档》000917，乾隆十七年十二月十一日《宫中档》003117，乾隆十八年十二月二十日《宫中档》005463，乾隆十九年十二月十一日《宫中档》008272，乾隆二十八年十一月二十七日《宫中档》016441，乾隆二十九年十一月十二日《宫中档》019069，乾隆三十年十二月十一日《宫中档》021990，乾隆三十二年十一月十一日《宫中档》023308，乾隆三十三年十一月六日《宫中档》026346，乾隆三十八年十一月一日《宫中档》026976，乾隆四十二年十月二十日《宫中档》032891，乾隆四十三年十月二十八日《宫中档》036590，乾隆四十三年十二月二日《军机处档》021779，乾隆四十四年九月十五日《军机处档》025200，乾隆四十五年十一月二十九日《军机处档》028963，乾隆四十六年十一月七日《宫中档》039740，乾隆四十七年十月二十八日《宫中档》042900，乾隆四十八年十一月七日《宫中档》046313，乾隆五十一年十月十八日《宫中档》049165，乾隆五十三年十二月四日《军机处档》042713，乾隆五十四年十二月十日《军机处档》042713，以上藏台北故宫博物院。

b.《朱批奏折》之《内政·保警》"民数谷数奏折"：乾隆六年十一月二十三日、乾隆七年十一月二十四日、乾隆十年十一月二十五日、乾隆十四年十二月二十日、乾隆十五年十一月二十四日、乾隆二十五年十一月十五日、乾隆四十年十二月十一日、乾隆四十一年十一月五日、乾隆四十四年十一月二十日、乾隆四十九年十二月十一日、乾隆五十年十二月十四日、乾隆五十一年十二月六日、乾隆五十二年十一月四日、乾隆五十七年十二月十八日，以上奏折藏于北京中国第一历史档案馆；乾隆十六年十一月十一日《宫中档》000736，乾隆十八年十二月四日《宫中档》005276，乾隆十九年十二月五日《宫中档》008227，乾隆二十年十一月十五日《宫中档》010773，乾隆二十一年十一月十二日《宫中档》013335，乾隆二十八年十一月二十九日《宫中档》016454，乾隆二十九年十一月二十二日《宫中档》01959，乾隆三十年十一月二十一日《宫中档》029191，乾隆三十二年十一月十五日《宫中档》023047，乾隆三十三年十一月十二日《宫中档》026415，乾隆四十二年十一月十日《宫中档》046383，乾隆四十八年十二月十五日《军机处档》034950，乾隆五十三年十二月三日《军机处档》08248，乾隆五十四年十二月二十一日《军机处档》042905，以上奏折藏于台北故宫博物院。

c.《全国民数谷数清册》黄册，文497、965-1006，藏于中国第一历史档案馆，含1787~1791年、1794~1795年、1819~1820年和1831~1850年等年份数据。这些清册收入李文治《中国近代农业史资料》，生活·读书·新知三联书店1957年版，第7-17页。亦见严中平等编《中国近代经济史统计选辑》，科学出版社1955年版，第362-374页。中国第一历史档案馆还藏有1813年、1816~1817年、1821~1824年、1826~1830年等年未编目的清册。

d.《贵州省民政赋役全书》（雍正朝版）卷一，第4页下至第165页上。

074

第三节 1250~1936年云南的劳动力流动特征

自明代开始，地处边疆的云南即有大量外省籍汉族移民入迁，这对当地的社会发展无疑产生了极大的影响。一直以来，云南地方史和云南民族史的研究者普遍认为，明代的商屯为军屯、民屯之外，移民进入云南是重要途径之一。明代开国初期，由开国将领沐英和沐春所带领，先后有400余万汉族移民随军进入云南，同时入滇军士全都带有家属。明初云南的人口格局主要是"夷少汉多"的局面，到了明代中后期，汉族人口超过了所有土著民族的总和，成为云南本土居民中的多数民族。然而，也有当代学者提出，依据确切的史料进行分析，上述关于明代人口的说法难以成立。[①]

现在看来，出现这种对于明代云南人口组成成分的错误认识的原因主要有两个方面：一是文献资料在客观上的误导，二是人们对某些史料的主观理解偏差，两方面的因素叠加，从而导致了对明代云南移民人口数量估算的任意夸大。如果对比清代的相关史料会发现，直至清代末期，内地汉族移民人口仍然不断入迁云南，从而进一步推高了汉族在全省人口中的比例。汉族真正成为云南总人口中的绝大多数的准确时间拐点，应该是在新的移民潮到来之后、史料上再未出现过云南"夷多汉少"记载的清代中后期，即嘉庆和道光两朝期间，而这也正是康雍乾三朝（1662~1795）在全国推行的"摊丁入亩"政策即人头税取消的效果显现后，中国人口数量大爆发的特殊历史时期。

一、1250~1700年的云南人口流动状况

如果仅仅从整体上来看历史上的人口迁移特征，很难估量1250~1850年云南地区人口流动的实际影响。之所以有如此判断，主要原因是人口资料的缺乏。从

[①] 古永继：《明代的云南人口是"夷多汉少"还是"夷少汉多"》，《思想战线》2016年第3期。

史料的角度来看，在18世纪以前，云南地区几乎没有人口报告和统计留存下来，已有的人口数据也并没有清楚地将移民和土著居民区别开来。事实上，直到1740年以后，可资利用的相关人口统计资料才逐渐在史料中变得多起来。从1775年以后的现存史料可以发现，人口统计资料中既上报了本地出生的人口（土著或本籍），也上报了省外出生的人口（客籍或流寓）。[①]然而，需要注意真实的历史中也存在很多家庭为了躲避徭役，不得不编造各种理由逃避官府的统计，这事实上造成了许多移民设法将自己登记为"土著"。[②]此外，还有很多隐藏在民间的非法出生的人口根本没有到政府部门进行登记。因此，从以上情况可知，这些实际困难都无疑让研究者很难获得准确的移民人数，即便从资料中通过甄别后获得了也并不能完全保证其完整性。[③]

目前所掌握的年代最悠久的云南人口数字始于14世纪后期。明代政府从一开始就把移民登记为军户（或军籍），军户人口在数量上占已知普通人口的多数。早在洪武十七年（1384），明太祖朱元璋就夸耀明政府主持的官方移民数量已远远超过西南本地的土著居民。然而，这无疑是夸大其词的说法。因为史料显示，直到16世纪中叶，这些从事军屯和国防任务的移民及其子孙在已登记人口中的比例，在云南省内的总人口中也只是占到1/4，在贵州省勉强能够在总人口中占到一半，只有在四川南部地区才占到了全部登记人口的100%。[④]尽管如此，上面这些数字仅只是代表了历史事实的一部分。

纵观整个明代，云南地区的登记人口最多占实际人口的一半，土著居民大多数并未登记在册。虽然如此，通过对保存在各府州县地方志中的村庄名称进行分析研究后，还是可以看出在一些地区，政府主导引入的军屯移民在总人口中确实

[①] 根据《清史稿》（中华书局，1976年版）卷一百二十第3480页所载，清政府主要根据出生地区将移民和土著区别开来。嘉庆《大清会典事例》卷一百三十四第9~25页关于人口登记的详细法规。在此，我们遵循其界定，将在云南出生的移民的后代都归为土著。

[②] 关于移民在云南如何变成土著的讨论，可参看康熙《大理府志》卷十二；雍正《云龙州志》卷五，第1页；李宗昉《黔记》卷一。

[③] 根据贵州巡抚张广泗的说法，在1746年，人口登记不包括居住在贵州少数民族（夷）管辖区内的汉族定居者和移居客商，也不包括还未建立永久居住处的寄籍者。参看张广泗《民数谷数奏折》，中国第一历史档案馆藏《朱批奏折》第1864号。更晚的一个例子，参看道光《广南府志》卷二。

[④] 万历《云南通志》卷六；嘉靖《贵州通志》卷四；正德《四川通志》卷七所载人口数。

占有相当的优势。究其原因，在于尽管早先的移民后来都已变更成土著居民，但他们开垦的地方继续存留下来，名称上被称为"屯""哨""营"和"堡"。如此一来，还是可以大体上推算出军屯居民的变化情况。例如，根据清代康熙年间的《新平县志》（1712年版）记载，云南新平在15世纪时期的移民定居点为115个，占村庄总数的63%。[①] 尽管整体数据不是特别全面完整，但我们还是可以将所能找到的类似的数据按时间顺序列成表3-3。

表3-3 明中叶至清代初期的云南移民村庄情况

府州	移民村庄数（个）	本地村庄数（个）	村庄总数（个）	移民村庄所占比例（%）
寻甸	21	39	60	35
新平	115	58	173	66
鹤庆	22	82	104	21
大姚	57	68	155	56
宜良	115	69	184	63
晋宁	14	24	38	37
河阳	19	56	75	25
嵩明	44	82	126	35
马龙	34	206	240	14
建水	41	195	236	17
新兴	125	40	165	76
陆良	49	192	271	20
定远	107	98	205	52
云南	55	225	280	20
浪穹	26	156	182	14
剑川	24	95	119	20
总计	898	1685	2583	35

资料来源：嘉靖《寻甸府志》（1550年版）卷一；康熙《鹤庆府志》（1714年版、1788年版）卷二；康熙《宜良州志》（1716年版）卷一；康熙《晋宁州志》（1716年版）卷一；康熙《河阳县志》（1717年版）卷六；康熙《嵩明州志》（1720年版）卷一；雍正《马龙州志》（1723年版），无卷数；雍正《建水州志》（1731年版）卷二；乾隆《陆良州志》（1752年版）卷二；道光《定远县志》（1835年版），无卷数；光绪《云南县志》（1890年版）卷二；光绪《浪穹县志》（1902年版）卷二；光绪《剑川州志》（1907年版），无卷数。

---

① 康熙《新平县志》卷二。

从表3-3中可以发现，如果明代云南的移民数比例基数算是很大的话，那么清代移民数则一定是大得惊人得多。从现有文献记录的案例中也可以看出，清代早期移民的绝对数量其实是非常巨大的。在19世纪的清代早期（1814~1836年），当清政府把保甲的人口统计资料排除在外，而派出专门的官吏来清理丈量各府州县的土地时，就从中发现了大批新来的外来移民人口。例如，在四川南部地区，清政府官员即清查出了87689个家庭，登记了45万人以上的新流入移民人口；[1]在贵州，政府官员也清查出了7.15万户家庭，登记了34万新流入的移民；[2]在云南东南部地区，则相继清查出了4.6万个额外的移民家庭。[3]

此外，根据一份18世纪时期非官方材料所做的估计，在清代中期云南的东北部，还有3万个额外的移民家庭没有计入官方数据。[4]由此可见，总体上说，中国的西南地区到19世纪早期，除了登记在册的官方统计人口以外，还存在着没有入册的23.5万户外来移民家庭。如果我们以贵州和四川南部移民户户均5人的标准计算，西南地区的移民人口将会大大超过100万人。虽然，西南地区其他地方尚缺乏类似的精确总数，无法做出精确的比较分析，但可以由此推想政府直接控制的土地上的移民总数可能还要更大。当然，史料中也显示出另一个特征，即云南在明清时期已登记的"移民"和"土著"人口的比例在不同地区之间差异较大。到19世纪中期，西南在册人口至少有1/7，即总人口1500万人中的

---

[1] 嘉庆《四川通志》（1816年版）卷一。原始报告见嘉庆十八年十二月二十二日四川总督常明所上"清查宁远府夷地奏"，见北京中国第一历史档案馆《朱批奏折》第四组，第1693盒，文件3。魏源《圣武记》（1842年版）第十一卷，也较为详细地描述了四川南部的移民问题。

[2]《黔南识略》（1749年版或1847年版）卷一，第10页上，卷四。关于19世纪贵州汉族向少数民族辖区移民的一系列详细数字，可参看中国第一历史档案馆所藏《朱批奏折》未编号《内政·保警》类道光七年八月二十四日、道光九年十二月二十一日、道光十年十二月二十一日、道光十一年十二月十六日、道光十二年十二月十六日、道光十四年十一月二十三日、道光十五年十一月十六日、道光十六年十一月十四日、道光十五年十一月十六日、道光十六年十一月十四日、道光二十三年十月二十一日、道光二十七年十月二十五日、道光二十八年十月二十七日、道光二十九年十月二十五日、光绪十年十二月二十一日。最详细最重要的奏章现存台北故宫博物院，见未注明日期的《宫中档》056879，340000这一数据即来源于此。

[3] 道光《威远厅志》（1837年版）卷三。原始的奏折为伊力拜的"查流民"，保存于中国第一历史档案馆，见《朱批奏折》未编号《内政·保警》类，道光十六年十二月二十日。

[4] 乾隆《东川府志》（1761年版）卷八。

200多万人是外地新迁移过来的移民。[1]因此，如果将包括少数民族统治下的100万人移民计算在内，可知到了19世纪中期的1850年，云南的总移民人口中有100万~200万人，占云南人口数的1/6~1/5。

从明清时期云南移民的民族成分上看，从北方地区来的移民大多数是汉人，他们的流入从根本上改变了西南三省人口的民族成分。在1250年即元代中期之前，西南地区人口中其实很少有汉人，大多数人分属于约三十个土著族群。然而，到了明代中期即16世纪，汉族人口已增至西南人口的1/3左右。[2]而到了清代中叶即19世纪时期，人们普遍认为汉族人口在云南人口中所占比例几乎提高了1倍，占近60%，接近中国当代的民族比例。[3]历史地看，如此众多的中原外来汉族移民，很大程度上降低了土著人口的重要性，并将汉民族特有的习俗带入云南，对云南地区自元明清以来的经济社会产生了重大影响。正如许多历史学家试图强调的那样，汉族移民使中国的西南边疆地区极大地中原化了。

当然，如果从民族融合的视角来看，进入云南的移民又自然地分化为若干不同的社会群体。一方面，并非所有的移民都是汉人，其中也有一部分其他民族；[4]另一方面，即使就汉族移民而言，由于众多移民来自于不同的省区和不同的阶层，其方言和文化背景迥然不同。这些移民来自何方，就像他们何时移入何地一样，极大地影响着他们与当地居民的交往方式。以汉族这个最大的移民群体为考察对象，就会发现很多具有代表性的例子。在任何一个省，一些自称是汉人的人都自认为自己比其他群体更具备汉人的典型特征。但是在两个极端不同的汉族群体间，所存在的差距和隔阂又是如此之大。例如，在四川南部，建昌的汉族移民

---

[1] 乾隆《路南州志》（1757年版）卷四；道光《定远县志》（1835年版）；光绪《大姚县志》（1845年版）卷七；道光《大定府志》（1850年版）卷四十；咸丰《安顺府志》（1851年版）卷五；咸丰《南宁县志》（1852年版）卷四；光绪《雷波厅志》（1893年版）卷十二；光绪《湘潭县志》（1899年版）卷四；光绪《浪穹县志》（1902年版）卷四。
[2] 王士性《广志绎》（泰州丛书版）卷五；天启《滇志》（1576年版、1625年版）卷一；道光《大姚县志》（1845年版）卷七。
[3] 道光《云南通志》卷十二。
[4] 关于西南移民问题，尤中的《中国西南的古代民族》（云南人民出版社1980年版）和《贵州少数民族》（贵州人民出版社1980年版）有比较详细的描述。关于西南蒙古族、回族族别史，可参看缪鸾和《云南回族简史》（云南人民出版社1977年版）、马恩惠《云南回族源考》（见《民族研究》1980年第5期）、杨兆钧《云南回族史》（云南民族出版社1994年版），蒙古族族别史可参看杜玉亭、陈吕范等《云南蒙古族简史》（云南人民出版社1979年版）。

不但保存了其自身的生活方式，还同化了当地的彝族。与此形成鲜明对比的是，进入凉山地区的汉族几乎被彝族完全同化。如今，这些汉人的后代连汉话都不会讲了。①

在传播汉文化方面，明清时期的移民也起到了相当大的作用。同时，移民也发挥了一种巨大的文化人类学意义上的分割作用。他们不但使更多新来的人口与土著人分隔开来，也将较早进入的移民分隔开来，甚至将同一移民群体分隔开来，形成不同的地域特点。在某种特定的意义上，移民在云南近代社会变迁中所发挥的这种巨大的文化分隔作用长期以来被学术界所忽略了，导致至今仍没有学者愿意去认真探究这个问题。由此，本书更愿意从历史地理和经济学的角度作一番尝试，对元明和清代两个漫长而又完全不同阶段的移民以及他们各自特殊的影响进行一些分析和论述。

二、1775~1936年的云南人口流动状况

一般而论，清代和民国两个不同时期云南人口流动的特征与明代相比，最大的不同点在于：明代人口流动主要是政府出于军事和政治需要所推动，而清代民国时期的人口流动则主要是自发性移民。因此，在有关清代和民国时期的云南人口流动研究中，一直都存在着一个巨大的阻碍，即很难再找到如明代那般丰富的移民材料。不可否认的是，云南这一阶段的人口流动在规模上却又是大大超过以往的。

作为从长江中游向上游迁徙的一个著名的移民分支，云南在清代和民国时期的移民持续了近一个半世纪，从1700年开始移民大规模流动开始，一直到道光时期太平天国战争前的1850年。② 在整个17世纪期间，由于战争和其他因素的限制，向云贵两省移民屯垦的规模一直都很小。虽然自1650年交通条件有了巨大进步以后，许多人通过西南去四川，但起初很少有人愿意停留下来。据云贵总督张允随于乾隆十三年三月二十九日（1748年3月13日）的奏折中称："计自

---

① 道光《云南通志》卷十二。
② 对此最详细的研究参看张国雄《明清时期的两湖移民》（陕西人民出版社1995年版），还可参见胡昭曦的《张献忠屠蜀与"湖广填四川"》（见《中国农民战争研究集刊》1974年第1期）。

乾隆八年至今，广东、湖南两省人民，由黔赴川就食者，共二十四万三千余口，其自陕西、湖北而往者，更不知凡几。"① 此外，据一份当代研究著作中的估计，到1700年，在云贵地区外省出生的人口比例降到了一个很小的比例。② 紧接着到1740年左右，当四川人口日趋饱和时，中原内地日益严重的人口危机使数以百万计的人变得无地少地，而不得不逃亡他乡。清政府起初通过减免税收、提供路费、授予土地（称之为"屯"）等方式，③ 鼓励这些流民移居西南等边疆地区。原则上，在18世纪的大部分时间里，清政府为西南的每一户移民提供12两白银。尽管这笔钱随着移民的时间和地点的差异而有所变化，④ 但它足以负担一个四口之家一年多的生产生活之需。⑤ 这些激励措施引发的南迁移民高潮，历史性地改变了中国西南民族的构成状况。在1750年以前，云南的少数民族总人数一直超过汉族，呈"夷多汉少"之势，在此之后，汉族人数逐步激增，在云南人口比例中占据多数，并一直不断繁衍保持至今。

在清中期即1775~1825年这一历史阶段，云南各地普遍存在令人欣喜的人口增长现象。幸运的是，史料中保存下来的系列人口数据可以支持分析移民（屯民）和本地民间人口（土著民）。⑥ 当然，需要说明的是，不是所有的屯民都是移民，也不是所有的土著都是本地人，其间的比例并不是特别地可以分辨清楚。⑦ 尽管如此，清代史料显示到1780年左右，屯民以高于每年12‰的速度增长；到1785年前后，年平均人口增长率则增加了一倍，超过20‰；而到了1790年，竟然达到30‰还多。直到1810年，这种年均增长率一直没有低于20‰。与此形成

---

① 《清高宗实录》卷三百一十一。
② 陈鼎《黔游记》；康熙刊《石屏州志》。两书皆比较了总人口数和土著人口数。
③ 关于清政府鼓励移民移居边疆的措施，参见彭雨新《清初的垦荒与财政》，《武汉大学学报》1979年第1期；郭松义《清初封建国家垦荒政策分析》，《清史论丛》1980年第2辑。政府鼓励移民西南的例子见《清圣祖实录》卷一、卷一百一十九、卷一百五十。
④ 例如，在贵州，张广泗建议，军事移民每人领取上则田地6亩，或中则田地8亩，或下则田地1亩，并可获得6个月的食物（成人每人1.5石，儿童每人0.75石）和300两白银供其建盖一所房子，还可获5两白银购买耕牛、种子和工具。见《朱批奏折》乾隆二年三月十一日。
⑤ 《清圣祖实录》卷六十七。
⑥ 道光《云南通志》卷五十五；光绪《云南通志》（1894）卷五十五。后者的数据仅是对前者的抄录而已。
⑦ 清代移民情况复杂，确实很难加以明确地界定。理论上来说，屯民应是从明代继承下来的军屯上的居民，而实际上，他们似乎更应该视作移民。

对比的是，土著人口的增长率一直徘徊接近于自然增长率，按比例来说也就相当于云南全省所有屯田人口增长率的一半多一点，即1875年为10%，1795年为20%，19世纪的前几十年为25%。云南移民人口或屯田人口的比例在1775年仅为1/6稍强，到1825年却大大超过1/4。上述情况见图3-2。

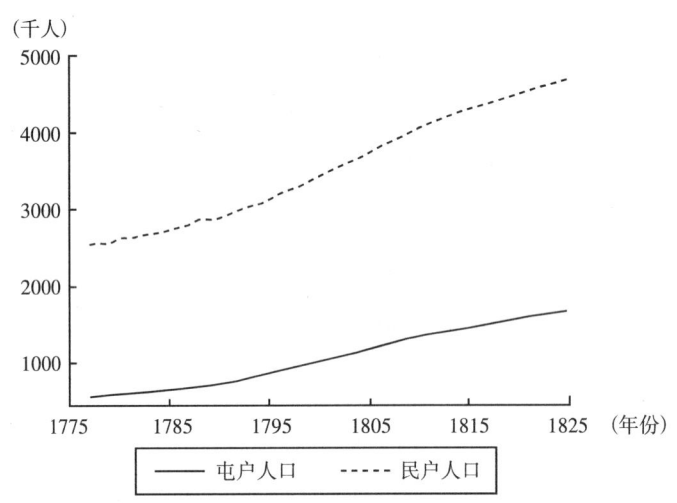

图3-2　1775~1825年云南屯户与民户人口增长的比较
资料来源：道光《云南通志》卷五十五。

除了上述清代云南移民中的屯田人口和一般居民的差异之外，云南明代移民中还有很多来自中亚的穆斯林、中国东北的满族等很多民族，他们也算是云南地区的移民人口。清代末期和民国时期，云南的移民来源发生了很大变化，主要来自沿长江中游和上游的少数几个相邻省份，即起初是江西和湖南，后来变为四川、广东和福建。直到河内—昆明的铁路修建（1901~1910年）之后，这些内地来的移民都没有在数量上占据优势。

对于目前的经济史和人口史研究者来说，关于移民来源的定性材料在史籍里随处可见。例如，1777年一份关于云南西部移民情况的奏章就提到，近来流入该地区的移民多来自湖南、江西、四川，受此压力，导致时任云南督抚官员对上述三省的同行们大加抱怨。[①] 然而可惜的是，关于移民来源地的具体数据却几乎

---

① 乾隆《永昌府志》卷二十五；光绪《云南通志》卷五十五。

没有，仅有一份幸存下来的1778年的由清人李士代所著的《查阅边夷江楚游民：附清单》中，保留了一些珍贵的历史数据：在云南西南部少数民族分布区内定居的38个移民，可能有31个来自江西，7个来自湖南。①此外，从《蒙化府志》、《楚雄府志》等来自于康乾两朝的方志中可以发现，绝大多数云南府州在18~19世纪的人口构成中，其中很大一部分移民来自长江中上游地区。②客观来看，这种移民来源的特殊构成，在云南持续了数个世纪。因此，直到云南当代的蒙自县的墓地主要有以下三种：一种专供本地土著人用，一种供湖广移民用，一种供江西移民用。③

从工业史的角度看，历史上那些不断流入云南的中原移民也为当地工业发展提供了源源不断的劳动力。史料也显示，他们中的很多四川人有些在大理开采大理石，有些在盐源、黑盐井、白盐井等地采挖食盐。到了18世纪早期，云南盐矿工人的1/3来自外地移民。④因此，我们可以看出，外来流动人口也为云南的服务业和制造业提供了大量的城镇劳动力。此外，外来移民也带来了中原地区丰富的商业经验，各地的移民商帮也推动云南商业体系得到了较充分的发展，并在某种意义上开创了云南早期的"工业化"运动。⑤

---

① 李士代：《查阅边夷江楚游民：附清单》，中国第一历史档案馆，录副奏折《内政·保警》类，未分卷，乾隆四十三年四月十九日。
② 康熙《蒙化府志》卷一；康熙《楚雄府志》卷二；康熙《余庆县志》卷七；雍正《阿迷州志》卷十；乾隆《东川府志》卷八；乾隆《永北府志》卷二十六；嘉庆《景东府志》卷二十三；道光《新平县志》卷二；道光《威远厅志》卷三。
③ 东亚同文会《中国别全志》，无卷数。据乾隆《蒙自县志》卷五，这种墓葬划分始于18世纪。
④ 康熙《鹤庆府志》卷九。
⑤ 根据郭松义《清代的劳动力状况与从业人口数大体框测》（见《庆祝杨向奎先生教研六十年论文集》，河北教育出版社1998年版）一文，从全国来讲，只有10%的男性劳动力从事非农业职业，这部分人初步划分时：5%打猎和捕鱼，8%为僧道，10%制盐，10%当兵，15%当工匠和矿工，12%做小贩，20%为绅士，20%为无业游民。相比之下，由于拥有规模较大的工矿业和手工业，云南的非农业工人所占比例似乎更大。

第四节 本章小结

在西南边疆社会经济发展的前提和重要表现——人口的发展方面，以史志中云南人口数记载和明清民国时期政府云南人口登记制度的考察分析为基础，本书又以所获西南（主要是云南）食盐消费的官方数字对人口进行了估计和校正。本书发现，云南的人口在1250年约为150万人，至17世纪初增长到300万人。明末清初（1596~1681年），急剧的社会动荡使云南农业发展陷于停顿，人口增长一度停滞。直到1681年清政府平定三藩之乱后，随着社会稳定、经济恢复，云南人口再度增长。到1700年，云南人口恢复到16世纪的水平，即300万~400万。1775年，又增加了1倍多，达到800万人以上。1850~1937年，云南人口接近1000万人左右。在一个半世纪中，云南的人口增长了5倍。这样，相对于全国人口从不到1亿人增长到4亿人而言，云南地区的人口增长率比全国快两倍多。

总的来看，尽管无法估计流动人口特别是移民在资金和人才方面带给云南的总价值，但他们为云南经济发展所做的贡献还是清晰可见的。一方面，移民为城镇建设和矿业发展提供了资本和劳动力；另一方面，移民开垦了土地，开发了山区。他们加速了与土著民族和本地人口的社会融合。因此，清代民国的移民促进了社会认同。正是这种社会认同感的升华才能够解释为何边疆地区如此广袤的中国能够维持长久的统一。这是移居云南的人民对中华历史发展所作的不可磨灭的重要贡献。

第四章　云南近代工业化进程中的产业集聚和结构变动

从传统政治经济学生产关系的角度看，云南近代经济发展史（即1820~1949年）是一段半殖民地、半封建经济不断地产生、发展、崩溃、灭亡和新生相交织的历史。鸦片战争之后，尤其是19世纪70年代以后，云南开始了其经济和工业近代化的进程，逐步被纳入了全国市场体系。然而，如果从现代转型的角度来说，云南经济由传统向近代的转化，像大多数后发国家一样，不是自发的在传统经济的基础上成长起来的，而是在外来因素的作用下被迫产生和进行的，即其发展模式更符合外部—冲击反应的模式。因此，在此种特殊的经济变迁背景下，不仅引起了云南近代在商品结构、投资结构等方面的调整和变动，也最终引起了云南近代产业结构发生了诸多变化。在这个意义上说，研究云南近代对外部的经济联系与云南产业集聚和结构变动的关系，也是云南近代经济史上一项值得深入探究的重要课题。

第一节　中国近代工业转型回顾

自英国发生产业革命以来，世界各国近代经济发展面临的主要任务基本上都是以实现工业化为终极目标。中国近代面临着"数千年未有之变局"，其传统文化和经济结构都遇到了前所未有的挑战，如何救亡图存是整个国家从上到下都在思考的重要题目。在此背景下，以洋务运动为发端，中国的近代工业化一般认为开始于清代末期，鸦片战争之后，清政府被西方列强逼迫放弃了很多权益，其中最重要的就是开放沿海沿江的口岸城市。随着沿海口岸的陆续开放，欧美工业革命产生的新技术、新思想伴随着洋枪洋炮纷纷涌入，开启了中国近代工业革命的大幕。

就中国近代工业化的启动、发展及其最后的结局而言，其实是有自身特有的发展轨迹和非常鲜明的特点的。众所周知，中国的近代工业化是在其面临西方列强的侵略，丧失独立的国家主权，沦为半殖民地的不利条件下，为完成国家致强求富的终极目的而启动的。洋务运动一开始也主要是一种政府行为，并非来自于市场需求以及自身内部经济发展的结果，这种特有的政府主导模式本身就决定了，中国的近代工业化必然会与世界上其他国家按照市场模式发展起来的工业化有着本质上的不同。除此之外，近代中国又是一个地域十分辽阔，各地政治、经济、文化、教育等方面发展相当不平衡的国家，沿海、沿江地区与内陆省份的工业化发展存在诸多差异。这一特点的存在本身要求我们在研究中国的近代工业化问题时，不能忽视从明清以来一直存在的经济不平衡问题，对各地区工业化发展的个案考察与分析也必须立足近代中国特殊的历史条件。迄今为止，国内学术界对中国近代工业化的区域研究只有为数不多的成果，这显然是不正常的。考虑到我国近代工业化是建立在前人不断突破经济不平衡的努力下，其历史经验对于当今中国的现代化建设依然具有重要的借鉴作用，因此，有必要选择一些有价值的样本来加以深入研究，以期对今天的经济转型有所增益。在此背景下，云南作为一个近代以来较为落后的内陆省份，在整个近代中国工业化进程中并非无足轻重。事实上，近代云南工业化的发展不仅别具特色，而且其发展变化对整个中国近代政治经济演变和边疆治理模式都具有不容忽视的影响。

一、中国近代工业化发展的三个阶段

1895~1937年，近代中国工业化发展经历了三个较为显著的发展阶段，近代中国工业化水平在这三个阶段中也不断得到提高。一般认为，这三个发展阶段的时间起止点分别为1895~1913年、1914~1927年以及1928~1937年。在这三个不同阶段中，分别发生了一系列影响近代历史的重大事件，即中日甲午战争、第一次世界大战、南京国民政府成立和日本侵华战争。基于上述历史分期，我们粗略地将中国近代工业化进程也划分为以下三个阶段：

第一个阶段为1895~1913年。此阶段的特点为，从中日甲午战争后一直到第一次世界大战前，中国近代工业始终处于初步发展时期。在这19年间，近代工业发展简单来说就是呈马鞍型变化：1895~1898年，出现设厂高潮；1899~1904年，呈现低潮，具体表现为在此阶段尽管外资开设工厂较多，但民族工业也相应受到挤压并陷入低潮；1905~1908年，由于爱国运动的推动，中国私营资本主义发展又出现高潮；1909~1911年，中国工业再次跌回低谷；1912~1913年，在辛亥革命政治热潮的推动下民族工业再次呈现高潮。

第二个阶段为1914~1927年。这一阶段的特征是整个工业化进展快速，呈现一片繁荣景象。在这个时期的前几年，即1914~1922年，工业发展速度很快，利润丰厚，被称为私人资本近代工业的"黄金时期"，是中国自由资本主义发展最好的一个时期。

第三个阶段为1928~1936年。这一阶段的特征表现为国家能力的影响极为显著，政府和市场两只有形和无形之手都在发挥作用。南京国民政府成立后，大力发展国家资本主义，并使之处于垄断地位。政府力量的介入，使工业发展再次掀起高潮，这也被历史学家称为中国近代工业的第二次"黄金时期"。

比较上述三个阶段的工业发展速度可以发现：第一个阶段，国内新投资本1.2亿元；外国新投资本1亿元；全国平均每年新投资本1176万多元。[①] 现代工业资本总额1894年为7745万元，1911~1914年为66622万元，增长7.6倍，年均增长14.44%。其中，制造业资本增长5.7倍，矿冶业资本增长9.3倍。[②] 1911年新式矿业总产值约3.48亿元，约占工农业总产值的1.8%。[③] 第二个阶段，到1920年，现代工业资本比1913年增长60%，其中制造业资本增长67%；矿冶业资本增长47%。1920年现代工业产值占工业总产值的10.78%，占工农业总产值

[①] 孙毓棠、王敬虞：《中国近代工业史资料》（第2辑），科学出版社1957年版。
[②] 吴承明：《中国的现代化：市场与社会》，生活·读书·新知三联书店2001年版。
[③] 刘国良：《中国工业史（近代卷）》，江苏科学技术出版社1992年版。

的 5.03%。[①] 1914~1927 年，14 年合计新设工矿企业数 1820 家，平均每年 130 家；相当于 1913 年币值 32575 万元，平均每年 2327 元。[②] 第三个阶段，1928~1936 年工业增长率为 8.4%，随着南京国民政府的建立及其供给的相关制度效应的发挥，1931~1936 年增长率进一步提高，达到 9.3%。[③] 1936 年工业发展达到近代时期的高峰。该年现代工业资本（不包括东北）比 1920 年增长 2 倍。其中，制造业资本增长 2.4 倍；矿冶业资本增长 53%。该年现代工业总产值占工业总产值的 23.69%，比 1920 年提高 12.91 个百分点；占工农业总产值的 11.35%，比 1920 年提高了 6.32 个百分点。[④] 1928~1934 年，7 年合计新设工矿企业数 984 家，平均每年 151 家；相当于 1913 年币值的 19627 万元，平均每年 3019 万元，[⑤] 远远大于第一个阶段的平均每年 130 家和年均投资 2327 万元的水平。这说明第三个阶段的成就高于第二个阶段，这也是中国工业经济在 1949 年之前工矿业所能取得的最好成就，如表 4-1 所示。

表 4-1　1894~1935 年中国的铁路、煤、铁及纺织工业发展状况

年份	铁路 英里	增长率(%)	煤 1000公吨	增长率(%)	铁矿石 1000公吨	增长率(%)	生铁 1000公吨	增长率(%)	棉纺业（纱锭）1000枚	增长率(%)
1894	195	100	—	—	—	—	—	—	205	100
1903	2708	1288	—	—	—	—	—	—	638	111
1911	5796	114	15000	100	—	—	—	—	922	45
1914	6052	4	9272	-38	496	100	—	—	1148	25
1920	6856	13	19485	110	1490	200	185	100	2053	79
1926	7683	12	23040	18	1700	14	400	117	4067	98
1935	9773	27	26750	16	2546	50	608	52	5527	36

资料来源：根据郑友揆《1840~1948 中国的对外贸易和工业发展》（上海社会科学院出版社 1984 年版）一书中有关数据引用并计算。

[①] 赵德馨：《中国近现代经济史（1942~1949）》，河南人民出版社 2003 年版。
[②][⑤] 许涤新、吴承明：《中国资本主义发展史》（第 3 卷），人民出版社 1993 年版。
[③] 刘佛丁：《中国近代经济发展史》，高等教育出版社 1999 年版。
[④] 吴承明：《中国的现代化：市场与社会》，生活·读书·新知三联书店 2001 年版。

从表 4-1 中的资料可以看出，铁路的发展在 1914~1935 年的 20 年间粗略地看，后 10 年的发展速度并没有低于前 10 年的发展速度，甚至可能还要略高一点。煤和铁属于消耗性物资，显然都是各年的产量数；从相对数看其增长率，确实在 1920 年之后呈下降的势头，但因为用的是环比增长计算方法，基期的各比较量由于生产能力的不断扩大必然出现逐步增大的趋势。由于前期处于创业阶段，一般基数较小，其增长率也就表现得较高，但后期尽管增长率逐渐降低，但从绝对数看，后一期的增长量甚至还会超过其前一期的增长量。例如，其中的煤业生产，1926 年比上期增长率为 18%，增长量为 3555 公吨，而 1935 年增长率为 16%，但增长量则为 3710 公吨，实际比 1926 年的年产量增长了 155000 公吨。1920 年的超常增长，显然因为 1914 年属于非正常年景，因为此前它的生产规模已经达到 1500 万公吨，但 1914 年只有 927 万公吨。所以从煤业生产发展的总体情况看，基本是稳中有升、逐步扩大的趋势。再从铁矿石和生铁两个部门的发展情况看，其生产发展的趋势则显然比煤业的发展状况要好得多。纺织业的情况从表 4-1 看的确表现不佳，但也不能因此说明 20 世纪 20 年代之后就呈现停滞的状况。

一项反映与表 4-1 中所示基本同时期的中国棉纱生产和进口情况的研究估算表明：1901~1910 年，中国织布制造业所消费的 100%的棉纱中，进口占 59.55%~40.27%，国内机器工业生产的占 26.61%~17.98%，国内手工业生产的占 13.85%~41.75%；但到了 1934~1935 年，进口便已完全被国内生产所替代，而且其中机器工业生产的占 83%，手工业生产的部分只占了 17%；棉布生产虽然手工业仍然占很大比重，但机器工业部分也由前一阶段不到生产总量的 1%提高到后一阶段 27%的水平，进口则由前一阶段的 20%左右下降为后期的不足 2%。[①]

显然，如果从进口替代的角度观察，该时段中国纺织行业的工业化趋势水平应该说总体上表现不俗。而从生产规模的发展情况看，有资料表明，1937 年以后中国纺织业制造能力开始增强，在全国 500 万个纱锭产量当中，内地仅有 1.7

[①] Albert Feuerwerker: Handicraft and Manufactured Cotton Textiles in China, 1871–1910 [J]. The Journal of Economic History, 1970 (7): 7–14.

万个。抗战时期，由于国民政府经济中心向西南迁移，到1943年仅国统区的纱锭数已由3万个增加到30.4万个，增长率为10倍；煤炭则较1936年增长了35%。1938~1939年，国统区的生产资料生产增加了20倍；1941年的资本货物生产为1938年的60倍左右。因而有研究者认为，在我国近代工业化的发展绩效上，是"大后方的战时工业显示了中国工业史上创记录的发展速度"。[①] 再从战后1946~1948年全国的原棉供应及棉制品的出口情况看，也可进一步看出到20世纪40年代，我国在纺织工业上的工业化发展趋势。

在中国近代工业的产业结构上，该时期工业的新增长点主要以私营经济为主，具体来说就是轻工业发展迅速。1895年以前，中国的现代工业以重工业为主，特别是军事工业。1895年以后，纺织、面粉、缫丝等轻工业则开始有较大发展。1913以后，工业结构中又出现了橡胶、玻璃、制碱等新行业。到了20世纪30年代，酸类工业、氮气工业、人造丝工业、燃料工业等也从无到有。轻工业发展较快，比重逐渐增大。1933年，全国生产资料净值中，生产资料生产产业占27.3%，消费资料生产产业占72.7%。[②] 国民政府经济部1937年对全国工厂分类，属于重工业的冶炼、机械制造、电气、半数的化工部门、军械等工厂728家，占工厂总数的18.5%；投资金额占工厂投资总额的9.2%。重工业中的机器制造业全国总共有340家，占全国工厂总数的8.6%，其投资金额占全国工厂总投资的1%。而与此形成强烈对比的是，在全国轻工业当中，发展迅猛的棉纺织业和食品加工业共有工厂1803家，占全国工厂的45.8%；投资额占全国工厂投资总额的48.8%。[③] 考究轻工业发展迅猛的原因，主要是该时期主要是以民间投资为主。民间资本的特性决定了其从自身利益出发，私人投资大都倾向于投资少、见效快、收益高和风险小的行业。因此，这些行业大都集中在轻工行业，而重工行业则少有问津。

在中国近代工业发展的地区分布上，近代工业的发展呈现出极不平衡的特征。1895年以后，在东南地区工业进一步发展的同时，近代工业也开始向北部

---

① 许纪霖、陈达凯：《中国现代化史》，上海三联书店1995年版。
② 严中平：《中国近代经济史统计资料选辑》，科学出版社1955年版。
③ 刘国良：《中国工业史（近代卷）》，江苏科学技术出版社1992年版。

沿海和少数内陆地区扩展。在东南地区，上海工业的发展带动了周边地区无锡、苏州、南通等地纺织、食品业的发展。东部地区以矿业为主，许多重工业产品的产量居全国首位。华北地区，北京、天津、山西、山东和河北等地的制造业及厂矿业有较大发展。在中南地区，武汉成为长江中游地区的棉纺中心和面粉中心。而在中国中原地区，河南出现较大的煤矿业。华中和华南地区，湖南、广西两省则相继出现了较大的有色金属工业。此外，西南地区和西北地区的现代工业也均有显著发展。然而，从全国范围看，近代工业的重要分布仍然集中在沿海、沿江的少数城市，如上海、青岛和广州等地。1937年登记注册的工厂有3935家，长江三角洲、江、浙、沪地区占61.91%，山东占6%，湖北占5.2%，青岛占3.8%，而黔、桂、皖等地则极为稀少，或两三家，或四五家。[1]

在中国近代工业发展中，手工业与现代工业具有互补性。在近代中国的现代工业发展的同时，手工业相对来说有点衰落，但有的地区也在进一步发展，甚至还出现新的行业。总的来看，发展和现代化是近代以来的主要趋势。尽管在前面说的三个阶段中，现代工业发展迅猛，但在总的工业生产中，现代产业所占份额仍然很少。在1913年调查的21713家工厂中，使用机械动力的仅仅占1.60%，不使用机械动力的占到98.40%。在1916年调查的16957家工厂中，使用机械动力的仅占2.89%，而不使用机械动力的占97.11%。1920年，在制造业中，手工业产值占到了90.05%；1936年，手工业产值下降到了77.96%。手工业产值相对量下降，但绝对量却在上升，1920年手工业产值约80亿元；1936年增长到100亿元，16年间增长了25%。[2]

由此可见，中国近代时期手工业与现代产业相伴增长，两者具有极强的互补性。究其原因，首先，现代工业直接为手工业生产先进的手工机械，促进了传统手工业的发展。如为手工纺织业生产需要制造出拉梭机，继而又需要生产铁轮机和手织提花机，由此大大提高了手工纺织业的生产效率。其次，缫丝、卷烟、榨油、井盐、采煤等传统手工业引入了动力机械设备，这些因素导致传统手工纺织

---

[1] 刘国良：《中国工业史（近代卷）》，江苏科学技术出版社1992年版。
[2] 吴承明：《中国的现代化：市场与社会》，生活·读书·新知三联书店2001年版。

业逐渐进化，最终演变成了现代产业。最后，一些现代产业需要手工业为之辅助或提供零部件，由此手工业促进了现代工业的发展。

除了上述变化之外，近代中国市场商品的自给率也在不断提高。到1937年，全国棉织品、丝织品、针织品、面粉、卷烟等生活必需品的自给率都已经在90%以上。同时，19世纪末的中国棉纱、棉布的进口值占进口总值的35%以上；然而，随着近代产业的不断现代化，到了1936年，这一比重已经下降到1.5%。因此，到了1936年，中国进口棉纱6006公担，出口棉纱89885公担，净出口83879公担。其他产业也有同样的变化，以重工业为例，重工业产品中水泥、酸类、碱类钢铁和电器具的自给率，在1840~1936年，分别达到了惊人的83.3%、88.8%、50.5%、70.1%和49.6%。当然，其他产业的情况就不那么乐观了，油、燃料、机器、车辆、船舶等产品的自给率都很低，仍需要从西方国家进口。[①] 以上情况表明，近代中国的进口替代战略已经初步取得了成效。

在中国近代工业化的三个阶段中，交通运输业也取得了巨大成就。在铁路建设方面，1881~1894年，中国铁路仅为447公里，年均32公里。第一次工业浪潮期间（1895~1911年），共修筑铁路8944公里，年均559公里，分别为前一时期的20倍和17.5倍。第二次工业浪潮期间（1912~1927年），民国政府以修铁路为名大肆向国外借款，但一部分款项挪作军事和行政费用，致使全国仅修筑铁路3422.38公里，[②] 平均每年新建铁路214公里。第三次工业浪潮期间（1928~1937年），国民政府确立了铁路建设为经济建设和加强国防的重点，成立了铁道部。全国关内共修建铁路3795公里，年均379.5公里。[③]

在水上运输方面，1887年中国轮船只有2.53万吨，到了1897年，各通商口岸进出口中外轮船总吨位已达到3251.97万吨。其中，中国船只吨位占23.2%，外国占76.8%。1916年这一情况有了极大改变，各通商口岸进出口船只总吨位8238.16万吨，比1897年增加1.5倍。其中中国船只吨位比1897增加了1.45倍，比重下降到22.4%。1928年，各通商口岸进出口船只总吨位增加到14826万吨，

[①][③] 赵德馨：《中国近现代经济史（1942-1949）》，河南人民出版社2003年版。
[②] 宓汝成：《中国近代铁路史资料》，中华书局1963年版。

比 1916 年增加 80%，其中，中国船只吨位增加了 79%，比重下降到 22.3%。① 在公路运输方面，1860 年中国修筑第一条从龙州至镇南关的公路，全长约 50 公里。1917 年，成立了第一个中国人经营的汽车运输公司——大成张库汽车公司。之后各地公路交通迅猛发展，到 1921 年公路里程达 1185 公里。1922 年达 8000 公里，一年间猛增 6 倍。1928 年公路通车里程 21000 公里，1936 年增至 108117 公里，8 年间增加了 4.12 倍。至 1937 年抗战爆发时，全国公路网已基本形成。1927 年有客车 16020 辆，卡车 1901 辆，公共汽车 1015 辆；1936 年分别增至 27465 辆、11917 辆和 8060 辆，② 分别增加了 71%、527% 和 604%。

在空中运输方面，中国在 1910 年时已从西方引入了飞机，初期主要用在国防军队上，后期也开始运用到民用航空领域。国民政府于 1922 年开始，由张学良负责加强空军建设，向国外购买 120 余架飞机组成了 5 个飞行大队。1929 年 5 月，国民政府首次组建中国航空公司，中美两国按照协议共同经营沪蜀、沪粤、沪平等三条航线。到了 1931 年 2 月，国民政府交通部与德国联合成立欧亚航空公司，经营沪兰、平粤、兰包等三条航线。1933 年以后，陆续有广东、广西、福建、云南、贵州五个省联合成立西南航空公司，与法国航空公司合作经营华南航线。因此，截至 1936 年 6 月，中国、欧亚、西南等三家国内航空公司共有飞机 28 架，开辟航线 10 条，累计航程达 15316 公里之多。③

在邮政电信方面，19 世纪 60 年代以后，中国国内的电报、电话、无线电通信及邮政等产业设施逐步兴起。1927 年以后发展较快，在管理制度上采用西方国家的管理方法，实行全程全网通信制度，极大地提高了效率。到 1936 年，不计东北，全国共有邮政局所 72619 处，邮路 58.48 万公里。1922 年有线电报递送量为 250 万件，1934 年增至 400 万件。到 1937 年，电话交换机总容量 10.4 万门，长途电话线 5.3 万公里。④

轮船、火车、汽车与飞机作为现代交通运输的四大工具，在近代中国的发展也非常迅速。轮船和火车出现较早，分别在 19 世纪的 40 年代和 70 年代，他们

---

①③④ 赵德馨：《中国近现代经济史（1942–1949）》，河南人民出版社 2003 年版。
② 陆仰渊、方庆秋：《民国社会经济史》，中国经济出版社 1991 年版。

的引进是被动式的。而汽车和飞机引进中国的时间与其产生的时间差距不大，是中国自主引进的。这一方面是汽车、飞机的引进成本要小于轮船和火车，中国官方和民间易于购进；另一方面说明中国在近代工业发展方面已经觉醒，开始主动学习和引进西方的现代文明成果。

由上面几个产业在近代发展的轨迹来看，我们基本可以得出这样一个结论，即中国近代工业发展之所以会出现的三个不同地方发展阶段。

一方面是由于西方国家的军事、经济对中国的外来刺激和中国自身的觉醒，西方国家的示范效应和中国政府提供的制度方面的革新，由此推动了中国三次经济浪潮的发展。当然，第一次世界大战在工业发展的推动力量当中也只是外因之一，它只是在第二次工业浪潮中起了作用，效果也是转瞬即逝。中国在1840年以前很长的历史时期，并没有外国进口商品的冲击，也没有出现经济发展的浪潮，主要依靠学习借鉴西方的工业制度创新提供了内生动力。

另一方面不可否认的是，西方引入的新生产方式及新技术、新产品也改变了人们的生活方式，更新着人们的观念，为新的制度创新提供着外部社会条件。同时，西方传入的现代交通工具的传播和发展，使人流、物流数量增加，速度加快，在加速经济现代化的同时，开阔了人们的视野，新的思想、新的教育、新的文化随之而来，近代中国的社会观念和民俗随之改变。

二、关于中国近代工业化发展的进一步思考

由上面的研究可知，我国近代工业发展中第一个阶段产生的历史背景。首先，来自于中国在中日甲午战争中的失败，对国人震动很大，因为中国一直看不起日本，如今反被赶超。在总结中国失败的教训和日本明治维新胜利的经验后，人们认识到，中国失败的关键在于工业落后了。在内外压力下，清政府不得不开始重视李鸿章等提倡兴办的洋务运动。此时以张之洞等军政要员为首，向清政府提出要"政艺兼学""以工为本"的主张，认为新式工业是农商的枢纽，是富民强国之本。不仅要认真学习西方的军事技术，还要强调发展机器制造，多生产国货，才能养活国人抵制洋货。不过，由于受到一定的历史局限，此时期提出的洋务运动主要以民用工业为重点。由此可见，当时已经开始有明确的进口替代战略

思想了。其次，在1895年中日甲午战争战败之后，清政府因为要负担沉重的对外赔款，已无力支持和开办耗资巨大的官办工业，也无法继续垄断并主导近代工业的发展，不得不依靠民间企业家的力量来发展工业。再次，国内的爱国运动也迫使清政府放松对私营近代工业的限制，陆续颁布了一系列奖励发明和投资工商业的律令。最后，1911年的辛亥革命成功推翻了帝制，建立了民国，打破了束缚人民的精神枷锁，焕发了人民生产的积极性。北洋政府为了取得资产阶级的支持，也先后颁布了一系列有利于资本主义发展的法律和法令。

中国近代工业发展的第二个阶段，也是中国民营资本主义发展的第一个"黄金时期"。首先，第一次世界大战爆发的特殊国际环境造成了有利于中国资本主义发展的条件。①侵略中国的帝国主义国家经济实力削弱，对中国输出商品减少。国货可以利用市场间隙，获得发展机会。②1914~1915年国内出现"金贵银贱"的现象，这有利于中国商品的出口。③由于太平洋战争的影响，海洋运输受阻，运费飞涨，由此提高了进口商品的成本。其次，这个时期国内政治形势的某些方面的变化，也为资本主义工业的发展创造了有利条件。①辛亥革命结束了封建君主专制，民国政府颁布了一系列保障工商业的基本法令。②国内资本家阶级地位逐渐提高。③1915年为抵制"二十一条"，全国人民抵制日货；1919举国上下又掀起了轰轰烈烈的"五四运动"，全社会各阶层纷纷抵制日货，改用国货，这都无形中产生了有利于民族工业发展的市场环境。最后，高利润率的直接刺激。本时期国内外两个市场同时扩大，外来商品竞争力降低，国内工业利润有较大的提高。

中国近代工业发展的第三个阶段，也是中国资本主义发展的第二个"黄金时期"，民营经济和国家资本主义经济均得到长足的发展。主要原因在于：①国民政府建设法制经济的努力及其供给的相关法规制度，规范了市场，降低了交易成本；②国民政府对交通等基础设施的供给，改善了交通运输条件，便利了交易，扩大了市场；③新式金融业的发展，方便了民营经济融通资金；④抵制洋货运动，扩大了国货的销售市场；⑤国民政府的建立及社会的相对稳定。南京国民政府在当时有限的条件下，之所以能够建立国家资本主义，其主要原因在于：①适应了当时国内新兴资产阶级发展工业的实际需要。近代中国积贫积弱，市场混乱不统一，民间贫困而缺乏活力。如不集中一切力量进行全面规划，中国经济的发展要支付极高的成本。②自从1929年西方资本主义国家爆发"大萧条"危机以后，自由资本主义国家几乎无一例外地全面加强了对经济的干预。③孙中山在其《实业计划》等著述中，一再主张"发展国家资本""节制私人资本"。一定程度上，孙中山秉持的这种经济思想对南京国民政府的经济政策产生了深远的影响。一般来说，国民政府对经济的干预主要是通过以下5个系统加以实施完成：①交通铁路系统收归国有；②设立实业部，统筹全国工商实业；③成立建设委员会系统，指导和设计各项建设事业；④成立全国经济委员会；⑤成立资源委员会。此外，南京国民政府的一系列金融政策也是第三次工交浪潮中政府能够有所作为的重要原因之一，建立国家对金融的垄断，进行币制改革，实行法币制度。

纵观上述中国近代工业化进程中的三个阶段，可以清楚地看到，当一个新兴国家面对现代化时的困惑和努力，从实施进口替代战略的主体依次由政府（较弱的国家能力）和民间、政府（较强的国家能力）承担的转变。从国家能力的视角看，在第一个阶段中是一个已经垂暮的政府，由于国家能力虚弱，无力继续对近代工业进行垄断，不得不提供了一系列有助于发展私人资本主义的制度供给。到了第二个发展阶段，由新上台的国家能力同样虚弱的北洋政府继续提供这种制度供给。第一、二次工业浪潮（1895~1926年）是民间主导型工业化期间，民间资本和民办企业成为经济发展过程中最活跃的因素。第二次工业浪潮（1913~1926年）是中国经济迅速发展的第一个"黄金时期"。因为从清末新政到辛亥革命的一系列制度变迁，一个有利于经济发展的制度环境正在形成，制度及制度所产生的激励成为经济发展最强大的推动力。另外，独立于政府的金融体系也是第二次工业浪潮得以产生的重要原因。因此，在第一个黄金时期，中国经济的发展是在市场机遇的召唤而国家能力虚弱的背景下发生的。

根据古典经济学家的论述，政府的缺失抑或政府的不干预、少干预，应该是更有利于经济发展的。然而，根据日本学者福山建立的国家能力理论，我们显然知道，由于第一个黄金时期的中国政府不仅没有承担起促进经济发展的重任，相反在经济发展中起了不小的负面作用，所以在和第三个阶段的发展速度的对比中明显看到这一点。当然，国家能力的缺失并不必然阻碍工业化的进行和经济的发展。只要市场存在获利的机会、只要对民间经济行为的制约不至于太死，民间资本就不会错失良机。在此期间，对经济迅猛发展做出主要贡献的是民间主导型的工业。但完全民间主导型的工业化也有自身的弱点：①产业结构轻型化难以升级；②技术水平低下且难以提高；③企业规模小且竞争力差；④社会经济发展缺乏规划和整体性。因此，近代中国在当时的历史条件下，要实现工业化必须由强有力的政府来主导，同时还需要有民间企业家的力量来加以推动。

如果说第一、二个阶段解决了政府的越位问题，但政府还尚显缺位，那么，在中国近代工业化的第三个阶段中，恰恰解决了政府的缺位问题，特别是通过南京国民政府提供了一系列有助于现代工业发展的制度供给，才使得在这一阶段的进程显得较为顺利。从这个意义上说，第三次工业浪潮可以被视作近代中国经济快速发展的第二个"黄金时期"。在这一时期，南京国民政府获得了较强的国家能力，因此能够有资源可以主导全国完成既定的工业化战略。考虑到市场经济是法制经济，国民政府在这10年中极为重视法律建设，为此制定和颁布了近200多条经济法规。尽管国民政府控制20世纪30年代中国绝大多数地区，但当时各地的军阀仍然处于割据状态，经常干涉当地的经济政治，市场机制不健全和市场的发展都缺乏必要的外部条件。如果没有一个强有力的国民政府能够干预市场，将会导致市场的更加无序。在当时动荡的时局背景下，更加需要强力政府来纠正和弥补工业发展中已存在的错误和不足，克服市场失灵。很多历史材料也表明，20世纪20~30年代中国近代经济已经步入了快车道，国民经济已经有了加速起飞的迹象。如果不是由于日本侵华战争的外部冲击因素，近代中国很有可能提前步入经济发达国家行列。正是由于抗日战争对经济建设的巨大破坏，中国走上了战时工业化—工业军事化的道路，国家资本主义经济体制也开始逐渐向国家垄断资本主义经济体制转变。

我们从以上三个近代中国工业化发展阶段中还可以发现，尽管每一个阶段的发展诱因各不相同，其中有外部环境的有利变化（如"一战"），也有辛亥革命带给人们精神上的激奋从而激发了创造财富的热情，还有爱国运动创造的有利国货的氛围。但是，确实有一点是高度一致的，即从清末洋务运动新政到北洋政府，再到南京国民政府，国家对发展资本主义的经济政策始终能够保持政策上的连续性，并没有因政府的更迭而使以前有利于经济发展的政策废止。因此，从制度经济学的角度说，连续不断的制度供给是经济得以持续发展的良好土壤。经济政策上的连续性和稳定性，也是保持人们进行生产创造心理预期的必备条件之一。这与中国建国之后的土地政策不断变换，以至于在实行联产承包责任制之后相当长的一段时期内，农民对国家的土地政策仍心存疑虑形成较为鲜明的对比，也是在20世纪50年代很长一段时间国内工业化发展不够快速的关键原因。

制度经济学家通常认为，一个国家和民族的经济发展，要有一个稳定的良好社会经济制度环境，战乱往往被认为是破坏经济发展的。但历史似乎是在给人们开了一个玩笑，中国近代以来出现的三次工业化浪潮，有两次恰恰是发生在外族入侵、军阀割据、战乱频繁的社会动荡时期。通过对我国近代工业化三个阶段的分析，我们认为一个国家经济的发展主要取决于在外部冲击下的市场运行机制是否还健全。市场机制本身具有自我修复功能，政府即使缺位，但只要不过分越位，在资本主义经济的自由发展阶段，整个国家的经济还是能够起飞的。

第二节 外部冲击与云南近代工业转型

作为中国西部内陆的一个边疆省份，云南能够发生向近代工业化演进的历史条件相对来说较为复杂，因为这种条件既有与沿海地区的相似之处，也有其自身发展的独特性。首先，在与沿海地区发展的历史条件的相似方面主要有：从政治上看，与道光年间发生的太平天国革命的同一时期，云南也曾发生以杜文秀为首的大规模起义，并在大理建立了长达18年之久的与清廷抗衡的独立政权；1908年4月，孙中山所领导的同盟会曾在云南河口发动武装起义；1911年10月30日，为了响应武昌起义，在蔡锷、唐继尧等的领导下举行了著名的"重九起义"，这一事件距武昌起义仅相隔20天；不仅如此，当时的云南还是护国运动首先发难的省份，这些历史事件都足以表明云南在政治、思想文化的觉悟方面并不亚于近代工业化发展的核心区域。

第四章 云南近代工业化进程中的产业集聚和结构变动

而从地理条件上看,云南因为地处国家边疆(尽管不是沿海),它与越南、老挝、缅甸三国接壤。自秦汉以来,云南作为历代中央政权极为重视的边疆区域,一直在努力开拓的西南丝绸之路的重要通道,始终都有大量的商品通过对外贸易往来各方。进入清代以后,继1840年代"五口通商"之后的1880年代,在《中法天津条约》《中法滇越通商章程》《中法续订界务专条》及《中英续议滇缅商务条约》等一系列不平等条约签订的基础上,蒙自、河口、腾越、昆明等地相继开埠。同时,云南近代企业的出现也是从军事工业开始的,19世纪70年代总督刘长佑、巡抚岑毓英为了镇压起义,曾经"创设军火局于三圣宫,制造明火枪炮、叉杆、刀矛以济军用"。

此外,从社会经济的角度看,云南近代的工商经济发展也与内陆地区同步进行,并没有落后太多。英国人戴维斯曾于19世纪90年代亲睹云南军工厂的生产状况,并记载:"他们造克虏伯枪、罗登菲尔兹枪、来复枪和子弹。机器是用蒸汽驱动,但没有汽锤,所以产品不可能是一流的"。清光绪十年(1884),总督岑毓英由上海、广东、福建等处雇来工匠,开办云南机器局。并于光绪十一年(1885)奏准在云南安设电线,建立有线电报局等。此外,在晚清政府的倡导及国内大环境的影响下,云南也于光绪三十二年(1906)三月发起组织了云南全省商务总会(后改称云南省商务总会),该会以振兴商务,促进改良工商业为宗旨,在连接官商以通上下情中起了牵线搭桥的作用;在清末民初那样一个特殊的历史时期,英法两强通过滇越铁路等陆上通道,大量舶入洋货,"土货"的生产经营大受冲击,云南本土商会为振兴"土货"业也发挥了积极的组织作用。其时,他们活跃于云南工商业的历史舞台上,参与工商发展规划,提出各种建议、办法和措施,附设"工商职业介绍所""商事工断处"等,为通畅工商经营渠道、维持工商的正常经营活动等,做了大量积极而有效的工作。由上可知,云南近代的本地商会在一定程度上也体现了早期工商活动的组织管理不同于政府职能的自组织的特点,深入研究商会在工业化转型中的作用,某种程度上也将会对关于中国近代市场经济转型问题的研究不无裨益。

其次,云南由于地处边陲,1840年由鸦片战争引发的西方资本主义经济对沿海地区及所波及的内地的冲击,在其之后近40年,对偏于西南一隅的云南可以说几无影响。云南地处高原，全省山区、半山区约占土地面积的94%，坝区仅占6%左右。这种"滇省跬步皆山"的特殊地理状况，导致直到清代的道光年间，仍然是"从无外来商贩，偶遇水旱，遂致米粮匮乏"。[①] 此说或许在一定程度上对历史事实有所夸大，但也可从中体会到其由自然地理条件造成的云南与内地交往的困难，使商品和市场的发展必然也受到其影响和制约。由于当时的交通阻隔导致消息传递的迟缓，不仅使发生在那时的战事的事态发展不可能及时获知，及至其后由于一系列不平等条约的签订，使沿海地区由于西方不同经济形式的植入而导致当地经济生态所逐渐发生的变化，显然更难以获致及时的交流，何况某种经济形态的产生还必须有相应的社会环境和经济基础。尽管云南在与太平天国革命同期的1856年，也相继爆发了以杜文秀为首的起义，并历时18年之久，但两者在性质上也是存有差异的。太平天国革命从酝酿、发展，到最终的失败，都包含有中西方文化的碰撞、中外不同力量的对抗以及最后招致清廷与国外侵华势力的联合镇压。从其失败的外部条件来说，显然受到1840年鸦片战争之后中国社会性质发生剧烈变化的影响。与之相反的是，近代云南在同一时期发生的起义则与中国历史上历次农民起义的社会条件及性质相差无几。所以，云南近代工业化开始的历史条件具有一定的特殊性。可以说，此时的云南并不具备发生社会变更的经济基础和条件。这一特殊状况直到19世纪80年代，由于中法战争爆发，继而在与法国签订的一系列不平等条约的基础上，蒙自、河口、腾越（今腾冲）、昆明等相继开埠，才出现了云南由传统农业社会向近代工业化过渡的转型契机。

按照马克思的观点，他对殖民主义是持批评态度的，认为"英国在印度斯坦造成社会革命完全是被极卑鄙的利益驱使的，在谋取这些利益的方式上也很愚钝"。然而，马克思接着又指出："但是问题不在这里。问题在于，如果亚洲的社会状况没有一个根本的革命，人类能不能完成自己的使命。如果不能，那么，英国不管是干出了多大的罪行，它在造成这个革命的时候是充当了历史的不自觉的工具。"[②] 由此可见，在马克思看来，东方"亚细亚生产方式"发生革命性变革的

[①] 道光刊《云南通志》卷六十一，食货志三。
[②] 《马克思恩格斯选集》第二卷，人民出版社1972年版。

第四章　云南近代工业化进程中的产业集聚和结构变动

转折，是与殖民者的入侵同时发生的。①因此，也正是在这个意义上，用"冲击—反应"的理论框架对中国发生社会形态转化的起因作出某种说明应该是可以成立的。但也正由于此，决定了中国近代工业化产生的前提条件与西方近代工业化的一般前提有所不同，而云南与两者比较也必然有着自身的不同特点。②

由于近代云南的工业结构中，矿业占据绝对的主导地位，因此有必要在此对近代云南矿业发展史做一个简单讨论。事实上，有清一代对云南矿业的开发，不仅在宏观上使云南的经济发展首次融入皇朝经济的一体化进程，而且在成为全国铸币原料供应地的同时，也使云南在微观上具有了不同于内地及沿海一带的传统社会中以农业为主的发展模式，而成为农矿并举的产业结构发展方式。但这种特殊产业结构发展的后果，则是在经历了近一个世纪的繁荣之后，随着资源的告罄及采矿产业的衰落，出现了原矿源区人口的贫困和区域内的经济发展失衡等一系列问题。

从地理上看，云南地处高原，全省山区、半山区约占94%，地形复杂，地质构造中储存有丰富的矿藏，这也是云南自然地理的一大特征。根据历史资料，云南矿藏开发有明确记载的时期，始于元代开始的"矿课"设置，其时的矿课设置种类已包括金、银、铜、铁各类。③但此时的矿业开发仅是一种小规模、具有地域性生产的特性，而使云南矿业具有能与传统农业平分秋色、并导致其社会产业结构形态发生重大变更的则始自清代。清康熙年间，由于中原地区日益出现的铸币原料短缺，皇朝中央急于寻找新的原料来源，云贵总督蔡毓荣在战乱平定之后地方财政困难的压力下，出于筹集兵饷、恢复地方经济的需要，提出了《筹滇十疏》，其中对"鼓铸宜广""矿酮宜开"的"筹滇理财"的想法正好与中央政府不谋而合，故而由此开启了云南近代矿业发展的新阶段。

清雍正五年（1727）云贵总督鄂尔泰关于对滇省过剩铜料进行省际间流通的奏议，遂使铜矿资源被清廷认定为京局鼓铸用铜的主要来源，④由此也使云南矿

---

① 马克思在《不列颠在印度的统治》一文中认为：英国的干涉……在亚洲造成了一场最大的、老实说也是亚洲历来仅有的一次社会革命。《马克思恩格斯选集》第二卷。
② 陈征平：《云南早期工业化进程研究：1840~1949年》，民族出版社2002年版。
③ 周钟岳：《新纂云南通志》卷一四五，矿业考。
④ 潘向明：《清代云南的矿业开发》，《清代边疆开发研究》，中国社会科学出版社1990年版。

业为世人所瞩目，并赋予了皇朝经济一体化的意义。其具体表现为：在经营方式上，由"听民开采"转化为"官治铜政"，正是由于中央政府的深度参与，极大地增强了云南铜矿开发的力度；在资金筹集上，由民间自筹到以皇朝中央"放本收铜"的基本政策为主，在规定了岁解京铜数额的同时，也规定了每年拨银100万两作为预发工本和运输脚费，经费来源则主要出自对各省协款之规定，[①]这就在财力上为矿产的大规模开采提供了保证；在人力资源的动员上，由区域内人力资源扩展到全国范围的各有关地区，这不仅表现在生产过程中云集了各省富商大贾的投资者及移民云南的劳动力，还表现在岁运京铜对沿途各省人力物力资源的动员；在产品的分配与消费上，每年不仅有京办额铜，还有对各省的省办额铜，以及规定比例为10%的通商铜。通过上述措施，清政府在云南的矿业发展中起到了重要的推动作用。具体看，清代的矿业发展规模可以从表4-2中得以反映。

表4-2 清代乾嘉时期云南矿业开发状况

类别	年额课银（两）	单位课率	年开采量	年产值（两）	常年劳工数
金矿	450[②]	12%	50张金床	3750	1000
银矿	80000	正课15%、撒银2%，合18%	42万两	420000	20000
锡矿	3186	10%	365吨	31860	9000
铅矿	4793	15%[③]	799吨	31952	2300
铁矿	825.73	10%[④]	—	8257	6000[⑤]
铜矿	209024	14.2%	8000吨	1472000	69000
盐矿	480834.28	38.96%	26485.81吨	1234238	—
合计	779113.01	—	—	3202057	—

资料来源：根据陈庆德《资料配置与制度变迁》（云南大学出版社2001年版）；《新纂云南通志》（卷一四九，盐务考三；卷一五二，财政考三）的有关数据整理而来。

[①] 周钟岳：《新纂云南通志》，卷一四四，商业考二，协款。
[②] 资料数据为课金60两，根据《清代的矿业》（下册，中华书局1983年版）第602页"金六十七两六钱二分，折变价银五百七两一钱五分"的折算率即1∶7.5的比例换算为银两。
[③] 根据光绪《云南通志》（卷七四，矿厂二）中铅矿抽课率在不同矿厂有：20斤/100斤；10斤/100斤；15斤/100斤等所计算的平均课率。
[④] 该数据按该时期矿课率水平的低限估算。
[⑤] 在原文中此劳工数包括朱砂、硝磺的矿厂开发在内，估计人数为8000人左右。由于该两项矿厂的有关资料一时难以找齐，从年额课金所占份额来看不大，且铁矿厂的劳工数亦难以做出十分精确的估算，考虑到反映的是矿业的大体规模，因此便在人数上做了以上综合反映。

从表4-2中的数据可以看出，在1880年前后，云南金属矿的年产量已经达到万吨左右，年产值已近200万两银。其中，仅铜矿一项年产量就达8000吨，产值近150万两银。这相对于当时清政府在内地采取的对矿山的封禁政策所导致的矿业难以有所发展的状况来说，无疑是一种极为巨大的成就了。根据有关历史资料的研究可以发现，在这一时期全国的生铁总产量也仅为2万~2.5万吨，而当时中国在全世界制造业产量份额中所占比例为32.8%。[1]云南作为全国流通手段的货币的原料供应地，铜产量占全国产量的95%，银矿也集中了全国的72%，产量占全国比重的97%，[2]毫无疑问在近代中国的经济发展中发挥了积极的促进作用。这种由自然资源向经济资源的巨大转化，使清代统一货币的流通范围达到了前所未有的境地，据说当时"南至云南、贵州，北至蒙古，皆用制钱，从古所未有也"。[3]无怪乎人们常用"震古烁今"形容清代云南矿业所曾拥有过的这种辉煌了。

纵观整个清代对云南矿业的开发，尤其是"京运额铜"的筹办，充分反映了皇朝中央集权制度所赋予云南在全国经济发展中是一种资源开发地的经济特征，并使云南成为全国经济发展中的有机组成部分。因此，如前所说，这同时也形成了云南清代以来不同于全国其他省份的地区发展特色，就是它脱离了传统农业社会中那种以农业为主、手工业和商业相应发展的基本模式（近年随着研究的逐步深入，也有学者认为：于"清代十八世纪中叶，在长江三角洲上千万农民的生产经营中，传统工业部分已远远超出了其农业部分；在这一地区，农村工业已不是什么'副业'，而是主业和正业"。[4]也有研究认为："十九世纪初，在江南的大部分地区，工业的地位已与农业不相上下，在经济最发达的江南东部，甚至可能已经超过农业。"[5]因而那种假定传统社会就是以农业为主的经济发展模式的设想看来是存有疑问的）而走了农矿并举，手工业和商业也有所发展的道路，其基本特征可参见表4-3。

---

[1] 姚会元：《清朝被动开放前中西间发展比较与经济数量差距》，《青海社会科学》1993年第4期。
[2] 彭泽益：《清代前期手工业的发展》，《中国史研究》1981年第1期。
[3]《清实录有关云南史料汇编》卷四，云南人民出版社1986年版。
[4] 高王凌：《十八世纪中国的经济发展和政府政策》，中国社会科学出版社1995年版。
[5] 李伯重：《江南的早期工业化（1550~1850年）》，社会科学文献出版社2000年版。

表 4-3　1840 年前后云南主要产业部门结构比较

部门类别	年额征赋税额（两）	年产值（两）	占税额之百分比（%）
全省总量	1273360.40	6393878.64	100
农业赋税	437903.88	1313711.64①	33.92
矿业课税	298278.73	1967818.30	24.28
盐业课税	480834.28	1234238.84	37.24
商牲杂税	56343.51	1878110.00②	4.36

资料来源：根据陈庆德《资源配置与制度变迁》（云南大学出版社 2001 年版）；梁方仲《中国历代户口、田地、田赋统计》（上海人民出版社 1980 年版）；周钟岳《新纂云南通志》（卷一五二，财政考三，课程一）等整理而来。

对于表 4-3 中的数据，需要说明的是，由于矿业基本为国家统一经营，统计数据更接近实数，而其中的农业数据则不然。原因在于，有清一代，云南凡是设了土司官衙的民族地区长期没有征收赋税，如思普、版纳一带，因此该地的农业税额及产值状况显然不能囊括该产业的全貌，而只能作为一种参考。

因此，云南近代特有的这种农矿并举产业结构的地方发展特色，使云南在资源配置上具有了明显不同于内地的特点，具体表现在以下三个方面：

其一，从经济运作的主体看，由于云南的金属、盐矿在清代基本都属于国家的专控产品，其产业的份额占总额的 60% 左右，这就使得云南的经济发展与内地相比具有更为浓厚的中央集权的特征，而较少有市场调节的内涵。当然，从此后云南近代工业化发展的情况看，仍然是政府起主导作用，可见它已是资源条件占优势地区经济开发的一个基本特征。形成这一特点的原因，主要是由于云南的矿业开发地区一般来说自然环境复杂，金属矿藏虽然其经济价值较高，但往往都开发周期长、耗资巨大、投资回收期长以及都是中间产品而不是最终产品，故私人企业一般都没有足够的能力开采，即便是有能力一般也都不愿意向这里投资。同时又由于其具有的基础产业的地位和作用，甚至国防战略上的意义，从而一般也都视为政府投资的重点而不可能任民间随意采掘。

---

① 据桑巴特计算，产业革命前期欧洲农民的全部生产中，自行消费部分为 23（桑巴特：《现代资本主义》卷二，第二册，商务印书馆 1937 年版），现以此为比例匡算而来。
② 清代杂税一般按"每两征银三分"（即 3%）的科则征纳（刘云明：《清代云南市场研究》，云南大学出版社 1996 年版），该数据以此计算。

其二，从物力资源的投入情况看，除了满足农业的需要外，主要都集中于矿业及相应的运力设施条件上。由于云南地区的交通以陆路为主，运力主要以驮马为主，这也是为了适应矿业发展的需要，而矿业恰恰在当时也是颇为兴盛的产业。仅从近代云南驿站的设置情况看，相邻几省如四川每隔六十五里设置驿站、广西驿十九里、贵州驿二十三里，而云南驿站则有八十一里之间隔。[①] 驿站道路的开辟与疏通，加之信报传递线路的辅佐，形成了在当时看来已是较为发达的交通通信网络。此外，为了解决"滇铜京运"的历史遗留问题，清乾隆年间还专门开凿了包括金沙江水道在内的几条滇铜运输线路。铜、盐和茶等商品在清代都是被官府所垄断的三大类主要商品物资，除盐属省内县际之间的运输外，其余两项80%以上均需要作省际之间的转运，由此也促成了马帮业的兴盛。据史料估算，马帮一年的运力至少也达十万匹次，[②] 从而又促成了人马兼营的旅店业和马帮服务业等的兴起，其相关行业在当时可说都盛极一时。

其三，人力资源的配置上，有关历史学者的研究也表明，当时云南人丁约200多万人，而其中每20人便有1.16人从事矿业生产，[③] 如果加上盐业和工商业，非农的第三产业劳动人口的比例可能还要更高。这也就是说，仅在当时云南的非农产业人口就已近10%了。由此从表4-3中还可以看出，不到10%的非农业劳动人口，却生产了70%的产值，遗憾的只是这种经济效益并没能在当地形成相应的积累效应。

由于以往的资源开发一般不考虑期后效应，特别对非再生性资源来说，单纯掠夺性的采掘必然造成地区内经济失调的后患，从而当经历了近一个世纪矿业开发的繁荣之后，矿源或因坐吃山空，或进一步开采受到传统生产力手段的限制，到了嘉庆中期便趋于衰落了。而在原矿源区造成的后果，则是矿产资源开发殆尽和植被遭到毁灭性破坏（冶炼对燃料的需要，使林木由于掠夺性采伐而招致枯竭）的严重后果，又由于这种矿产的开发缺乏相关产业的联动效应，仅仅是为了提供一种单纯的铸币材料，可以说与本地经济几无关系（它不是出于自身需求而

[①] 白寿彝：《中国交通史》，上海三联书店1984年版。
[②] 杨毓才：《云南各民族经济发展史》，云南民族出版社1989年版。
[③] 陈庆德：《清代云南矿冶业与民族经济的开发》，《中国经济史研究》1994年第3期。

进行的生产),这就使该地区的生产发展成为云南区域经济的一块"飞地"。有些研究者仅仅凭着一种理论上的预设和推理,便武断地认为由于清代云南矿业政策的施行,必然促进了云南地区的经济增长与社会进步的进程,实际情况并非如此。尽管可能在当时当地,这种政策确实促成了人口的迅速增长和商品经济及相关行业等的繁荣与发展,但作为第三产业的发展毕竟只能建立在第一、第二产业发展的基础之上,因而随着清代后期矿业生产的衰落,其他行业也随之一蹶不振了。

东川府是这种经济政策受害地区比较典型的一个例子。这可以从东川一地在清代晚期其有关经济指标在全省所占的份额中看出来,东川府在清道光十年(1830),其人丁占全省份额的1.08%,可耕地份额占2.37%,但额征田赋仅为1.70%,额征商牲税的份额则只占了0.19%;与人丁(42809人,份额为0.77%)同它较为接近的元江州相比,元江州可耕地份额仅0.38%,但额征田赋为全省总数的2.07%,额征商牲税的份额更达2.56%。[①] 由此可见,东川府在清代不仅农业生产率水平低,商品率更低,这种资源枯竭性经济的后遗症可以说一直延续至今。

第三节 云南近代产业结构的变动

一般认为,近代云南主要是在鸦片战争之后,尤其是19世纪70年代以后,开始了其经济近代化的进程,逐步被纳入了国内市场体系。如前节中所述,云南经济由传统向近代的转化,像大多数后发展国家一样,不是自发地在传统经济的基础上成长起来的,而是在外来因素的冲击下被迫产生和进行的。由此而建立起来的云南近代经济体系,首先服从于中国市场体系的需要。在此历史条件下,不仅引起了云南近代商品结构、投资结构等方面的调整与变动,也最终引起了云南

[①] 上述数据的计算依据:光绪年间编纂:《云南通志》卷五五、卷五六,食货志;梁方仲:《中国历代人口、田地、田赋统计》;周钟岳:《新纂云南通志》卷一五二,财政考三,课程一。

近代产业结构发生了一系列新的变化。

一、1850~1936年云南工矿、交通运输业结构变化及其特点

正如前文所述，从19世纪80年代到20世纪30年代，在云南经济发展较为正常的时期，国民生产得到了一定的发展，其净产值增加了67%。工矿业部门的生产虽然也可分为新式生产与旧式生产两大部分，但相对于农业部门而言，其近代化的成分则有较大的发展。1887年以前，云南近代工业虽然已经出现，但其产值在国民生产中的地位可以忽略不计。经济史学家张仲礼在其研究中，曾在估算19世纪80年代中国国民总生产时，就是这样处理工农业在国民经济中的比例的。1887年以后，经过近27年的不断发展，云南近代工矿和交通业的产值只达到0.29亿元（1936年币值），在全部工农业生产中的比重不足2%。由于起点为零，无法计算其增长率。

但正如前面所说，在云南近代工业经济增长的第一个阶段，近代工业进展缓慢，远不如第二个阶段中所取得的成绩。从表4-4中可以看到，在1914~1936年，云南的近代生产有迅速的发展，22年间产值增加为1.31亿元，增长了3.5倍还多，年增长率高达7.1%。近代生产在工农业生产中的比重也由1.89%增加为6.35%。当然这个比例还很低。在这期间，传统生产部门也有发展，产值由14.91

表4-4 云南近代生产与旧式生产的增长及比重变化（1887~1936）

货币单位：1936年币值（亿元）

		近代生产	旧式生产	合计
1887年	产值	0	11.43	11.34
	比重（%）	0	10.00	10.00
1914年	产值	0.29	14.91	15.28
	比重（%）	0.18	9.81	10.00
1936年	产值	1.31	19.35	20.64
	比重（%）	0.63	9.36	10.00
1914~1936年增长率		7.10	1.16	—

资料来源：1887年和1914年数据根据《近代中国的经济发展》，山东人民出版社1997年版，第一编第五章附录三和附录四计算；1936年数据根据巫宝三《中国国民所得，1933》，上海中华书局1947年版及《〈中国国民所得，1933〉修正》，《社会科学杂志》1947年第2期。

亿元增加为19.35亿元，年增长率为1.16%，但其在工农业生产中所占的比重则由98.11%下降为93.65%，在全部国民生产中仍占绝大部分的比重。

下面让我们再分别计算一下工矿业和交通运输业中，近代生产和旧式生产消长的情况。从1887年到1914年，经过27年的发展，云南近代工矿业的产值已达到0.157亿元，其在全省所有工矿业中的比重为9%。在这一段时间中，手工业生产的产值由1.19亿元增加为1.58亿元，增长了近0.4亿元。1914~1936年，云南传统工业的生产仍有发展，其产值增加为1.96亿元，增长数额从绝对量上看与1887~1914年前期基本相同，即大约为0.4亿元。但传统工业在工业生产中的比重则大幅降低，由91%下降为71%。与此同时，近代云南工业则有迅猛的发展，其产值增加为0.8亿元，增加了4倍还多，年增长率为7.7%，工业增长的绝对值为0.644亿元，超过了手工业产值的增长。同时，云南近代工业在工业生产中的比重则上升为28.93%。

1914~1936年，云南工矿业中近代生产取代旧式生产的趋势相当明显。例如，云南在1914年时机器开采的铜矿石产量为797393吨，到了1936年时增加为3379393吨，其在矿石总产量中的比重由56.2%上升为84.7%。而与之相反，土法开采的铜矿石不但没有增加，反而减少了10余万吨，其在全部产量中的比重也下降至15.3%。同一时期，机器开采的铁矿砂增加了4.8倍，在全部产量中的比重由50.1%增加为87%，而土法开采的铁矿砂无论是相对比重还是绝对数量都明显下降。新式冶铁产量由13万吨增加为669696吨，其在全部生产中的比重由43.3%上升为82.7%。而土法冶铁的产量在这期间却减少了30万吨，其在全部生铁产量中的比重则下降为17.3%。[①] 以上这些数字都说明，由于旧式生产被排斥，到抗战前，在云南拥有的多数重工业部门中，近代新型工业生产已处于绝对优势地位。

除此之外，为了适应云南近代工业和运输业迅速增长的需要，1914~1936年，机器、生铁、钢、其他建筑五金、化学产品、工业用染料和颜料、交通器材、液体燃料等生产资料的进口值有显著增长。据史料统计，进口货物中生产资

---

① 严中平等：《中国近代经济史统计资料选辑》，科学出版社1955年版。

料的比重由 1910 年的 17.6%，上升为 1936 年的 44.5%，消费资料的比重则由 82.4%下降为 55.5%。[①]与此同时，出口商品中制成品的绝对值和相对值都有所增加，尤其是机器制成品的增加更为显著。而某些材料由于国内工厂加工能力扩大，出口额相对下降。

从表 4-4 还可以看到，1912~1936 年，消费品的生产指数有所增长，其在全部工业生产中的比重也略有增加。与此同时，作为重工业部门的电力工业和黑色冶金工业增长更为迅速，重工业在这一时期的增长速度都远远超过了消费品工业的增长。

二、1850~1936 年云南产业结构的变动

关于云南近代时期产业结构的宏观变动情况，见表 4-5。从表中可以看出，自 19 世纪 80 年代开始至 20 世纪 30 年代，50 年间工业和服务业在国民收入中的比重只由 30.38%上升为 35.5%，增加了 5 个百分点。工业和服务业的就业人口在全部就业人口中的比重则由 20%上升为 24.48%，上升了近 5 个百分点。农业在国民收入中的比重和农村就业人口在全部就业人口中的比重，则分别由 69.62%和 80%下降为 64.5%和 75.52%。详见表 4-5。

表 4-5　云南近代产业结构的变化（1887~1936）

	国民收入		就业人口	
	1887 年	1936 年	1887 年	1936 年
农业（%）	69.62	64.50	80.00	75.52
工业服务业（%）	30.38	35.50	20.00	24.48

资料来源：农业收入见《中国近代经济发展史》第一编，第一章表 1-2　就业人口系农村人口与城市人口的比例数，1887 年根据张仲礼《19 世纪 80 年代中国国民生产总值的粗略估计》，1936 年根据巫宝三《中国国民所得，1933》及《中国国民所得，1933，编正》整理而来。

一般说来，在一个国家的近代化过程中，首先是第二产业——工业部门的加速发展，其在全部国民生产中的比重不断加大，而第一产业——传统农业生产部门的发展速度相对缓慢，其产值在国民总生产中的比重相应下降。在这一时期，

[①] 严中平等：《中国近代经济史统计资料选辑》，科学出版社 1955 年版。

第三产业虽然也有较快的发展，但其在国民总生产中的比重变化不大，保持着相对的稳定性。根据这一经济学规律可以推断，云南在19世纪80年代至20世纪30年代产业结构变动缓慢，首先要归因于庞大的农业部门在近代化过程中转变的困难，近代工业和传统工业虽有发展（1887~1936年，工业年均增长2.1%，农业平均增长1.05%，工业以高于农业1倍的速度增长。尤其是经济增长的第二个周期的1914~1936年，近代工业还有较快的发展）。同时，与发达国家的历史资料对照看，云南近代化初期，即经济增长的第一个周期中，工业增长速度是较慢的，其对整个国民经济结构变动作用有限。而第三产业的状况正如其他国家工业化过程中的规律一样，其在国民总生产中的比重变化不大，大体保持在20%左右。所谓服务业在国民总生产中的比重变化不大，并非完全没有变化，况且其在各个时期的内涵并不完全一样。1887年云南服务业在国民总生产中所占的比重为20.27%，1914年则下降至18.5%，到1936年又回升为19.97%。

上述判断还可以从第三产业增长速度的变化，以及与其他产业增长速度的比较中得到证实。云南在1887~1914年第三产业的年增长率只有0.66%，27年间只增加了19%。而1914~1936年的年增长率为1.8%，22年间产值增加了48%，这一阶段的增长速度远高于前一阶段。1887~1914年，由于存在着清王朝灭亡这一特殊的历史原因，所以服务业的增长率不仅低于工业（2%），而且低于农业（0.92%），而1914~1936年的情况则较为正常，与其他国家工业化初期阶段的规律一致，服务业的增长速度高于农业增长速度（1.2%），而低于工业的增长速度（2.2%）。

从表4-5还可以看到，1871~1936年，云南农业产值在全部国民生产中的比重共计下降了5个百分点，工业和服务业产值相应地增加了5个百分点。这种变化主要发生在中国近代经济发展的第二个周期，即1914~1936年。到1914年时，云南农业产值占全部国民生产的比重为68.22%，与1887年比较起来，27年间下降了1.4个百分点，可以说这27年中云南的产业结构变动甚微。而1914~1936年的22年间，云南的农业产值在国民总生产中的比重下降了近4个百分点。因而中国近代产业结构的变动主要发生在后一阶段，即在1914~1936年，云南从传统产业结构向近代产业结构的转变取得较为明显的进展。详见图4-1。

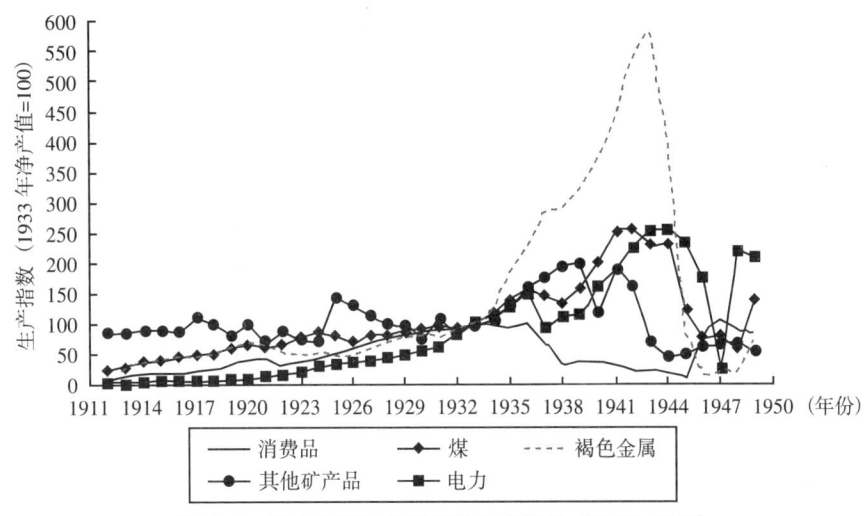

第四章　云南近代工业化进程中的产业集聚和结构变动

图 4-1　云南主要工业部门的生产指数（1912~1949）

资料来源：《续云南通志长编》；章长基《共产党中国以前的工业发展》，爱丁堡大学出版社 1969 年版。[①]

过去出版的经济史著作中，在回避 20 世纪二三十年代云南近代工业、矿业和交通事业有较为迅速增长事实的同时，还断言其各部门之间的比例变化也是畸形的。如果仅就云南的私人资本而言，这种分析或有一定的根据（生产资料生产的发展落后于消费资料生产的发展，民族资本在电力、交通、原材料和机器制造等方面无大的建树），但如果将来自外国的资本和国家资本合并进来一起加以考察，情况则不尽然。

尤其需要指出的是，由于云南近代冶炼业的基础十分薄弱，这一时期虽有较快速增长，但冶炼业在工业生产中所占的比重仍大大低于国内其他省份的同期水平。此外，由于起点过低而未列入图中的水泥和原油生产，以及可能由于数字不全而未被列入的化学工业，在这一段时期其实也有十分可观的发展。传统经济史学家的观点认为，抗战前消费品生产的增长比其他工业快是缺乏根据的。这一时期煤炭生产也有增长，但速度低于前述几个部门，其在全部工业生产中的比重也变化不大。其他矿产品，如锑、铜、金、汞、锡、钨等的生产增长十分缓慢，其

[①] 消费品：棉纱和棉布，铁矿砂、生铁和钢。其他矿产品：锑、铜、金、汞、锡和钨。水泥和原油因数量甚少没有列入，故各项相加不等于 100。

111

在全部工业生产中的比重日趋下降。总的来说，在近代以来的这一段特定的历史时期中，云南工业结构的变动基本上是正常的。

第四节　云南近代工业化的制度变迁与路径依赖

由于中国在1840年鸦片战争中的失败，导致割地赔款和被迫开放通商口岸，随着西方世界从政治和经济等层面侵入，国内政治经济环境发生了前所未有的剧烈变化。首先，西方列强在战争中体现出来的军事上的绝对优势，深深刺激并惊醒了清政府中很多人士关于"天朝上国"的美梦，而以现代工业技术释放的"船坚炮利"的军事效应则激起了欲强国先强兵的"洋务运动"的工业化动机。其次，在具体经营方式的选择上，从洋务运动到实业救国思想的形成，逐步意识到民间及市场力量的重要性，从而在经营方式上经历了官办、官督商办、官商合办以及对西方近代公司制的借鉴等演化过程。近代中国工业化发生的特征之一是由政府倡导进行的，于云南，矿业则是政府最早致力于工业化改造的产业，但由于地区与经济环境不同，使其具有自身发展的一些基本特点。

一、云南近代工业化的制度变迁特征之一：政府主导

云南的地理经济条件决定了该地区矿藏资源丰富，自元代皇朝中央于云南设置行省，矿业开发也随之启动。其时对云南矿业的开发规模与产量得其详者，可从元政府设置"矿课"的征缴情况获知，"当时云南全省的金课为184锭，银课735锭，铜课2380斤，铁课124710斤"，[①] 从中可以了解当时云南矿藏的基本概貌。而由于这种特殊的地理资源条件及历史因素，也使其在清代就形成了不同于内地及沿海地区的传统生产方式中以农业为主的产业结构模式，而采取了农矿业并举的经济发展方式。从我国历代中央政府对于云南矿业开发的掌控力度看，

---

① 《元史》，食货志。

矿业开发历史上就属于皇朝中央对经济资源控制的重点内容，尽管时值近代，其控制的力度有所降低，并出现了以民营开发为主的发展趋势，但作为云南支柱产业之一的矿产业生产，也仍然是地方政府重要的财政来源渠道及主导性生产部门。[1] 1840年之后，中国近代工业化发生的特征之一是在政府倡导下进行的。就近代云南工业而言，其矿业也是政府最早致力于工业化改造的产业，因此，矿业作为云南近代工业化的主导产业也具有一种历史的必然性。

在发展经济学家看来，发展中国家由于缺乏率先进行工业化国家那样的历史前提条件，加之一般均以殖民侵略为其前奏，民族危亡使得社会经济的现代化变革也更为迫切，因而政府作为产权和经营的主体直接进入工业化运作过程便成为一种历史的必然产物。对此，经济学家冈纳森曾指出："实行工业化的第三世界国家所提供的历史事例表明，它们所选择的工业化形式已使国家起着主导的作用。"[2] 而近代云南的工业化也不例外，其基本表现为：

第一，近代对云南矿业进行工业化改造及不断扩充其要素成分的既以官办企业为起点，也以官办企业为主体。对云南矿业的工业化改造，最早始于光绪三年（1877），时任云南总督刘长佑就明确提出，应"参用西洋采矿机器以助人力之不足并延雇熟悉矿路之洋匠以补中法之未备"。[3] 光绪九年（1883）成立的云南矿务招商局则成为矿业手工业与机器生产相结合的初创，该局成立是年便着手机器设备的购置，据《申报》光绪九年十一月二十八日记载："其开矿机器昨闻复附北京轮船运往汉口，再由汉口转船，由川入滇，前至东川开办。其机器大小约共六百余件。"光绪十四年（1888），该矿山机械装置在东川铜矿，并聘请日本技师在东川巧家专办一厂，进行机器开采和冶炼。然而，由于日籍工程师技术水平有限，不能解决新法采冶的技术问题，加以经营管理的腐败落后，先后不及2年耗资10余万才出铜20万斤，使新法生产归于失败。[4] 这是云南在矿业上进行机器生产的最初尝试。

---

[1] 陈征平：《近代云南的矿业工业化与社会扩散效应》，《云南社会科学》2002年第2期。
[2] 亨廷顿等：《现代化理论与历史经验的再探讨》，上海译文出版社1993年版。
[3] 牟安世：《洋务运动》，上海人民出版社1956年版。
[4] 李珪：《云南近代经济史》，云南民族出版社1995年版。

到了宣统元年（1909），云贵总督府将原来的"个旧官商锡务公司"改组为"个旧锡务有限公司"，派王燮生任公司经理，将官股由48.5万元增至100万元，商股由18.1万元增至76.95万元，增设开采、冶炼厂，耗资50万银元，向德国商会"礼和洋行"订购冶炼、洗选、化验、动力等机械设备，"这些设备就当时来说已颇具规模，其中包括一个几公里的空运索道，一个通用的洗砂场，三个炼锡倒焰14炉，三个净锡炉，两个煤气发生器"。① 该公司于1913年正式安装投产，这既是个旧锡矿使用机械开采、冶炼之始，也是现代机器设备在矿业生产中成功使用的开端。此后于1932年，经云南省政府决定采取官商合办形式在个旧成立的炼锡公司，是在个旧锡务公司德制炼厂设备的基础上，通过从香港购置设备的扩充部分改造而成的一个新厂。该厂于1933年正式投产，其时该公司已有两个大型的倒焰炉，四个中型的净锡炉，年产可达2000吨，锡条的精度达99.75%，生产技术水平已具有制造完全合乎国际市场标准的锡产品的能力。② 1917~1936年，个旧锡务公司和炼锡公司共生产大锡约21089吨，远比私商炉户同期大约129600吨的产量为低，但由于后者产品的精度达不到国际市场的要求，其利润水平也低于官办。③ 在此后对云南矿冶工业中关于民族资本发展的特点的研究中，有学者认为"长期停留在落后的生产水平上"是其主要特点之一，如以民族资本较为发达的个旧锡矿区来说，"因为资本家可以剥削矿工以获取利润，所以都不愿意改进生产设备而沿用旧法采炼"。④ 因此，不管造成这一现象的个中原委究竟如何，却从另一个侧面证明了近代云南矿业的现代企业是以官办为主体的特征。

第二，在近代中国由官商合办的矿冶业的现代企业中，其官股份额占有绝大比重，因而对企业不仅享有绝对股权，而且拥有绝对的人事权。中国近代以来由政府对企业的直接经营有其历史的必然性，因为这是由当时清政府兴办新式工业的出发点与目的所决定的。早在19世纪50年代，李鸿章在经历了第一次鸦片战

---

① 近代中国工商经济丛书编委会：《缪云台回忆录》，中国文史出版社1991年版。
② 杨毓才：《云南各民族经济发展史》，云南民族出版社1989年版。
③ 云南大学历史系、云南省历史研究所云南地方史研究室：《云南冶金史》，云南人民出版社1980年版。
④ 费维恺：《中国早期工业化》，中国社会科学出版社1990年版。

争之后，已深切领悟出中国所面临的"数千年未有之变局"，认识到如果不发展新式工业就不能救亡图存。只是由于当时对事物认识的片面性，而单纯以军工作为新式工业的出发点与归宿，导致了这一指导思想最后以失败告终。但其首以官办，次而官督商办、官商合办等企业经营方式的发展变形，则深刻揭示出在传统社会的制度结构中以人为方式注入新式工业的经济成分，既是统治集团在新形势下维持其生存的必要方式，也是顺应历史发展潮流的必然选择。

因为历史事实表明，在1840年前后的社会历史条件之上，对这一系列新式工业来说，"它们的设立和开办，并不体现与传统的农业经济及其所反映的保守的经济观念的根本决裂"，而凸显出强烈的封建自救以维护其已有的统治制度的色彩；这种带"官"字头企业的不同经营方式的变更则反映出其一方面"实质上是对传统的政治制度和行为方式的一种妥协"，[①]另一方面则是"借助于经济外力量的附加而得到特权"的政府资本也迫于形势，"要求这些新的经济要素得到自由的、合乎本性的发展"。[②]因此，随着社会经济环境的变化，可能在政府与民间资本的比例上会作出某种权重上的调整，但政府的直接参与与控制始终成为该事物发生与发展的主流。

从云南近代矿业工业化进程中不难发现这一特点，政府与民间资本的结构状况也进一步证明了这种趋势。据有关历史资料显示，云南宝华锑矿公司于1909年开办时系商办，定股本为6万元，1910年改为官商合办，在"公司旧有股本五万元"的基础上"加集二十万元"，其中"官股十万元"。[③]可见该企业在作为官商合办重组时，官股实际上占了50%。此外，云南昆华煤铁公司开办时为官商各占股本50%，但于1945年呈请增资为1500万元后，尽管仍"由原股东认缴"，而其中官股（兵工署750万元，云南实业银行44.3万元，昆明银行44.3万元）为838.6万元，已占到总额的56%，商股则只占了44%。[④]最后，云南个旧锡务公司是政府拟用新法炼锡，而在1905年成立的个旧官商公司的基础上经改组后

[①] 陈庆德：《中国近代商品经济研究》，载彭泽益主编《中国社会经济变迁》，中国财政经济出版社1990年版。
[②][③] 顾金龙、李培林：《云南近代矿业档案史料》（上），云南人民出版社1990年版。
[④] 陈真：《中国近代工业史资料》第三辑，生活·读书·新知三联书店1957年版。

增资建立的，官股由原有的 48.5 万元增至 100 万元，商股原定 150 万元，但后来只收到 76.96 万元。①由上述三家企业的情形可知，事实上在募集商股对现代企业进行投资时，就难以避免"商股难筹"等问题的出现。

这显然与政府前期对官督商办企业运作中出现的不守信留下的后遗症有关，但由该类企业一般都有投资风险较大、投资回收期较长的规律看，也不能说没有直接的关系。例如，著名云南近代企业家缪云台曾在其回忆录中谈到，尽管1929~1935 年"省内民营事业普遍有欣欣向荣之态，但民间资本仍不肯走向长期性的投资，推其原因，大概有以下几点：一是长期性投资收效缓慢，私人资本多愿在极短期内获利；二是长期性投资需要资本较大，非个人能力所能办到，而那时还缺乏合资办理大企业的社会心理与习惯；三是多年来政局的不稳定，造成老百姓缺乏安全感"。②

由于在官商合办企业中官方拥有绝对的股权，其经营与人事上的主导权也顺理成章地归政府所有了，因此，这类企业的经营负责人总理及协理的任免上也历来由政府定夺。例如，个旧锡务公司的第一任总理王燮生（前清道员），由云贵总督和劝业道共同委任；1920 年，该公司新上任的总理缪云台（公费留美学生），由唐继尧委任；其后组建的云南炼锡公司，缪云台既是主创人，也一直任总理直到 1943 年个旧锡务公司、云南炼锡公司与资源委员会的云南矿务工程处合组为云南矿业公司；而在该新组建的公司中，缪云台又被推为董事长兼总经理。

此后，于 1934 年成立的云南全省经济委员会，则将其所属的官办及官商合办现代企业全部纳入了统一管理和协调的范围，并明文规定了各单位负责人均由经济委员会统一任免，在未委任之前需"先经若干考虑，必须其人之品德、技能、知识均达相当水准，然后才加以任用"，而任职期间也制定有相应的工作业绩考核条例。③由此可见，国民政府在云南近代工业化企业中其经营及人事权上的地位和作用。

---

①② 近代中国工商经济丛书编委会：《缪云台回忆录》，中国文史出版社 1991 年版。
③ 郑观应：《盛世危言》，中州古籍出版社 1998 年版。

二、云南近代工业化的制度变迁特征之二：市场力量主导

在一个国家或地区的工业化进程中，作为其行为的主体或者说是推动力，大致可归结为来自两个不同方向的力量：一个是来自于国家政府的推动力量，另一个是来自于社会的民间力量。按照政治学家的观点，世界近代化的历史经验也一直表明这样一种工业社会的变迁路径，即"社会与经济的发展离不开广泛的社会动员，离不开有形和无形的社会资源的重新配置。要成功地推行现代化，一个社会系统必须创造出新的政治体系，即用国家行为来推动社会和经济改革；实现现代化的第二个条件，是该社会系统必须有能力将新兴社会势力成功地吸收进政治体系之中，并由此获得经济要素之外的现代化动力。正是在这一意义上，官（政府力量）与商（民间力量）构成推动现代化进程的两根最有力的杠杆，而能否正确处理两者的关系，又成为各国现代化成败的关键"。[①] 基于上述观点，本研究倾向于认为在云南的近代工业化进程中，除了政府的推动作用之外，也存在着社会民间的市场力量在起到关键性作用。

按照美国著名的地缘政治学家亨廷顿的研究，"现代化的主要目标有两个，一是从市民革命开始的脱离王权专制的政治变革，即民主化；二是由产业革命开始的使用非生物动力资源和高效率工具的这种技术和经济的变革，即工业化"。[②] 现在看来，亨廷顿的观点对我们重新审视近代中国的工业化也具有极大的启发作用。也就是说，工业化与市民社会的广泛参与，或者说对社会力量的广泛动员是并行不悖的，这无异于说工业化的进程离不开来自社会层面特别是民营企业的推动力量。只是在不同国家或地区，由于其政治与历史资源条件的差异而使这种动员的形式或程度上存在着甚至是明显的差别。英国学者布莱克认为："中国的情况表明，传统的生活方式牢固地存在领导者的思想中，因此现代性受到许多代人的有效抗拒。"[③] 而对于中国历史上所形成的"强国家—弱社会"的运转模式，"可以说，直至19世纪末"，其都"不存在任何类似西方那样脱离国家控制的独

---

① 马敏：《官商之间——社会巨变中的近代绅商》，天津人民出版社1995年版。
② 亨廷顿等：《现代化理论与历史经验的再探讨》，上海译文出版社1993年版。
③ 布莱克：《现代化的动力》，四川人民出版社1988年版。

立自治社会。封建专制统治以其极为严密的方式，一直延伸到社会的最基层"。①

尽管直到20世纪初，在维新运动的思想启迪之下，以及政府随着国际国内形势的变化而主动采取在政治上予以扶持的做法，但由于历史的沉淀作用，以及这一推动中国"市民社会"得以成立所具有的一种非自然属性，使这一行为过程"主要集中于社会如何从传统国家手中分享一部分权利"，从而其最终效果也取决于"国家让渡自身权利所能达致的限度和范围"。②相关领域的学者一般都认为，中国近代所谓"市民社会"，其中最具有代表性的可以说是商人社团中的商会，但该组织由于其具体运作始终都与政府的行为紧密相连，具有一种"准官方机构"的性质，因而，其与政府毋宁说是利益一致的关系，而与哈贝马斯预设理论中其政府与公共领域那种因"对峙"而产生"互动"的含义相去甚远。

如果往更深的地方去思考，就会发现这种对市民社会的狭义理解其实并不尽然。对一种"既存权力"的分享，即意味着对某种"既定利益"的再分配，而这本身就是人类历史上各种冲突产生的根源。因而不管国家是出于自愿或非自愿的权利让渡，其必然都内含着对抗的基本要素在里面。中国20世纪初以来，由于商会等社团势力的存在，对国家利用权力进行社会利益分配的便利性也造成了某种潜在或直接阻挠的威胁，从而使这种"社会"与国家的关系始终是一种既需要合作、又相互斗争的历史过程，并使其在特定的历史条件下形成一种特殊的"互动"关系。

行会作为中国旧式商人的组织存在形式，随其逐步的完善过程，也滋生了相应的对立物。然而，不可否认的是，由于帮规、行规封闭性的基本特征，也导致行会对社会经济发展形成了一定程度的束缚，并在事实上有着一种日趋严重的发展趋势。当然，这种趋势也并不像某些研究中所认为的由此而在近代"逐渐瓦解"，并最终由商会的组织形式取而代之。这里似乎表达的是一种由社会经济发展的客观要求形成的一种自然转化过程，其显然有违历史的真实性。因为这一转折是出于近代西方列强由军事强权导致经济利权大量外溢的民族危机的感召，并

---

① 朱英：《转型时期的社会与国家》，华中师范大学出版社1997年版。
② 杨念群：《近代中国史学研究中的"市民社会"》，载张静主编《国家与社会》，浙江人民出版社1998年版。

由先行工业化国家经济体制的示范效应及晚清政府的介入,才出现了近代中国商人组织在超越于本国商品经济发展水平基础之上而发生的组织形式的突变,并使这种转化在很大程度上具有人为操作的性质,否则就不会出现如论者所看到的"商会有同旧行帮妥协的一面"的现象了。[1] 因为理论上行会是与手工业形态相适应的组织方式,而在手工业生产仍然占优势的社会条件下,即使组织形式发生强行变化,也很难仅用形式就可以彻底地改变实质上的内容。尽管如此,20世纪初商会的成立的确标志着中国近代经济的发展,也昭示着商人经营意识转变及组织形式与国际的接轨,进而使商品经济的发展从此跨越国门,参与到世界经济的近代化进程之中。

以云南近代商会的相关史料为例,可以看到,云南全省商务总会成立于光绪三十二年(1906),由本省绅耆马启元、王鸿图、董润章、祁奎等发起组织,禀陈云贵总督丁振铎奏准设立。据1907年统计,其时参加云南"省商务总会的行帮有59个,其中设有牙行的22个、外省商帮7个、经营鸦片的烟帮6个。未参加商会组织的有34个行业"。[2]

正如前文所说,由商会的法人地位及存续条件所决定,商会组织必须把公共的整体利益作为其为商人服务的宗旨,而近代商会对全社会跨行业整合的性质,必然迫使其组织领袖们发生领导观念的革命性变革,而这显然也是哲学上以形式改造内容的一个最好的例证。由于其时云南总商会已囊括了城市经济领域各行各业人员,这也促成了领导成员在考虑如何改进本省及行业经济发展的思路上,不能不具有一种商会上的全局观点,而走出原有那种狭隘的行业观。其着重体现在以下几个方面:

第一,开始注重工业发展对商业的促进作用,提出工商一体化发展的思想。在前引1906年云南全省商务总会成立的章程中,我们还看不到涉及工业维持或是发展方面的有关内容,即使提到"兴办实业"或"劝工"的字样也因其通篇维商、办商的内容而几被淹没。但到1920年以后,说法上便已经发生了根本变化,

---

[1] 刘云明:《试析清代云南商人的群体整合》,《思想战线》1996年第2期。
[2] 田洪:《鸦片战争到辛亥革命时期云南境内商业述略》,载云南省经济研究所编《云南近代经济史文集》1988年铅印本。

即此时仅局限于商业而代之以工商并提，认为"工商二者，各有相需为用之理"，但由于"滇省僻处天南"，尽管"物产丰富，特以制造未精，遂致行销不广，外货充斥，浸成绝大漏卮。自总商会商会设立以后，提倡诱掖，各种工艺虽有向上之机，而视他省出品之精美则瞠乎其后"。因而，"拟请设立云南总分工会，顺时势之潮流，图工业之改进，询属切要"。而"如果工业人才众多，经费易于筹措，能自立会，与农会、商会鼎足而三，共谋发展，互策进行，岂不甚善"。[①] 1929年云南省昆明市商会改组成立之章程中则明确载明："本会应办之事务：①筹议工商业之改良及发展事项；②关于工商业之征询及通报事项；③关于国际贸易之介绍及指导事项；④关于工商业之调处及公断事项；⑤关于工商业之证明及鉴定事项；⑥关于工商业之统计、调查、编纂事项；⑦创建工商业之公共利益事项；⑧遇有市面恐慌等情有维持及请求地方政府维持之责任。"[②] 显然，此时的工业在时人的观念中已具有与商业同等重要的位置。

第二，积极参与政治，通过为政府政策制度的改革出谋划策来促进云南早期工业化的发展。例如，在1927年，云南总商会曾就云南省"关于改革政治提出数端"：其中促进实业发展的"积极方面有七项：①实业经费至少应提拨20%以上"，并指出在欧美国家该费用已占其财政总支出的1/3，而云南则不及2%；"②各县实业所经费应切实筹增也；③宜推广实业教育，培植实业专门人才也；④宜设立农工或劝业银行以调剂实业资金也；⑤应整理路政以便运输也；⑥应择要兴办重要事业以资提倡也；⑦应改良币制整理金融以平汇水也"。同时针对时局及其时财政政策的推行不当，也对政府提出三项建议："①宜克日肃清土匪以免摧残事业也；②宜废除各种苛细税捐以轻土货成本也；③宜厉行禁烟以免妨碍农业也。"[③] 而上述所提的意见、建议等，参看第五章关于政府作用方面的内容，便知道在1929年以龙云为首的政府上台之后所实施的一系列政治改革措施，以及缪云台所做的大量工作，几乎以上各个内容均涉及到，有些甚至得到了较为圆满的解决。如政治方面，1930年以后便已基本肃清了匪患而为云南的经济发展

[①] 云南省档案馆：《民国社会处档案卷宗》，第44-1-541卷。
[②][③] 昆明市档案馆：《民国云南省商会档案卷宗》，第32-25-247卷。

提供了一个和平的环境：1935年其禁烟已基本得到全面的贯彻，并使云南的财政基础由以大烟为主转向了以近代工业为主的结构。①而经济方面如缪云台任农矿厅长时，于1930年前后设立了以支持云南锡矿业发展为主的劝业银行；金融整顿则也是其重要内容，并由此而对云南社会经济的全面发展起到了积极的推进作用。

第三，通过集资、捐款、融通资金等方式，为推进云南早期工业化建设提供了现实的物质基础条件。由于云南地处高原，复杂的地形自然形成对外交往的不便。19世纪初以来，为了改善云南的交通条件，扩大云南的对外商品交流，云南各商会做了大量的工作。如作为云南矿业中心的个旧、蒙自商会，在滇越铁路建成通车后，为解决个旧"大锡公司"的产能问题，采取现代铁路运输方式直接从生产地起运的方式，"爰于民国元年（1912）二月呈请云南都督蔡松坡先生，先生对此极表赞同，并愿出资补助，籍资提倡。又召集厂商代表至昆明开会，结果政府方面允由滇蜀铁路公司支付股本一百万两；厂商方面，由'锡''砂''炭'抽收股本一百万两"。②1914年，"蒙自商务分会暨广云帮商号等察请转恳饬将个蒙支路经过蒙埠以维商务。即拟添筹路款将临安线同时并举"。③此后由于政府退出股本，该路的修建则基本是依靠该地商人自愿集股完成的。而云南省政府在1925年以后兴起的公路路政建设，也是依靠"商会代收炭捐、马捐、货物捐"等筹资方式予以支持进行的。④又如，20世纪40年代末期，在本省经济的危难之时，云南商会通过组织银行业资金对锡矿业生产的投入，为维持个旧锡矿生产的正常进行，遏制本省战后出现的经济衰退做了积极的工作。

在近代，云南个旧锡业乃是本省的经济命脉，其最好年景年出口量近12000吨的水平，因而对云南经济的影响举足轻重，其一衰俱衰，一荣俱荣。而个旧民营矿业的生产总量长期占到个旧锡矿总量的近90%。但抗战期间，由于国民党中央政府对云南经济所实行的统制政策，使战时民营工业遭到不同程度的打击而呈

---

① 云南省地方企业收入在1936年以前仅占全省总预算的3%，但到1937年已上升到35%。董孟雄、罗群：《近代云南的实业开拓者和理财家缪云台述论》，《云南民族学院学报》1998年第3期。
② 张肖梅：《云南经济》，中国国民经济研究所1942年版。
③④ 云南省档案馆：《民国云南建设厅档案卷宗》，第77-6-380卷。

现普遍的衰落。如个旧一地的民营矿业在1938年约有5000户，矿工达10万多人，但到1944年，已仅剩440户，矿工则已不足2000人。[1]而1945年以后随着抗战的结束，中央与外地企业与资金的大量撤离，使云南的整个经济出现了全面的动荡与衰退。为了挽救时局，遏制不利因素的蔓延，昆明市商会采取了积极的行动。在1947年曾拟订"紧急救济个旧锡业生产之贷款"的方案，即由昆明银行业公会组织紧急救济个旧锡业生产贷款银行团，并出台了有关的贷款办法二十七条。《合约》中规定由"本会会员筹借国币25亿元"，其形式是"借期6个月，利率为月息8分5厘，以大锡及锡砂为第一担保，采取分4期执行"的短期低息贷款，由于该项贷款涉及出口外汇结算，因而其具体业务由富滇新银行牵头办理。截至1947年11月，该实施方案由富滇新银行函达昆明市商会为："业经先后收获第4次本息一部，配由各贷款行提取，收获本金国币99900000元，利息国币41845976元。并函请贵会查照在案。"[2]昆明市商会银行业公会的这一举措，无疑对恢复个旧锡矿的生产起到了积极的促进作用，并使云南个旧的锡矿产量由1945年的最低点1150吨回升到1947年的年产3500吨的水平，[3]增长率达200%。年出口额也由1945年的4529700法币千元上升到1947年的68988127法币千元。[4]

此外，云南商会还在全国工业协会成立规定的指导下，于1944年以分会会员的资格制定了云南工业协会分会之章程，其中明确指出了"本会之任务：①促进全国工业化；②促成产品标准化；③促进工业金融之发展；④劳工福利之增进；⑤事业保险及必要统计之推行；⑥工矿之调查、统计及编纂；⑦技工劳工补习教育之办理；⑧工矿展览之举办；⑨请求政府对生产事业之维护"。[5]从中也可看出，在20世纪40年代以后，与前述政府社会经济发展战略的制定相配合，其时，从民间到政府部门的具体决策机构，关于云南工业化的发展问题已经成为人们的普遍共识。

---

[1]《云南日报》，1944年3月17日。
[2] 昆明市档案馆：《民国云南省商会档案卷宗》，第32-25-1338卷。
[3] 李珪：《云南近代经济史》，云南民族出版社1998年版。
[4] 董孟雄、郭亚非：《云南地区对外贸易史》，云南人民出版社1998年版。
[5] 昆明市档案馆：《民国云南省商会档案卷宗》，第32-25-124卷。

第五节　本章小结

从经济学的视角看，整个经济近代化的过程也是人类社会从农业时代向工业时代转型的过程，即经济结构的调整与变换的过程。在云南的近代化过程中，一方面现代部门——主要是现代工业部门从无到有地发展起来，另一方面传统农业和手工业与之并存，但逐渐被现代部门所取代，此时的经济结构主要表现为一种二元经济形态。相对于传统社会的经济增长，云南近代经济增长使经济增长速度、经济结构、人口增长等都具有了新的含义。随着云南近代经济增长和产业结构的调整，现代工业部门和新型第三产业的产生及发展，成为国民经济的主要增长点。机械力代替人力，将人的体力从繁重的工作中解脱出来，极大地提高了劳动生产率，机器生产使工业生产的增长速度大大高于生产机械化以前的增长。工业的地位逐渐超过农业，改变了以前单纯以农业为主的经济结构。云南工业以及第三产业的迅速增长和较高利润，吸引了越来越多的资本和劳动力，云南工业和第三产业逐步从附属于农业的地位上升为举足轻重的国民经济部门。

云南近代工业经济增长和产业结构的变化还表现为较为完整的市场体系的建立、对外经济部门的优先发展、固定投资的增加、交通运输的改善、国民素质的提高、人们消费水平的提高等各个方面。但经典经济学理论中的"经济增长"通常被定义为一国或一地区与商品和劳务生产的增长相结合的生产能力的增长，它一般以一国的国民生产总值经价格变化调整后的年增长率来衡量，较好的衡量尺度是按人口平均的实际国民生产总值的增长。美国经济学家库兹涅佐夫还为经典经济增长描述了六条特征，即按人口计算的产量的高增长率；生产率本身的高增长；经济结构变革的高速度；迅速从农业转向非农业，从工业转向服务业；社会结构与意识形态的迅速改变；增长在世界范围的迅速扩大，世界各国增长的不平衡。

因此，通过本章的研究内容，我们不难发现，云南近代工业化过程中产业结构的变化有以下几个特征：一是云南近代产业结构的变化和调整并非现代部门对传统部门的直接替代，而是一个共同增长、动态调整的过程。1914~1936年的22年间，即云南经济增长较快的时期，云南近代工业生产有了迅速的发展，产值由0.29亿元增加为1.31亿元，年增长率高达7.1%。近代生产在工农业生产中的比重也由1.89%增加为6.35%。但在云南近代生产发展的同时，传统生产部门也有发展，产值由14.9亿元增加为19.3亿元，年增长率为1.16%，只是在工农业生产中的比重由原来的98.11%下降为93.65%，但在全部国民生产中仍占有绝对优势。二是云南近代工业呈现区域上典型的二元性空间表现，即现代工业部门集中在发达地区，传统农业部门集中在落后地区。而发达地区往往是大中城市集中的地区，不发达地区则多在边远的农村。事实上，云南近代时期与新式产业有关的制造业、交通、通信、服务业、商业交通以及公用事业、科技文化教育事业等都主要集中在昆明等发达口岸城市以及周边地区。

总之，近代以来，云南新式产业的产生和发展所引起的产业结构的变动，使农业在国民生产中的比重有所下降，工业和服务业在国民生产中的比重则有所上升。同时，农业、工业和服务业内部的产值和结构也发生了很大调整。最终形成了传统部门与现代部门并存的二元经济结构。

第五章　云南近代劳动力流动与产业集聚关系的分析

尽管在第三章的研究中，我们初步讨论了云南自明代以来人口变迁的情况，但考虑到本书的研究目标主要是劳动力流动对于云南近代产业集聚的影响，因此，有必要在本章研究中继续探究近代云南地区劳动力流迁的趋势及其经济含义。当然，为了有效说明云南近代人口的变动趋势，并就这一趋势做出相应判断，首先需要编制建立起一个经得起统计检验的云南近代以来的人口连续数列。对于较早开展人口普查的西方发达国家来说，这项人口资料一般都是现成的，或只需做局部的调整即可取得。但是，这一基本条件对于近代中国的情况则大为不同，尤其是近代以来偏远闭塞的云南地区一直都没有开展过科学有效的人口统计工作，目前能够寻找的相关资料，也仅仅是1953年开始的用近代技术在全国范围内举行的人口调查中获得人口数据。对中国近代的人口数字，虽然已有不少中外学者进行过考证和估算，但就云南人口数据而言，这一工作一直阙如，学界迄今尚未编制出一个长期连续的数据库，这不能不说是一件非常遗憾的事情。

不可否认的是，从历史上看，中国是世界上有人口统计数字最早的国家之一，但受到对待人口数据价值的认识局限，历代皇朝政府关心的只是一部分人口的状况。中国历史上的人口统计，一般都是从按人丁征税、摊派劳役和征兵的需要出发，统计的对象也主要为户和丁。真正意义上的统计对象改变是从1741年开始的，从这一年开始，清政府人口统计范围由丁数扩大为全部的人口数。这种改进后的统计持续了158年，直至1898年。其中前111年，即1741~1851年统计省份较为完全，但一些年份人口数仍然存在着不合理的大起大落，而1852年以后则每年都缺数省的册报。这些人口数字的记录，主要载于《清实录》《东华实录》和户部《清册》等官方文书档案。近年来，一些学者运用各种方法，对上述官方档案中的一些年份不合理的数字加以修正，获得了相当的成绩，但仍存在一些问题未能解决。正是考虑到我国历史人口统计数据中存在的缺陷，本部分将要开展的研究仅针对云南近代时期，即 1850~1936 年的人口变化加以展开。当然，不可否认的是在这 85 年间，有一些年份的数据由于缺乏资料，目前只能采用曹树基在《中国人口史》等研究中采取的统计法，对缺损数据进行统计处理，然后据史料中的相关情况，对该年度的数据加以推断。虽然理论上讲，这种靠统计推断的人口数据不完全准确，但基本可以帮助我们初步刻画出当时的人口发展状况。因此，这种推断法从实际研究中看效果还是不错的。

第一节 云南近代人口变动的趋势及其经济含义

中国人口曾经在北宋超过 1 亿人，之后到明朝晚期又达到 1 亿~2 亿人，万历二十八年（1600 年）增为 1.5 亿人。[1] 明末清初，因为流寇扰乱、清兵入塞、入关战争与三藩之乱的关系造成人民生命与财产的损失。而饥馑、瘟疫使得中国人口又一次急速下降。史学家葛剑雄认为明清之际人口的跌幅估计可达 40%，从崇祯元年（1628 年）以来平均每年下降 19‰ 至顺治末年达到谷底。[2] 康熙二十年（1681 年）后，清廷平定三藩之乱并收复台湾，经过康雍乾盛世获得长期的休养生息，人口得以迅速增加。清初人口数量未明确，史学家姜涛估算康熙十九年（1680 年）前后，人口增长到 1 亿人；赵文林推估在康熙二十四年（1685 年）超过 1 亿人。到乾隆时期，全国人口正式突破 2 亿人，到鸦片战争前夕的道光十三年（1833 年）又猛增到 4 亿人。[3] 清朝人口的增长一反中国人口过去的波浪式增

---

[1] 何炳棣：《1368~1953 中国人口研究》，葛剑雄译，上海古籍出版社 1989 年版。
[2] 葛剑雄：《中国人口发展史》，福建人民出版社 1991 年版。
[3] 梁方仲：《中国历代户口、田地、田赋统计》，《甲表 86〈清宣统年间调查（公元 1912 年汇造）〉之户口数的修正》。

长形态，呈现斜线上升。①19世纪时，清朝因为战乱损失不少人口；光绪年间又发生不少天灾，光绪三年山西、陕西发生旱灾，因饥荒与暴乱而死的人达1000万人以上。最后加上海外移民风气日盛，因此到清朝灭亡时，中国人口维持在4.3亿多人，与道光年间的人口数差不多。

到1741年乾隆帝当政时期，户部有感于人口的增长，有必要对人口登记制度加以检讨，并彻底改变户口统计与管理制度，以掌握人口真实情形。然而却遭到廷臣苏霖渤等人的反对，他们认为实施人口普查对维护统治没有实质意义，各省户口殷繁，"若每岁清查，诚多纷扰"。②乾隆三十九年（1774），湖北东部发生灾害，由于赈济的人数超过地方登载的户口总数，经过清查发现，有些县份在每年上报人口数都含混交代。乾隆皇帝为此大为震怒，要求各省督抚全面展开人口清查。隔年，保甲严格执行人口普查制度，共增加43534131人，此后全国各省人口数较以往更接近实际人口数。人口查报也成为保甲的一项重要职责。③无论在乾隆四十年（1776）前后，人口统计都限于各省。而且京师顺天府、八旗、黑龙江、新疆、内蒙古、西藏、台湾、云贵川广等地区居住的少数民族等并未列入户口统计中，不管何时见于官方记载的人口均低于实际人口数。在葛剑雄看来，乾隆四十一年至道光三十年的户口统计数基本上是较可靠的。④

然而，从1899年开始，清政府官书中的人口记录消失。20世纪前半期已属当代，本来人口统计应较前一个半世纪有所进步，但这50年反而成为中国人口统计中数字最为矛盾和混乱的时期，迄今尚无人估算出一个为学界普遍接受的全国性的连续的人口系列数字。因此，同全国的问题相仿佛，乾隆朝最初五年没有全国性人口记录，⑤自乾隆六年（1741）起，云南才有了人口记录。⑥然而，总的来看，从清朝末年至今，关于20世纪前半期各个不同年份中国人口数的调查估算，据说达百种之多。这些人口数字的来源主要有以下三种：①政府职能部门主持户口调查所发表的数字，有1909年、1928年和1947年三次，但调查范围都

---

①③ 丁光玲：《复兴岗学报》，民国九十三年（2004年），第82期。
② 庄吉发：《清高宗纯皇帝实录·卷133》乾隆五年十二月丙辰，御史苏霖渤奏，学生书局1985年版。
④ 葛剑雄：《中国人口发展史》，福建人民出版社1991年版。
⑤ 王育民：《清代人口考辩》，载于《历史地理》第十辑。
⑥ 道光刊：《云南通志》，食货志，户口上。

不全；②海关、邮政和基督教会等调查统计数字；③国内外人口统计学家、经济学家和历史学家估算的数字。

据本研究的粗略统计，近代以来，对有的年份人口的调查和估算多达七种，同时却有7个年份一种估算也没有。对同一年人口数不同的估算相差1亿多人，甚至接近2亿人，前后相连年份的差距也存在同样的情况。与全国的情形相仿，加以云南地区清代以来可靠的、连续性的人口统计数字也一直阙如。基于上述情况，本研究对人口没有专门研究，只能在本研究所需的范围内，权衡各种记载和研究的相对可靠性。

通过对康熙《云南通志》、雍正《云南通志》《嘉庆重修一统志》等史料的分析可知，清代前期云南户口调查，在很大程度上仅仅是对汉族人口而非少数民族人口的调查。在滇东北、滇西南和滇东南等少数民族人口占绝对优势的地方，到清代中叶，仍有许多府、厅的人口未有任何记载；而在经济相对发达的滇中、滇东及大理地区的少数民族除少数入籍外（如云南府的回族、大理府的白族等），其余大部分仍属夷僻而没有对其编丁。值得注意的是，人丁编审与赋役征收是两种截然不同的系统，尽管很多土司控制的少数民族也需缴税，有的赋税相当重，但他们所缴的大部分赋税和银两都是供土司支配。而土司只需向清政府缴纳象征性的官税，以表示臣服之意。这部分物、银与其说是赋税，还不如说是纳贡更加准确。故而清政府与这部分少数民族只有间接的赋役关系而不进行人丁编审。综上所述，为了完成本章的研究目标，我们有必要对近代云南人口数字的变化做一个基本梳理，从中得到较为完整的人口流动数据。

一、云南近代人口的地理分布及其原因分析

由清一代至民国时期，云南人口的地理分布从整体上来看非常有规律，而且人口分布的变化幅度也并不大。清代云南已然形成了以滇池、洱海为中心，地域向四周延伸且人口密度依次减少的人口分布基本格局。尽管清初没有记录云南各府的人口史料，但我们可以从明末天启五年（1625）的人口统计数据中，大体推知云南各府人口分布情况，详见表5-1。

表 5-1　1625 年云南人口分府统计情况

府州	州县数	户数	人数	每县平均户数	每户平均人数	占全省人口百分比（%）户数	占全省人口百分比（%）人数
云南府	13	29550	128276	2273	4.3	19.5	8.7
大理府	7	19501	24177	2786	12.4	12.9	16.4
临安府	7	18359	274148	2623	14.9	12.1	18.6
永昌府	3	13062	709	4354	6.7	8.6	6.0
楚雄府	6	10210	111131	1702	10.9	6.7	7.5
曲靖府	2	7872	43647	3936	5.5	5.2	3.0
澄江府	5	6001	28535	1200	4.8	4.0	1.9
蒙化府	1	4671	20709	4671	4.4	3.1	1.4
鹤庆府	2	6083	95364	3042	15.7	4.0	6.5
姚安府	2	5103	27790	2552	5.4	3.3	1.9
广西府	1	4636	82780	4636	18.0	3.1	5.6
寻甸府	1	1221	21424	1221	17.5	0.7	1.5
云州	1	1189	4642	1189	3.9	0.7	0.3
武定府	2	3145	28775	1573	9.1	2.1	2.0
景东府	1	2610	29687	2610	11.4	2.1	2.0
元江府	2	2559	48123	1280	18.8	1.7	3.2
丽江府	1	3302	50339	3302	15.2	2.2	3.4
广南府	1	440	7486	440	17.0	0.3	0.5
顺宁府	1	3052	15695	3052	15.2	2.2	3.4
永宁府	1	1051	30340	1051	28.9	0.7	2.1
镇沅府	1	683	9739	683	14.3	0.5	0.7
北胜府	1	4307	23830	4307	5.5	2.8	1.6
濮渠州	1	394	19417	394	49.3	0.2	1.3
者乐甸长官司	1	277	553	277	2.0	0.2	0.04
因远罗必甸	1	1495	32991	1495	22.1	1.0	2.2
富州	1	440	8610	440	19.6	0.3	0.6
合计	66	151213	1473516	2291	9.7	100.0	100.0

资料来源：明天启刊《滇志》。

根据表 5-1 中的数据分析，清初云南各府所拥有的户数大致可分为以下三类：一类是 700 户以下的府州司，共 5 个；二类是 1000~3000 户的府州，共 14 个；三类是 3000 户以上的府，共 7 个。其中，以蒙化、大理、鹤庆、楚雄、澄江、云南、曲靖等府为一半圆弧来做人口地理上的区分，则这一半圆弧中的人口最为稠密，这条线向南北两侧展开后，人口就变得越来越稀少。

到了清代中前期，以昆明为中心的滇中地区人口密度更大，云南府人口占全省总人口的 1/6，每平方千米达 78.6 人。其中，澄江府为 77.8 人，大理、蒙化、楚雄分别为 24.83 人、24.73 人、26.64 人。人口较为稀少的府州有永北府 5.03 人，丽江府 4.63 人，景东府 3.14 人，人口密度最小的地区为今天的临沧、版纳、怒江、昭通和文山南部，详见表 5-2。

表 5-2 1700~1850 年云南人口分布情况汇总

年份 府州	1700 人丁数	占全省人丁比重（%）	1780 人丁数	占全省人丁比重（%）	1850 人丁数	占全省人丁比重（%）
云南府	26794	15.8	34718	14.6	133.4	15.1
大理府	52411	30.7	65073	27.3	80.9	9.2
临安府	19914	11.8	26978	11.3	88.3	10
楚雄府	13070	7.8	21939	9.2	64	7.3
澄江府	8403	5.8	11006	4.6	56.5	6.6
曲靖府	15152	8.9	19102	8.0	58.2	6.6
顺宁府	9795	5.7	12953	5.5	22.8	2.6
丽江府	2344	1.4	18469	7.8	35.1	4.0
永昌府	10531	6.2	12553	5.3	25.2	2.9
开化府	—	—	185	0.1	25.9	2.9
广西州	378	0.2	5.02	0.2	15.1	1.7
武定州	630	0.3	1040	0.4	19.3	2.2
蒙化厅	8085	4.7	9201	3.9	15.5	1.8
景东厅	542	0.3	889	0.4	25	2.8
永北厅	2429	1.4	3415	1.4	35	4.0
腾越厅					40.9	4.6

续表

年份 府州	1700 人丁数	占全省人丁比重（%）	1780 人丁数	占全省人丁比重（%）	1850 人丁数	占全省人丁比重（%）
广南府					31	3.5
普洱府					38	4.3
东川府					25.3	2.9
昭通府					32.8	3.7
元江府					11.7	1.3
镇沅州					3.5	0.4
总计	170478	100	238021	100	883	100

资料来源：康熙、雍正、嘉庆刊《云南通志》；陈彩章《中国历代户口变化之研究》等收集整理。

纵观表5-2，在1700~1850年，从人口增长的绝对数量上说，云南府、大理府、临安府、楚雄府等地仍排在前列。但从相对数量上看，这些地区所占的比例相比清初时已有所缩小，与此相反，周边各府州厅，如开化府、广西府、景东府等的人口增长非常迅速。这表明清代中前期，移民的浪潮正在向滇西、滇南等地区不断扩散。据人口学者陈彩章的研究，清嘉庆十五年（1810）云南每平方公里的人口密度约为13.94人，光绪十六年（1890）达到30人，其人口密度是明万历六年（1578）的8倍。显然，这是由于清代云南人口快速增长和少数民族人口被统计进来以后的结果。清末及民国年间，云南人口的分布变动不大。根据民国年间部分史料所记载的云南人口数据，可以推断云南人口分布的大致状况：云南府的人口最为密集，每平方千米在100人以上；省内大部分地区，如曲靖府、东川府、大理府、临安府、鹤庆府、楚雄府、永昌府、澄江府、武定府、昭通府等，在50~100人，而其他府则在每平方千米50人以下。

此外，外省人口及云南本省坝区人口向山区边迁移是清代前期云南人口变动的又一个显著特点。清初，大规模的外省民众迁移浪潮共有两次：一次是张献忠大西军退入云南，另一次则是永历帝转避云南。尤其是永历帝从广东经贵州退守云南的过程，实际上就是一个相当规模的外省人口迁移的过程。[1]史料记载，明

---

[1] 方慧：《元、明、清时期进入西南地区的外来人口》，中央民族大学学报1996年第5期。

永历帝从昆明退到滇西时，据说"从之南者数十万人"，①有的文献更明确记载："滇官兵男妇马步者数十万人，从古奔播未有若此从者。"②这样一支庞大的队伍随永历帝西行，到达缅甸时只剩六百四十六人。③那么，其余几十万人到底去了哪里呢？按照一般的推断，除了战斗和疾病减员外，大多数应当流落到了沿途少数民族地区。除了明末清初的这些外来人口迁移之外，云南本省坝区人口也有向山区边地迁移的，大多属混合型迁移，即外省移民到达坝区做段时间定居后向山区迁移和坝区本地世籍人口向山区迁移同时进行。在清代前期，云南的山区、民族地区得到了进一步开发，这些地区的人口有了快速的增长。而在此之前，云南民族地区的开发原来主要限于保山、顺宁（今凤庆）、云州（今云县）以东，元江、建水以北地区。到了清朝康、雍、乾年间，汉族移民开始大批流入东南部、南部和西南边疆少数民族地区，尤其是今天的文山州、红河州南部、西双版纳、德宏等地区的人口增长显著。在此之后的嘉庆道光时期，客民迁居到上述地区的势头有增无减。举例来说，下列各府在此期间都经历了一个大规模的人口迁移过程：

临安府：乾嘉以来，"内地民人贸易往来纷如梭织，而楚、粤、蜀、黔各省携眷世居其地租营者几十之三四"。④该府蒙自县个旧乡，因出产锡等矿，"四方来采者不下数万人，他们中，'楚人居其七，江右居其三，山陕次之，另省又次之'，其'商贾贸易者'，亦'十有八九'来自外省"。⑤

景东厅："江右、川、陕、两湖各省之贸易是地者多家焉，于是人烟稠密，田地益开辟。"⑥

滇西北的永北厅：嘉庆初，川楚等省爆发白莲教起义，为了躲避战火，"各省人民避移来滇者日聚日多"，旧街一带由此"聚积成市"。⑦在永昌府，嘉庆二十二年（1817）因灾荒，外地"流民襁负而至者以万计"。⑧道光初年，连一些

---

① （清）三余氏：《南明野史》，永历帝记。
②③ （清）佚名：《求野录》。
④ 江浚源：《介亭文集》卷六，"条陈稽查所属夷地事宜议"。
⑤ 李熴：乾隆《蒙自县志》卷三，"厂务"。
⑥ 罗含章：嘉庆《景东直录厅效》卷二三，"风俗"。
⑦ 江蕴琛：光绪《续修永北直录厅志》卷三，"武备志"，"兵志"。
⑧ 陈廷育：道光《永昌府志》卷二四，"祥异"。

"向不与民相通"的保山县官乃山地区,也有不少"外来无业流民,单身赴彼","先搭棚寮栖止,渐盖土屋草房",定居下来。①

滇东南的广南、开化二府,自嘉庆十年(1805)以来,湖广、四川、贵州等省流民,"每日或数十,或百余人,结群前往该处,租夷人山地,耕种为业"。②据道光十六年(1836)的统计,"开化所属安平、文山等处,现计客户流民二万二千余户;广南所属宝宁、土富州等处,现计客户流民二万二千余户"。③元江州在道光四年(1824)编造保甲册时,确认全州共有土著民屯24469户,大小男妇126292口,此外,另有在册客籍民户238户,1908口。④

在滇西南的普洱府,清初许多人追随李定国到此定居,接下来又有一批采茶的汉户到此。康熙年间,仅思茅的六大茶山的汉族人口已有一万多人。在滇西南部的保山地区,雍正年间,内地汉人除有部分到达勐那一带屯田外,多数人深入西南边疆开矿,在阿瓦山区"打槽开矿及走厂贸易者,不下二三万人"。⑤

简而言之,清代至民国时期云南边疆民族地区和山区人口尽管密度仍然不大,但是,人口增长的相对速度已经超过了省内主要地区。造成云南人口上述分布状况的原因极为复杂,究其重要性来说主要有以下四个方面的原因:

第一,自然条件的影响。人口地理学家认为,古代造成一国(或某地区)人口分布不平衡的因素众多,最根本的原因是自然条件对人口的影响。云南地质构造复杂,山地和丘陵约占总面积的94%,耕地面积仅占总面积的7.24%。⑥耕地主要集中于块状盆地(俗称坝子)之中,较大的坝子有陆良坝子、昆明坝子、洱海坝子、昭鲁坝子、沾曲坝子、固车坝子(腾冲县内)、嵩明坝子等。历史上人口分布都是与耕地的分布紧密联系的,以上各种大小坝子是云南主要农业地区,因此云南人口主要分布在这些条件较好的内陆地区。

第二,政治条件对人口分布的影响。我国古代,中央政府各种政策都可能对

---

① 林则徐:《相文忠公政书》丙集卷十,"保山县城内回民移置官乃山相安情形析"。
② 《道咸同光回朝奏汉》,第一册,倪佩荼:《条陈滇省事宜四条疏》。
③ 谢体仁:道光《威远厅志》卷三,"户口",伊里布等奏。
④ 广裕:道光《元江州志》卷三,"赋役部","户口"。
⑤ 《清高宗实录》卷二六九。
⑥ 云南省地理研究所编:《云南地理》,云南教育出版社1989年版。

人口变化产生直接或间接的影响。明代所施行的"移民屯田"政策,"开中策"等都人为地直接导致了云南人口爆发式增长。明末及清初实施的"改土归流"政策使许多地区的经济形态由农奴制或领主制过渡到封建地主制,这为内地人口大量移民云南创造了外部政治条件。清代所施行的"汛塘制度"更是山区经济开发和人口增长的主要动因。清代兵制施行"八旗于内,绿营于外",绿营兵分布于云南各地。为了适应山区地隘箐深的特点,在崇山峻岭间"设立汛塘,分置兵役,星罗棋布,立法至为周详"。①边远地区设汛较多的,如永北厅26个,丽江县有18个汛,每汛有100余名士兵;而每隔15~30里设置一塘,地形越复杂设塘越多,永北厅共设100个塘,广南府设101个塘。这些汛塘与堡、驿、传、站等相配合,打破了山区的闭塞,且驻防官兵成为山区的开拓者并大都留于驻地繁衍生息。他们与外人声息相通,以致"携妻带子开疆拓土"的外地人越来越多,从而改变了山区人烟稀少的局面。此外,政治压迫也是云南人口由坝子向山区、半山区迁移的重要原因。清初乾隆初年至民国时期,山区、半山区的人口估计比晚明已多了80%。②究其原因,还在于坝区田地主要被豪强占有,土地兼并日益严重,贫困农民无可耕之地,并受土司官衙等特权压迫,于是人民被迫相率入山,垦荒自给。同时,政治上的民族纷争也使得一些民族由坝区迁至山区或由山下迁至山地。

第三,社会经济条件与人口分布的互动。一是社会经济条件促进了人口增加。"滇省山多地少,民鲜恒产,惟地产五金,……各省人民,亦多来省开采"。③云南丰富的矿产早在明代就已经吸引了大批外省人口来开发,近代随着厂、矿更多地建立,开矿达到"震古烁今"的势头。以铜矿为例,仅康熙四十年(1701)到嘉庆十一年(1806)全省共报144个铜矿。从乾隆初年到嘉庆中叶,云南的铜料每年有千万斤供给北京户、工二部和全国十余省份做铸币用料。另外,销厂、银矿、锡矿也是"聚五方之民",各矿的劳工少则几百人,多至数万人。在山区开矿及贸易者,不下二三万人,且多具有"各省流民蜂拥而至,聚众开矿"的特

---

① 道光刊:《云南通志》,总叙。
② 方国瑜:《中国西南历史地理考释》下册,中华书局1997年版。
③ 《云南史料丛刊》第五十一卷,云贵总督张允随奏折。

征。以茶叶贸易为例，普洱府的人口迁入多与茶叶有关。"思茅产茶……客籍之商民于各属地。或开垦田土，或通商贸易而流寓焉。"[①]思茅六大茶山仅汉族人口已有万人，而宁洱县（今普洱）思茅厅的客籍入户合计6458户，已经超过土著5917户和屯民5595户。二是人口的增加反过来也极大地推动了近代云南的经济发展。移民大都是掌握一定技术或资金的人，这些人到达上述地区后，往往会使得资源、技术和资本相结合，实现了社会资源的合理配置，因此大大促进了迁入地经济的发展。17世纪后期到19世纪后期，云南矿冶业得到了长足的发展，各类矿冶业的主要矿厂近200个，出现了历史上著名的"滇铜京运"；而经济林业（如茶业等）的产量、产值更是迅猛增长，商业也随之繁荣起来。清人阮福曾说："普洱茶名遍天下，味最酽，京师尤重之。"[②]更为重要的是，外地人口把先进技术传到了云南，传到了少数民族地区。如佤族民谣里有"么老李的金，西老吴的银，汉族师傅教会腊家打铁木工盖房屋……"的话。[③]

第四，科技进步对云南近代人口分布变动的影响。直至18世纪初，迁入云南山区的人口才迅猛增加，这与玉米和马铃薯两种农作物传入云南关系很大。清代以前，云南广大山区居民稀少，他们以甜、苦二荞为主，广种薄收，其他麦豆之类虽有播种，而山地高寒，收成亦少。因此虽然开地很广，但能供养的人口仍然极为有限。方国瑜先生经考证认为：这两种农作物在晚明时期传入中国。雍正四年（1726）张允随曾说："云南山多田少，穷岩峻阪，断莽荒榛之间，所栽者荞、苞、燕麦、青稞，皆苟于救命之物。"[④]的确如此，玉米和马铃薯生不择地、耐寒高产（玉米亩产一般是荞麦的2~5倍，马铃薯的亩产为荞麦78倍多），非常适于山区种植。这些高产农作物的引进，为云南人口广泛分布于山区居住提供了物质保障，是山区人口发展的前提基础。

[①] 道光刊《普洱府志》卷首，梁星源"叙"。
[②] （清）阮福：《普洱茶记》。
[③] 段世琳、赵明生：《李定国对开发阿佤山的贡献》，《思想战线》1991年第5期。
[④] 倪蜕：《滇云历年传》卷十二。

二、影响云南人口变动的诸因素分析

自从汉武帝元封二年（公元前109年）设置益州郡，并在建立郡县的同时实行屯垦戍边的政策以来，促使大量汉族人口迁移到云南，作为边郡的主要社会基础，为维护中原的汉王朝统一做出了重要贡献。三国两晋以后，进入云南的汉族移民发生"异化"，出现了"以夷变夏"的"夷化"趋势。天宝战争以后，唐朝兵败退出云南，出现了长达500年的南诏、大理的自治独立局面。元代建立云南行省，并在云南推行民屯与军屯，不仅解决了军队的粮饷，增加了国家赋税，更重要的是维护祖国的统一，保卫边疆的稳定。明代在云南推行卫所制度，大量汉族裔的军户进入云南，使"夷多汉少"的居民结构发生了根本改变。原住的夷人与土著的汉人合为"云南人"。清代推行大规模的改土归流和汛塘制度，更加促使越来越多的汉族移民不断进入云南，并进一步渗透到坝区边缘与山区腹地。在推进移民殖边的过程中，伴随着实施改土归流、开科取士等一系列政策，中原儒家文化在云南得到更加广泛和深入的传播，云南不仅在政治上、经济上、文化上与中原结成一个整体，而且进一步确立了民族国家的普遍认同，成为统一多民族国家不可分离的有机组成部分。

到了明朝时期，这一变化趋势更为明显，200多年间，大量汉族移民附着于土地，世代相袭，从移民变为世代定居的"土著"，移民从外来的客户变为本土的"主人"。原来土著的"夷人"与土著化的汉族移民相互依存、相互交流、相互帮助、相互融合为形成了"云南人"。[①]清代则始终继续向云南移民的政策，清代200多年间，因战争、游宦、经商、工艺等落籍在云南的汉族移民，与明代大体相类。当然，清代汉族移民与明代相比还是有一个显著的不同，是扩大和加强了在山区和边远之地的移民。清代在云南实行大规模的"改土归流"。汉族移民是"改土归流"的前驱，凡是汉族移民开拓发展的地区，凡是汉族移民聚居的地区，"改土归流"进展都比较顺利。而"改土归流"又进一步促进了汉族移民的

---

① 陆韧：《变迁与交融——明代云南汉族移民研究》下篇《汉族移民的土著化》，云南教育出版社2001年版。

发展和汉文化的传播。清代雍正改土归流以后，在昭通等地招募内地汉人前来垦荒种田。汉族移民的到来，巩固了改土归流的成果，推动了云南社会经济的发展。方国瑜曾在总结元明清三代汉族移民在云南的发展轨迹时指出，"元代汉人主要住在城市，明代主要住在坝区，清代则山险荒僻之处多有汉人居住，且在边境莫不有汉人踪迹"。[1]到清代，云南各地，无论城镇山区都有汉族移民的踪迹。改土归流，使云南的政治制度、经济结构、社会生活、文化教育都归入中华民族共同发展的主流。

（一）居民成分的改变

在元代以前，历朝都由汉族人口迁入云南，只是数量比原住各族人口少得多，故而大多移民只有"变服从俗"融入当地民族之中。到了元代，大批汉族及回、蒙古等军队镇戍云南，官宦、商旅、匠人及他们的家属迁入云南者也不少，这些人多聚居于坝子，故能保持其世籍。但当时汉族人口比例很低，据记载，当时"云南土著之民不独僰人（白族）而已，有曰白罗罗（今彝族），白达达（今蒙古族），色目（以回族为主），及四方之为商贾、军旅移徙者曰汉人（汉族），都杂处焉"。[2]此条载于洪武《云南图以志》，故此书所谈到的是元末明初的情形，可见那时汉族人口比例较小。明代实行卫所制度，云南军屯的士兵及其家属往往选择在当地安家，世隶军籍。明初之时，军户的人数多于民户人数，军、民、工户杂居，这时很多坝区的少数民族开始融于汉族。万历年间，民族人口比例已发生质变，从"高皇帝既滇中，尽徙江左良家闾右以实之，及有罪窃戍者，咸尽室以行，故其人土著者（包括汉族在内的原属地各民族）少，寄籍者（主要指汉军户）多，衣冠、礼法、语言、习俗，大率类建业（南京）。200年来，熏陶渐染，彬彬文献，与中州埒矣"，[3]可见明朝末年云南在籍户（占当时云南总人口的绝大多数）中汉族人口已超出了少数民族人口。人口地理学家认为，一个地方社会习惯的改变一般是由民族的主体成分变化引起的。基于此，方国瑜经长期研究认为：万历初年云南军户占总在籍户的70%，而民户占30%，云南的汉族人口首次

---

[1] 林超民：《方国瑜文集》第三辑，云南教育出版社2003年版。
[2] 景泰刊《云南志》卷一。
[3] 谢肇淛：《滇略》。

超过少数民族而成为云南主体民族。清代云南人口构成没有大的变动,但随着外省汉族的不断涌入,无论在坝区,还是山区,汉族人口的比重都有所上升,而少数民族人口所占比重则略有下降。

(二)少数民族人口分布的变化

云南境内的少数民族在明代大约有20个,到了清代这些少数民族种类变化也不大,但个别民族的名称却时有变动。此外,由于中央政府对云南少数民族(个别民族除外)实行"特殊"政策,使当时很多少数民族人口成为"化外"居民而未编入籍,因此无法搞清楚这一时期各个少数民族人口的确切数字,这给研究者在进行云南清代的民族人口研究时带来了不小的困难。总的来说,云南少数民族人口的空间分布到近代以后逐渐清晰起来,形成了以白、彝两族为主体,各民族大杂居和小聚居的局面。

白族人口状况。白族由秦汉以来的僰人发展演化而来。元代白族主要分布在从叙州(今宜宾)往南转西直到永昌、腾冲一带,但明代由于汉族人口大量进入云南,到明后期,白族的主要聚居区被压缩到滇西的大理一带,其余的白族散居于各府、州、县境内的平坝中。那些与汉族长期杂居的白族,风俗习惯逐渐汉化,甚至有些人自称"民家"(汉族别称)。白族的社会经济生活等在各少数民族中处于领先地位,有自己的语言、文字和习俗,居民普遍信奉佛教。近代的白族人口分布基本上与明清相同,只不过其人口密度逐渐上升。

彝族人口状况。历史上对彝族的称谓很多,宋代称"乌蛮",元朝称"罗罗",明代又有"糜察、黑爨、白爨、罗舞蛮、普特"等称呼。[①]明代初期,彝族主要分布在东川、乌蒙、镇雄(以上三府明初划归四川)及今曲靖东北、昆明、楚雄、大理、永昌一带。由于大量汉族人口的迁入,明代中叶之后,云南中部、北部的一部分彝族向滇南、滇东南(如广南、开化)迁移。到了近代,滇南的彝族人口较之明清两代增加数倍。近代彝族除少部分与汉族共居于坝区外,大部分定居于山区和半山区等高寒地区。

其他民族人口状况。回族于元朝时进入云南,多半在交通便利的内陆地区任

---

① 景泰:《云南图经志》。

官或经商。到了近代，云南境内的回族集中分布在云南府、寻甸府和永平县，[①]除一部分经商外，其他大多数回族主要从事农业生产。由于他们"居必聚族"且与汉族经济文化生活相似，[②]故从元代起，回族与汉族一样已入籍纳税。傣族在明代以前被称为"金齿""百夷"，明清时期，傣族处于土司统治之下，称为颇多，人口数不详。清初他们主要聚居于临安府南部、永昌府、车里宣慰司，还有一部分散居于景东、镇沅、元江、武定、北胜等府州。纳西族又称么些，光绪《续云南通志稿》卷十一载："万历间，丽江土知府木氏渐强，日率么些兵攻吐蕃，……遂取各要地，屠其民而徙么些焉，于是自维西及中甸、巴塘、里塘，木氏皆有之。"可见万历年间，么些的领域已由丽江府扩展到维西、中甸一带，其分布区较过去有所扩大。近代以来，纳西族的聚居地未有大的变化。窝泥（哈尼族）主要分布在临安府南部红河南岸，散居于元江、普洱、景东、镇沅、思茅等地。清代的傈僳族居住区域主要在大理、丽江、永昌三府交界地带（今怒江州一带），散居于上述三府及姚安府境内。蒙古族在明初遭受汉族政府的报复性迫害，使许多蒙古族隐姓埋名融入各民族之中，经专家考证，明清以来蒙古族主要聚居于河西县（今通海县）境内，散居于昆明等地。苗族自清代开始就散居于滇东、滇东北的镇雄、昭通、东川、曲靖、广南、开化等府。瑶族主要生活在靠近广西的广南、开化两府，散居于临安和普洱。壮族在清代有不同的称呼，如侬人、沙人、土僚等，他们大都居住在广南府、开化府和广西府。藏族则早在南诏时期就已迁入云南西北部，清代被称为"古宗"，分布在今迪庆州、丽江州和怒江州等地，人口不多。此外，云南近代少数民族还包括今阿昌族、德昂族、怒族、普米族、佤族、仡佬族、景颇族、基诺族、拉祜族、独龙族以及其他一些不能被辨别的部族。同时，清代满族作为执政的贵族，朝廷派往各地的亲信、重臣中必有很多人是满族，这些官吏离职后当有一部分定居于滇。因此，云南近代以后也应有满族人口的存在，只是他们人口数目较少，分布的具体情况无法统计。

总的来看，云南近代尽管没有少数民族人口数据的比较权威的记录，但无可

[①] 嘉庆刊：《寻甸府志》，风俗卷。
[②] 康熙刊：《顺宁府志》。

否认的是，各少数民族同汉族一样，从明清以来人口数都有了较大的增长。以1982年第四次全国人口普查时的云南人口资料进行分析，这一年云南少数民族人口占全省总人口的33.4%。由此推断，近代云南少数民族人口比重必定高于这一数值，估计占当时总人口的40%以上。从空间分布上看，这一时期，云南各少数民族的居住地基本保持不变，只有个别族群有过小范围的迁徙。这些迁徙大多是由于战争、政治迫害、自然灾害、疾病和生计等原因引起的。迁徙的一般规律为：向人口稀少的地区迁移；向气候温暖、水草丰茂的地区迁移；向山区、半山区迁徙；沿河流和山脉走向迁徙等。各民族在迁徙后大多世代定居下来，在聚居中融合，在杂居中交流，各民族通过民族融合不断推动云南特色的经济和社会发展。

三、云南近代劳动力流动分析：1850~1936 年

记载云南人口的史志当中，以清代中期为最多，包括《嘉庆重修一统志》、道光《云南通志》、光绪《云南通志》和数百种州县地方志书。与之相比，从清代至民国时期的资料则相对要少很多。

道光《云南通志》共二百一十六卷，阮元、尹里布等修，王崧、李诚纂。此书始修于道光六年（1826），成书于道光十五年（1835）。道光志曾被方国瑜评为明清时期云南省志中写得最好的一部，原因是"此前修纂，只是取旧志略加删补，而这部书用力最勤，非了草塞责之书志可比。其书门类虽多仍旧惯，而收录事迹，称引条举，多是征信，且各门互注，少有复出岐异之弊，较之前志为丰实，其层序井然可观"。[①]在此志凡例中，有这样的评述，"每类必详悉颠末，正文专引成书，不敢参人私议，亦不敢漏载出处，攘美前人；间有所辩，则加谨案，双行夹写"。[②]因此可断定该书成于道光年间，其所录的人口资料，尤其是道光年间人口数据更为祥实可信。

此外，由岑毓英等修，陈灿等纂的光绪《云南通志》是以道光志为底本，而

[①] 方国瑜：《云南地方史讲义》，云南广播电视大学内部版。
[②] 道光刊：《云南通志》，食货志，户口上。

补道光志以后的事迹，其对光绪年间云南人口的记载无疑是可靠的。光绪《续云南通志》成书于光绪二十七年（1901），其中很多资料来源不祥，但其所记录的道光十年（1830）的人口数与道光《云南通志》几乎相同，且有分府人口统计数目。《嘉庆重修一统志》对嘉庆年间大清各直省人口有分府统计，其中记载嘉庆二十五年（1820）云南人口数为606.7万人，而道光《云南通志》记载的同年人口数为603.9万人，其数额差距为2.8万人，这一差别产生于道光志和嘉庆志记载的腾越厅的人口数分别为26.8万人和29.6万人，详见表5-3。

表5-3　1741~1839年云南人口变化

朝代年号	公元纪年	人口数	以1741年为基期的人口年递增率（‰）
乾隆六年	1741	1819773	—
乾隆十四年	1749	1946173	8.4
乾隆十八年	1753	1003058	-152.7
乾隆二十二年	1757	2014483	190.4
乾隆三十二年	1767	2148596	6.5
乾隆四十年	1775	3083499	46
乾隆五十六年	1791	3689000	11.3
嘉庆元年	1796	4088252	20.0
嘉庆十一年	1806	5033351	21.0
嘉庆二十五年	1820	6067171	13.4
道光元年	1821	6131668	10.6
道光十年	1830	6553108	7.4
道光十九年	1839	6971000	6.9

资料来源：道光《云南通志》食货志，户口上；光绪《云南通志》卷五十五，食货志，户口上。

通过分析表5-3中的数据，不难发现有两个年代的人口数据值得深入探究：

第一，乾隆十八年（1753）云南人口为1003058人，比乾隆十四年（1749）的1946173人骤减48.5‰，年均递减率为152.7‰；乾隆二十二年（1757）人口为2014483人，比乾隆十八年增加100.8‰，年均递增率达190.4‰。这种人口波动在正常情况下是不可能发生的。查阅有关云南史料，没有发现两个年代之间有任何大规模天灾、人祸的记录。那么只有一种可能性，即人口统计或记录错误。

查阅《清朝文献通志》中，乾隆十八年各直省的人口数比乾隆十四年人口数减少幅度均在50%以上，由此可见，乾隆十八年的人口统计口径已经发生变化。也就是说，乾隆十八年记载的各直省人口数可能只包括了男性人口，而并不是全体人口。对照来看，云南在乾隆十八年的人口应为2003058人，则乾隆十八年至二十二年人口年平均增长率分别为7.2‰和1.4‰，当属人口的正常变动。

第二，乾隆四十年（1775）云南人口数为3083499人，与乾隆二十二年（1757）相比，年均增长达46‰，人口自然增长率根本不可能达到如此速度。造成这一不合理变化的原因在于：乾隆四十年的人口包括了当年新清查出的男妇人共计827793人，这在道光《云南通志》中有明确记载。正是乾隆四十年人口编审的严格，才导致了云南人口在这一年比上一年突然增加了37%。

尽管乾隆年间的人口记录未必完全反映出云南人口的真实情况，但是其所反映的人口增长率确实是真实可信的。究其原因有二：第一，虽然这一时期人口数字没有包含大多数少数民族人口，但它却反映了相对固定范围内的人口变动情况。由于统计对象相对不变，因此得出统计对象的人口变动率是真实可靠的。按照人口学家的观点，在自然环境基本相同，统计口径不变，且无大的天灾人祸的条件下，不同种群的人类数量变动应是一致的。因此，史籍记录的乾隆年间在籍人口（主要为汉族）的增长率或减少率即可认为是当时整个云南人口的增减率。第二，在这一时期，尽管个别府州的人口会因外地人口的迁入迁出而突增或忽减，但其变动总量相对于全省人口来讲却是微不足道的。因此，个别府州的人口变动不会对全省人口的增减率造成太大的影响。

除了上述史料中的人口数据有所疑问之外，按照光绪《云南通志》中的记载："光绪十年，实共人民七十五万六百五十五户，男妇大小二百九十八万二千六百六十四丁口"，此志还有光绪十年（1884）云南分府人口的统计数字。光绪十八年（1892）云南人口回升到1202万人，[1]光绪二十八年（1902）清政府户部调查云南人口1272万人。[2]宣统元年（1910），据清政府民政部的调查统计，云南有

---

[1]《中国人口：云南分册》，中国财政经济出版社1989年版。
[2] 夏光南：《云南政治进展史》，转引自《新纂云南通志》，荒政考。

1548034户，7209888人，其中男丁3863753人，女丁3346135人，每户平均4.66。又据《清朝文献通考》记载，云南有正户1422989户，附户217953户，合计共1640942户。如以每户4.6人计算，共计7646790人。上述数字的问题在于，同是宣统元年人户数，两者相差竟达9.3万户之多。道光元年（1821）云南每户平均约5.4人，而宣统元年每户只有4.6人。尽管经历了咸同年间人口锐减，但从光绪元年（1875）至宣统元年（1909）共三十四年的和平时期，有充分的理由相信云南户均人口数应该可以恢复到战前水平。因此，上述两种文献对宣统元年云南人口数字记载的真实性值得商榷。

那么民国时期的人口数据如何呢？从民国八年（1919）至民国二十二年（1933），云南人口由999.6万人增至1179.5万人，年平均增长率为12.8%；而从1932年到1943年，人口由1179.5万人下降到957万人，每年平均递减幅度达18.8%；1949~1953年，云南人口由1595万人增至1731万人，年均递增率为20.7%。[①]详见表5-4。

表5-4　民国时期云南省各属户口统计

年号	公元纪年	统计部门	户数	人口数
民国八年	1919	政务厅	1702599	9995542
民国十三年	1924	内务厅	2065807	11020607
民国二十一年	1932	民政厅	2338272	11795486
民国二十七年	1938	民政厅	1791536	10323881
民国二十八年	1939	民政厅	1932750	10354671
民国三十二年	1943	民政厅	—	9568561

资料来源：云南省志编纂委员会办公室《续云南通志长编》中册，云南省科技情报研究所印，1986年6月版。

从表5-4中可知，民国时期云南人口变化基本符合历史情形，但数字并非完整精确。虽然国民政府于民国六年（1917）六月拟定的《调查全省户口暂行章程》中规定：调查区域为全省，调查分为清查、复查和抽查等三种形式，但由于统计方式、方法、步骤所限，其统计结果仍不能令人满意。当时的云南省民政厅厅长

[①] 邹启宇、苗文俊：《中国人口》云南分册，中国财政经济出版社1989年版。

丁兆冠，在1932年人口调查本序中称："唯云南全省人口素称一千七百万，今统计数仅一千一百七十万，与平日所称总数互相比较只合十七七八，岂平昔所称总数之传说未足征信欤？今后唯有督促各属认真办理人事登记。"由此可知，即使是人口数字相对较大的民国二十一年（1932），其人口数也可能比实际人口少得多。估计民国二十一年（1932）云南人口大约在1300万人，回溯到民国八年应该在1180万人左右。照此推算，在经历了清末民初的辛亥重九起义、护国运动、护法运动、军阀混战和造成大量人口死亡的滇越铁路修建等一系列事件（均造成云南人口大量减少）之前，即光绪十八年（1892）至光绪二十八年（1902），云南人口估计在1200万人左右波动是可信的。

从云南历史上的人口变动来看，民国八年（1919）至二十一年（1932）间，云南社会相对稳定，因此这一时期全省人口有了显著增加，到1936年云南人口已达1204.7万人。[①]但从1938年到1947年，由于日本侵华并于1938年切断了中国唯一的外援路线，对云南进行空中打击、地面侵略，从而造成云南大量人口死亡、逃散外流的结果。据估计，抗日战争期间云南外流人口总数达400万人之多。1949年渡江战役后，蒋介石军队、官僚、商人及大量家属涌入云南避难，又让云南人口在短时间内出现了激增现象。

第二节　云南近代产业集聚水平的测度

通过本章第一节中有关云南近代人口和劳动力分布及流动的分析可知，劳动力作为经济增长中最为主要的生产要素，劳动力的迁徙对边疆地区的经济发展起到了不可小觑的影响。事实上，云南从清代中期至民国初年，伴随着外部冲击和抗日战争等因素，造成云南人口的大幅度波动。从劳动力的角度看，云南地区在1937年以后的人口迁入比率为0.66%，明显高于中西部地区，加之迁入西南地区

[①] 邹启宇、苗文俊：《中国人口》云南分册，中国财政经济出版社1989年版。

的总人口基数也高于中西部,所以实际迁入西部云贵川三省的人口明显高于中东部地区。通过比较1820~1936年东部、中部、西部地区劳动者的净迁入率可知,东部地区为0.77%,中部地区为-1.46%,西部地区为0.63%,西部地区劳动者净流入大于中西部地区,中部地区最低,呈现人力资本净流出状态。外来人力资本的迁入大大促进了东部地区和西部地区的经济发展。民国政府在20世纪30年代后开始逐渐重视西部地区的发展,不仅每年抽调大批的科技工作人员前往西部,支援西部地区的经济发展,而且通过整体搬迁内地高校等方法为西部地区输送了大批高级技术人员(人力资本),这对于西部地区特别是云南省的战时经济发展起到了正向促进作用。相比较而言,我国中部地区受到地理位置的限制,再加之战争时期国民党政府重视西部经济的发展,缺少对中部地区经济发展的投入,限制了中部地区经济的发展。而劳动力流动的趋势也反映在云南近代的工业发展中,这也是本部分将要深入探讨的论题。

一、产业集聚水平测度方法的选择和比较

在讨论人口流动和产业集聚关系之前,有必要理清几个关键的产业经济学的概念,这样才能为后续研究奠定一个科学的研究基础。我们知道,伴随现代产业集聚理论的发展,测度产业集聚水平的指数不断完善。一般来说,产业集聚指数是用来测量不同产业的地理集中程度,包括行业集中度、空间基尼系数以及空间集聚指数等方法。为了明晰测度方法间的差异,下面将对这几种方法进行简单介绍和比较。

(一)行业集中度

行业集中度是决定市场结构最基本、最重要的因素,集中体现了市场的竞争和垄断程度,经常使用的集中度计量指标有:行业集中率(CRn指数)、赫尔芬达尔—赫希曼指数(Herfindahl-Hirschman Index,HHI,以下简称赫希曼指数)、洛仑兹曲线、基尼系数、逆指数和熵指数等,其中集中率(CRn)与赫希曼指数(HHI)两个指标被经常运用在反垄断经济分析之中。该指标的作用是测量某一行业内市场排名前n个厂商的市场份额占该行业所有企业市场总份额的比重,是用来衡量整个行业市场集中程度的关键性指标。用公式可表示为:

$$Gm = \frac{1}{2n^2 Rm} \sum_{i=1}^{n} \sum_{j=1}^{n} |R_{im} - R_{jm}|$$

式中，n 指的是市场份额最大的 n 个企业，现有文献中常见的是 CR_5（五个企业集中率）和 CR_8（八个企业集中率）。X_i 表示企业的市场份额，具体可以表示为产值、产量、销售额、销售量、职工人数等变量。行业集中度的优点是测算容易，能够直接测度产业规模最大的前几位厂商的垄断程度，缺点是无法指出行业内企业的总数。

（二）空间基尼系数

基尼系数由意大利经济学家基尼于 1912 年提出，它是考察居民收入分配差距、判断分配平等程度的重要指标。后期新经济地理学家将其应用于产业空间分布研究，据此提出空间基尼系数，用来衡量产业集聚的空间分布程度。计算公式表示为：

$$Gm = \frac{1}{2n^2 Rm} \sum_{i=1}^{n} \sum_{j=1}^{n} |R_{im} - R_{jm}|$$

式中，R_{im}，R_{jm} 分别表示地区 i 和地区 j 的 m 行业产值在地区总产值中所占的比重，R_m 表示 m 行业在各地区的平均值，n 为地区数。构建产业集聚的洛伦兹曲线，定义横坐标为累计地区个数除以 n 得到的数值，纵坐标为 R_{im} 递降次序的累计相加值。空间基尼系数值上等于洛伦兹曲线与 45 度直线间面积的 2 倍。这说明洛伦兹曲线与 45 度直线越接近，产业在地区间分布越分散，反之洛伦兹曲线与 45 度直线越远离，产业空间分布越不均衡，表现为在一些地区比较集中，而在另一些地区比较分散。空间基尼系数的优点是能够同时测量不同行业的地理集中分布结构，缺点是没有考虑到市场规模和区域大小差异，有可能带来误差。

（三）空间聚集指数

考虑到空间基尼系数带来的误差可能导致结果失真，Ellision 和 Glaeser 据此提出空间集聚指数。该指数假设企业在进行区位选择时，倾向于在具有自然优势或者外部溢出效应的地区建工厂，而且企业之间彼此联系紧密。两人构建空间集聚指数以测量某一产业的空间分布程度。公式表示为：

$$T = \frac{G - E(G)H}{E(G)(1 - H)}$$

式中，G 为空间基尼系数，E(G) 为基尼系数在完全随机分布条件下的期望值，赫希曼—赫芬达尔指数：

$$H = \sum_{i=1}^{N} (\frac{X_i}{X})^2 = \sum_{i=1}^{N} S_i^2$$

式中，X_i 表示第 i 个企业的市场规模，X 表示市场总规模，S_i 表示第 i 个企业的市场占有率。由于 H 指数把产业规模纳入考量指标，因此，空间集聚指数能够同时对不同规模产业的空间分布进行比较，有效克服了空间基尼系数的缺陷。

二、产业集聚的模式分析

产业集聚的模式一般可以分为主动的产业集聚和被动的产业集聚。为了简化和便于分析起见，以云南为例，首先，假设云南有两个地区：i = 1，2，分别为滇中和滇东、滇西。在云南内所有的生产要素都用来生产两种可贸易产品 X、Y，地区 1 主要以较高级的资本密集型产品 X 参与地域专业化分工，地区 2 主要以较初级的劳动密集型产品 Y 参与地域专业化分工。其中，产品 X 需要中间产品作为自身的投入，而产品 Y 中间投入简化为只有劳动力。两个地区的居民都需要消费 X、Y，因此这种专业化分工决定了两个地区可以凭借承接产业转移的途径引进相关产业。

其次，假定劳动力不能自由流动。在这种情形下，地区 1 的资本主要流向地区 2 的劳动密集型产业，并且在资本流入的同时，还伴随着先进技术和管理经验的输入，从而逐步提高整个地区 2 的经济效益，使地区 2 的劳动力比较优势转化为实际的竞争优势。随着资本和其他要素资源的流入，以及竞争优势的加速扩散，将会带动地区 1 的劳动密集型产业的转移。这种以资本和技术作为内生因素，以劳动力作为外生性因素的产业转移模式就是主动的产业转移。

最后，假定劳动力可以自由流动，由于地区 2 的经济发展水平较低，工资差异将使得劳动力往地区 1 流动。在资本不发生流动的情况下，劳动力流向地区 1，劳动力的供给增加，工资水平会随之下降，进而延缓了劳动密集型产业的结构调整步伐;而对于地区2来说,劳动力的供给减少,工资水平逐渐上升,进而制约了劳动密集型产业增强其比较优势、成为地区主导产业的进程。由此看来,劳动力跨区域流动实际上延缓了地区1的劳动密集型产业向地区2进行转移。随着既定工资水平下流入地区1的劳动力逐渐减少甚至出现"用工荒",劳动力成本的上升会使地区1的劳动密集型产业转移到地区2。这种以劳动力为内生因素,伴随着劳动力的回流而形成的产业集聚模式就是被动的产业集聚。然而,劳动力的回流并不是产业集聚的主要原因,而只能作为产业集聚发生的信号。地区1的劳动力之所以出现供给短缺,是因为此时地区2的自主产业已经发展起来,在吸引当地劳动力就业的同时,也阻碍了劳动力的外流。

由于近代云南城乡两元经济结构的客观存在,造成了劳动力市场的分割,考虑在不同制度环境下的劳动者拥有一个"满意工资水平"。这一假设体现了劳动力流动与要素价格的关联,由于在现实工资收入水平低于满意工资水平时,劳动者会倾向流出。满意工资水平表面上是一种劳动者的心理感受,但实质是取决于整个行业之间的比较和判定。在二元经济结构存在的情况下,一方面,云南的劳动力流动面临制度性障碍;另一方面,政府的干预对产业集聚的发生具有主导的决定性作用。而产业内部企业的区位布局对劳动力流动有重要的影响,其中,企业区位选择的基础是资本要素的再配置。较高的满意工资水平增强了劳动力流出的意愿,导致i区域的劳动力出现短缺,从而造成两个区域的资本报酬率都降低。若失业率提高,由于劳动力的流入,对地区i产品需求的下降所带来的负效应会得到部分抵消,而提高失业劳动者重新找到工作的概率也会产生同样的效果。由于短期内,资本不能在地区间进行再配置,相对要素价格不变,因此,在满意工资水平下,劳动力流动成本无法影响地区劳动力的供给。

然而,如果从长期的角度看:一方面,如果劳动力要素在两个地区之间的流动成本存在很大差异,可以推断企业数量在不同地区的布局并不均衡,存在中心—外围的产业集聚现象;另一方面,要素流动成本与产业在该地区的布局数量成反比关系。因此,政府应鼓励要素在地区之间的自由流动,从而优化产业布局。如果地区内产业集聚程度较高,那么劳动力流动的成本高低将显著影响产业的转移。所以,降低劳动力要素的流动成本会吸引产业在该地区布局,从而更容易实现承接产业转移。

产业的集聚程度不仅取决于劳动力的地区分布，还取决于本地区的劳动力存量。特别是在地区2，制造业生产的唯一投入被假定为劳动力，因此，劳动力数量的大小很大程度上影响着这类产业的空间布局。如果同时提高两个地区的劳动力满意工资水平，资本回报的差异会导致地区1的劳动力流出。也就是说，在既定的满意工资水平下，地区1只有大幅度地降低资本报酬才能实现劳动力市场的均衡。这样一来，更多的产业会由地区1转移到地区2。如果两个地区存在相同的满意工资偏好，而且地区1的赋税率大于地区2的赋税率，那么满意工资水平系数的上升会导致产业集聚程度的提高，劳动力流动成本会对产业的区位布局产生显著影响。与短期的情况不同，如果一个地区提高劳动力的流动成本，那么从长期看，劳动力会选择流出。如果地区1限制劳动力和资本的自由流动，那么产业将会从地区1转移到地区2，进而导致地区1的资本报酬上升，地区2的资本报酬降低。

综上所述，可以确定劳动力流动、产业集聚对产业转移具有一定的影响作用。当两个地区产业的集聚程度较高时，两个地区之间往往发生贸易往来。由此看近代云南地区的产业结构，就会发现，由于制造业的规模报酬递增，滇中地区生产的产品开始逐渐向滇东、滇西地区转移，并且会逐渐增加在滇东、滇西地区所占的市场份额。同时，随着滇中制造业对要素的需求量进一步增多，该地区的要素价格会以较快的速度不断上升，进而促使制造业转移到滇东、滇西地区。此时，滇东、滇西地区的制造业占比出现增加，并逐步趋向于要素禀赋份额，两地区之间的要素价格差异也会逐渐趋于消失。从长期看，要素流动成本与产业在该地区的布局数量成反比关系，即滇东、滇西地区较高的要素流动成本将削弱制造业在该地区的产业集聚程度，产业会向滇中地区发生转移。当假定滇中赋税率大于滇东、滇西地区的情况下，滇中制造业资本回报率要显著高于滇东和滇西地区，同时提高两个地区的满意工资水平，资本回报的差异会导致滇东、滇西地区的劳动力流出，此时要素流动成本的优势和产业集聚所形成的向心力将吸引劳动力流入滇中地区。由于收入和工资水平对劳动力流动始终保持高度敏感和弹性，循环累积的自我实现机制所引致的产业专业化和地理集中会进一步锁定转移的制造业在滇中地区的集聚效应,最终形成一种正反馈作用机制。由此可见,滇中制造业的产业集聚是内生地由劳动力跨区域流动和产业转移所决定的,实现产业集聚具有必然性和可行性。

三、1840~1936年云南地区产业集聚测定

在上一节的研究中,我们已经通过模型化分析了劳动力流动的地区分布特征,那么,为了继续研究劳动力流动和产业集聚地区的匹配情况,现在需要通过产业集聚的测度指标来描述云南近代产业分布情况。由于前面介绍的测度方法,其研究侧重点是某一特定行业的地理集中问题,缺乏对产业的整体把握,故而在本节中我们采用林理升等(2006)提出的标准化指数作为衡量指标。① 该指数通过对比某一地区在某一时点上制造业人口份额和总就业人口份额的差值来反映该地区产业的集中程度,其公式表示为:

$$g_{i,t} = \frac{E_{i,t}}{E_t} - \frac{P_{i,t}}{P_t}$$

式中,$E_{i,t}$表示地区i在t时刻制造业的就业人口,E_t表示所有区域在t时刻制造业就业人口;$P_{i,t}$表示地区i在t时刻的总就业人口,P_t表示所有区域在t时刻的总就业人口。$g_{i,t}$的值介于-1~1,如果$g_{i,t}$趋向于0,表示i地区在t时刻的制造业就业人口份额和总就业人口份额相接近,说明制造业在地区间分布平衡。反之,如果$g_{i,t}$趋向于1,表示地区i在t时刻的制造业人口份额远大于总就业人口份额,说明制造业主要集中在i地区;如果$g_{i,t}$趋向于-1,表示地区i在t时刻的制造业人口份额远小于总就业人口份额,说明制造业主要集中在其他地区,而在i地区则分布较少。该指数只能反映t时刻的产业集中情况,不能动态地解释产业集聚指数的变化趋势,因此,可采用中位数变化量公式分析产业集聚的动态变化,公式可表示如下:

$$\Delta i(t_i,\ t_n) = \frac{\text{Averg}\{g_i[t_{(n+1)/2}],\ g_i(t_n)\} - \text{Averg}\{g_i(t_1),\ g_i[t_{(n+1)/2}]\}}{\text{Averg}\{g_i(t_1),\ g_i[t_{(n+1)/2}]\}}$$

---

① 林理升、王晔倩:《运输成本、劳动力流动与制造业区域分布》,《经济研究》2006年第3期。

式中，Averg 表示算数平均数，$t_{(n+1)/2}$ 表示集聚指数时间序列的中位数。下面，计算 1840~1936 年云南各府州制造业的集聚指数，根据集聚指数分别计算各府州的平均数，计算结果如表 5-5 所示：

表 5-5　1840~1936 年云南分府工业集聚指数

府州	聚集指数	府州	聚集指数	府州	聚集指数
云南府	0.030234	普洱府	0.01732	永北厅	−0.00813
大理府	0.006399	永昌府	0.02086	广西州	0.000609
临安府	−0.00283	开化府	−0.00447	武定州	−0.00682
楚雄府	0.00643	东川府	−0.00686	元江州	−0.00774
澄江府	0.009317	昭通府	−0.00249	镇沅厅	−0.00598
广南府	0.021491	景东府	−0.01091	腾越厅	−0.00559
顺宁府	0.01207	丽江府	−0.00445		
曲靖府	0.016658	蒙化厅	−0.00266		

资料来源：课题组整理而来。

由表 5-5 中的工业集聚指数可知，近代云南的工业集聚指数呈现一边倒趋势，滇中地区除了东川府为负外，其余各府的聚集指数都为正，其中云南府、曲靖府正指数表现尤其明显；滇东、滇西则只有广南府和永昌府的制造业相对集中，其余府州产业分布分散。总而言之，近代云南滇中的产业发展具有集聚优势，滇东、滇中的工业发展相对落后。

为了更详细地分析云南近代各府州不同产业的集聚程度，本书主要选取制造业 12 个行业作为评价标准。鉴于 1911 年前后清代和民国政府的朝代更迭，对行业重新进行了界定和分类，为了保持前后的可比性，所选择的 12 个行业在辛亥革命前后基本未发生变化。分析方法采用 Ellision 和 Glaeser 的空间集聚指数，该方法需要统计 22 个省份 12 个制造业行业的企业员工人数数据，而史料中很难查到详细的数据，所以这里采用范剑勇等（2004）使用的方法，[1]并结合张肖梅《云南经济》里的一些基础数据，测算公式的基础上得到 12 个行业集聚指数，详见表 5-6。

---

[1] 范剑勇、王立军、沈林洁：《产业集聚与农村劳动力的跨区域流动》，《管理世界》2004 年第 4 期。

表 5-6 云南近代工业制造业的聚集指数（1909~1936）

行业类别	1909年	1912年	1917年	1922年	1924年	1936年
食品加工业	0.00551	0.01461	0.03194	0.03878	0.03207	0.02326
日用手工业	0.00724	0.01004	0.00926	0.01899	0.01878	0.01400
纺织业	0.04184	0.04206	0.05258	0.06138	0.05529	0.04326
制盐业	0.00827	0.01151	0.01237	0.01834	0.02606	0.01926
有色金属业	0.01441	0.00941	0.00947	0.01287	0.01313	0.01655
烟草加工业	0.06312	0.07497	0.05810	0.04966	0.04429	0.04293
机械制造业	0.01621	0.03358	0.03470	0.02855	0.02721	0.02214
电力业	0.02357	0.03584	0.04510	0.03754	0.03002	0.03348
造纸业	0.00471	0.01331	0.02297	0.02420	0.01982	0.01590
军事工业	0.01220	0.02722	0.01764	0.01058	0.01245	0.01481
建筑业	0.01673	0.02661	0.02637	0.01339	0.01143	0.01235
铸币业	0.00320	0.00589	0.00815	0.01380	0.01376	0.01224

资料来源：课题组整理而来。

从表 5-6 中可以发现，1909~1936 年，上升幅度比较大的行业有食品加工业、日用品业、造纸业、纺织业。发展比较平稳的产业为有色金属业等资源密集型产业，这些产业对资源的依赖程度大，具有地理位置优势的先决条件，所以对地区的选择具有较高要求，产业集聚现象比较难发生。另外还有一些产业空间集聚指数变化出现了倒 U 形趋势，如机械制造业、建筑业等资本密集型产业，这些行业在经历了一段上升趋势后开始回落。这可能是跟战争相关，1936 年的中日战争达到了限制产业扩张的效果，详见表 5-7。

表 5-7 云南近代工业的集聚指数分类排序

	行业	地理集中指数
$\alpha \leq 0.02$	铸币业	0.012241603
	建筑业	0.012345683
	军事工业	0.01480588
	日用手工业	0.013999568
	造纸业	0.015899535
	有色金属业	0.016553366
	制盐业	0.019257945

续表

0.02 < α ≤ 0.04	食品加工业	0.023258032
	机械制造业	0.022138927
	电力业	0.033476688
α > 0.04	烟草加工业	0.042931188
	纺织业	0.04325986

资料来源：课题组整理而来。

根据 1936 年统计的各项数据划分为三个标准，以 0.02 和 0.04 为结点作为参考标准。空间集聚指数值 α ≤ 0.02 表示基本没有集聚情况，0.02 < α ≤ 0.04 表明产业分布平衡，α > 0.04 说明已经出现明显的产业集聚。由表 5-7 可以看出 12 个制造业行业中有半数没有产业集聚现象，这些产业大部分为劳动密集型产业；5 个行业产业分布均衡，这其中也有劳动密集型产业，并且出现了资本密集型产业；另外 5 个行业产业集聚明显，这些行业大都对知识技术要求程度较高。因此我们推测不同产业集聚分布在空间上可能具有关联性，也就是说，某些府州可能同时存在多个行业的集聚现象。据此，我们分别对 12 个制造业行业空间集聚指数按照由高到低顺序排列，每个行业选取排名前 4 的府州，然后统计各府州出现的频数，如图 5-1 所示。

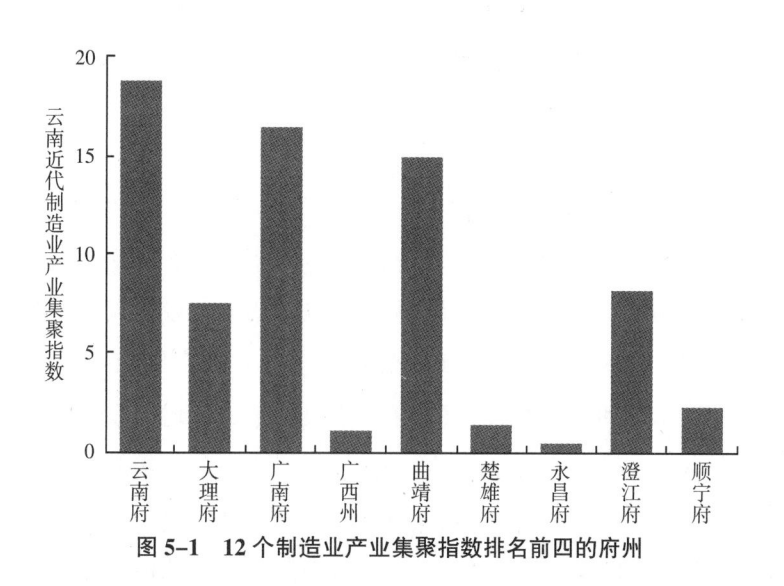

图 5-1 12 个制造业产业集聚指数排名前四的府州

从图5-1中可以看出，产业集聚的府州排名分布大致可以分为3个层次。首先，产业集中分布较多的有云南府、曲靖府、广南府，除了广南属于滇东，但广南府因为有丰富的矿业资源，故而有色金属产业发达，而其余两府都来自滇中，城市发展水平也位居省内前列；其次，可以把大理府、澄江府划分到第二个层次，产业集聚水平处于中等水平；其他的府州则划归到第三类。

1840~1936年，云南省内劳动力流入府州排名前六分别为云南府、曲靖府、广南府、澄江府、大理府，这与产业集聚前四的统计结果基本吻合；劳动力流出府州排名前六的地区如临安府、永北厅等产业集聚效果不显著。这表明产业集聚与劳动力流动有较强的关联。制造业集聚水平提高促进了劳动力的流入，劳动力流入加剧了优质劳动力的竞争，促进产业的结构升级，加速了产业集聚水平的提高。两者相互促进，有助于当地经济发展的良性循环。但是，劳动流动通常具有自发性、盲目性，如果劳动力的流入超过了产业发展的承载能力，劳动力流入和产业集聚不再匹配，那么不仅不会促进劳动力流入地区的经济发展，而且对劳动力流出区域的发展产生阻碍。

第三节　云南近代的劳动力流动与产业集聚——实证分析

由产业组织理论的循环因果定律可知，产业集聚和人口集聚是相互促进的。在经济发达地区，同一产业或相关产业集聚在一起，产业关联创新能力不断增强，使得该地区的经济发展保持强劲的势头，从而吸引不发达地区的劳动力要素流入，人口集聚为发达地区的企业提供充足的劳动力资源，带动发达地区的商品消费。与此同时，劳动力集聚降低了企业的劳动力成本，增加当地企业的产品收益率，进而促进上下游产业向发达地区集聚。反过来，产业集聚为劳动者搜寻就业信息提供了便利，提高劳动者的决策效率。如此循环往复，发达地区的人口集聚和产业集聚能力不断增强，实现产业的不断升级；欠发达地区人口稀疏，产业集聚能力不断减弱。

由新经济地理理论模型可知,生产生活的空间集聚产生三种效应:本地市场效应、生活成本效应和市场拥挤效应。本地市场效应使得具有规模报酬递增效益的产业选址于需求规模较大的地区,形成上下游产业间的垂直关联关系;生活成本效应导致劳动者更倾向于在产业集聚的地区生活,产业集聚地区具有多样化的消费产品和相对低廉的价格,降低了劳动者的搜寻成本和时间成本,这两种效应循环累积促使产业集聚向心力不断得到强化。市场拥挤效应指伴随产业和人口的集中,产业集聚达到最优规模,交通运输成本、生活成本、生产厂商的劳动力成本不断增加,使得产业集聚的优势不断减弱。对于产业集聚的发达地区,当该地产业集聚达到一个临界点即最优规模后,劳动力要素依然源源不断流入;而对于欠发达地区,大量劳动力流出使得人口集聚低于理想水平。产业和人口分布的不匹配导致区域间经济差距不断扩大。

为了更清晰地描述云南近代工业化过程中滇东、滇中、滇西地区的不匹配程度,定义匹配度指标为人口份额和产业份额的差的绝对值,人口份额可用各区域人口规模占全省人口总量的份额进行描述,产业份额用各区域GRP占GDP的份额来表示,各地区的人口份额和产业份额的情况,如表5-8所示。

表5-8 1926~1936年云南主要区域产业份额和人口份额值

年份 份额	产业份额(%)			人口份额(%)		
	滇中	滇东	滇西	滇中	滇东	滇西
1926	57.2883	25.5790	17.1327	37.4136	33.8979	28.6723
1927	57.5995	25.4731	16.9274	37.3903	33.9223	29.6873
1928	59.2266	23.7997	16.9737	37.3571	33.9233	28.7117
1929	59.8830	23.3236	16.7934	37.3377	33.9039	28.7583
1930	60.1056	23.1291	16.7654	37.3238	33.8714	28.8048
1931	60.2542	22.9099	16.8358	37.2660	33.9330	28.8010
1932	59.9301	22.9150	17.1549	37.1678	33.9676	28.8646
1933	59.3241	23.0754	17.6005	37.1229	33.9606	28.9166
1934	59.2732	23.0370	17.6898	37.0788	33.9536	28.9676
1935	58.6091	23.4391	17.9517	37.1002	33.8780	29.0219
1936	57.6468	23.8354	18.5178	37.0879	33.8700	29.0421

资料来源:课题组整理计算。

表5-8中描述了1926~1936年云南三大区域的产业份额和人口份额情况，从中可以发现，人口份额逐年发展比较平稳，产业份额出现了不同程度的波动。首先，滇中地区的产业份额明显高于人口份额，其中产业份额经历了先增大后缩小的趋势，最高值出现在1931年达到60%，虽然在这之后有下降的趋势，但和人口份额相比较仍然有较大差距。其次，滇东地区的产业份额明显低于人口份额，产业发展动力不足，经历小的低谷后再次回升，基本保持平稳发展。最后，滇西地区的产业份额虽然低于人口份额，但经过抗战工业内迁后，产业份额明显增加，产业份额和人口份额的差距逐渐缩小。

一、不匹配的影响因素和研究假设

我们从影响人口和产业非协同集聚的角度出发，找出导致现实不匹配程度高于理想状态的具体原因，可以归纳为三个方面的原因：

第一，战争和鼠疫对劳动力流动的冲击。云南近代史上经历的多次战争，如咸丰六年（1856）的起义以及1937年的抗日战争，[1]客观上起到了阻碍劳动力由欠发达地区向发达地区流动的作用，也增加了劳动力流动成本。按照有关专家的研究，战争给云南造成的破坏相当大。[2]除了战争之外，鼠疫流行也对云南劳动力流动产生了很大影响，[3]并造成劳动力转移过程中面临重重障碍。战争和鼠疫等外部冲击变相提高了劳动力的生存成本，最终导致劳动力流动速度减少和产业匹配度降低。

第二，地区间资本边际产出变化差异。除了劳动力的流动能影响产业和人口的不匹配外，资本配置也是一个重要因素。我们知道，产业集聚的基础是资本集聚，而资本边际产出的变化差异是产业进行区位选择的考量标准。换句话说，假设A地区和B地区资本边际产出同时增加，A地区资本边际产出相对B地区增长过快，资本会流向A地区；假设A地区和B地区资本边际产出同时减少，A

---

[1]《钦定平定陕甘新疆回匪方略》卷十二。
[2] 张山：《太平天国期间云南回民起义考释》，郭毅生主编《太平天国历史与地理》，中国地图出版社1989年版。
[3] 有关18~19世纪云南鼠疫流行及对人口影响方面的详细论述，参阅李玉尚、曹树基《18-19世纪鼠疫流行与云南社会变迁》，复旦大学中国历史地理研究中心主编《灾害与中国社会历史结构》（论文集），复旦大学出版社2001年版。

地区资本边际产出相对 B 地区减少更快，资本会流向 B 地区。总之，资本边际回报增长相对较快的地方更容易吸引产业向该地区集聚。

第三，政府政策。波特理论认为，政府是促进产业集聚发展的发动机，以克鲁格曼为代表的新经济地理学家认为政府可以通过引导干预产业集聚，带动地区经济的发展，这说明政府在产业集聚战略中具有重要作用。但随着市场化进程的加快，政府在市场经济中扮演双重角色：一方面政府能够通过建设具有支撑性的基础设施以及制定战略性的制度政策，防止产业集聚出现市场失灵问题；另一方面政府的过度干预也会造成市场经济运行失效。对于近代云南而言，政府的作用在两个不同的历史阶段有不一样的特点。一是清政府时期，其对国家财政的控制能力很弱，据王业键估计，"即使在清代中期最繁荣的年代，全部政府财政收入也没有超过全国谷物产值的 5.6%，在最大的四川省，地主的收入根据张仲礼的统计，就与这个比数大体相同"，[①] 因此清代对地方利益的影响力不能与前朝相比。二是民国时期，由于政治统一性解体，成就了一个充满活力的政治实验的时代，但中央政府对地方的控制力也来到了历史最低点。[②]

第四，人力资本地区差异。地区经济的发展不仅需要物质资本的积累，也需要人力资本的积累。人力资本结构对地区经济发展具有重要作用，因为人力资本本身具有创新的能力，可通过与物质资本结合的方式，提高地区经济的生产效率。此外，人力资本具有规模报酬递增的形式，能够促进产业分工和技术进步，对产出增加具有乘数效应。地区拥有的人力资本结构和产业结构的耦合度越高，越能够促进地区经济的发展。限于条件，在本书中没有深入探究人力资本在云南近代工业化中的作用，但是，以缪云台为代表的云南企业家所表现出来的卓越的企业家精神，某种程度上就是一种极为重要的人力资本。[③]

二、计量模型、指标度量说明

本研究的重点是考察劳动力流动对云南近代产业转移与集聚的作用机制。为

[①] 王业键：《清代田赋刍论》（中译本）人民出版社 2009 年版。
[②] 费正清：《剑桥中华民国史》上卷，中国社会科学出版社 1993 年版。
[③] 董孟雄、罗群：《近代云南的实业开拓者和理财家缪云天述论》，《云南民族学院学报》1998 年第 2 期。

此，在本章提出的两个理论假说的基础上，本部分将构建一个计量模型，并对相关指标作出说明。

（一）构建模型

为了研究云南近代劳动力流动对产业集聚的具体影响，我们根据柯布—道格拉斯生产函数以及 Barro 和 Sala-i-Martin（1992）的研究，构建各府州经济增长绝对收敛的模型：

$$(1/T) \cdot \log[y_{i,t}/y_{i,t-T}] = c_0 - \beta \cdot \log y_{i,t-T} + \gamma x_i + \varepsilon_{i,t}$$

式中，i 表示不同府州；t 表示时间；T 表示间隔程度，本书研究的时间跨度区间为 1820~1911 年、1923~1936 年，所以本书的时间间隔设定为 T = 7；$y_{i,t-T}$ 和 $y_{i,t}$ 分别为各省份初始期和截止期的实际人均 GDP；x 为影响区域经济增长的其他变量，变量组 x 的选取标准是按照影响产业集聚因素设置，系数 r 代表了产业集聚要素对经济增长的作用效果；根据推导公式，如果 β < 0，被解释变量和初始人均产出正相关，说明各府州经济增长不存在收敛。

由不匹配一般过程的分析，我们将不匹配程度及其因素设定为如下函数形式：

$$M = f(x_1, x_2, x_3, x_4)$$

式中，M 表示人口与产业分布的不匹配指数，x_1 表示劳动力迁移的壁垒，x_2 表示地区间资本边际产出变化差异，x_3 表示清代和民国政府政策，x_4 表示人力资本结构差异。由此，可以构建计量模型如下：

$$M = \alpha_0 + \beta_1 x_1 + \beta_2 x_2 + \beta_3 x_3 + \beta_4 x_4 + u$$

式中，α_0 表示人口和产业不匹配的平均值，β_1 表示劳动力迁移壁垒对不匹配度的影响，β_2 表示资本边际产出变化差异对不匹配度的影响，β_3 表示各级政府政策对不匹配的影响，β_4 表示人力资本地区差异对不匹配的影响。正的系数表明变量水平提高扩大了不匹配，反之则表示缩小了不匹配，u 表示随机误差项。

（二）变量与数据说明

被解释变量为人口与产业分布不匹配程度（M）用各地区人口份额与产业份额的差的绝对值表示：

$$M = |B_p - B_n|$$

式中，B_p 表示产业份额，表示为滇中等区域生产总值占云南生产总值的份额；B_n表示人口份额，表示为各区域人口数量占云南人口总量的份额。M取值介于0~1，当M等于0时，说明产业和人口在地区间平均分布，各地区拥有的产业份额和人口份额相等，越接近于0说明产业和人口的匹配度越高，当M等于1时，说明产业和人口全部集中在某个地区，M越接近于1，表示人口和产业分布的不匹配性越高。

人口流动制度壁垒（x_1）用滇中、滇东和滇西等地区的城乡收入差距表示。考虑到劳动力流动壁垒跟战争和鼠疫因素密切，但是战争和鼠疫因素很难用统计数据描述，因此我们用各府州间的城乡收入差距作为代替变量。我们把劳动力流动的过程看作是平衡地区间收入差距的过程，劳动者从乡村迁移到城市工作，通过收入回流效应带动乡村经济的发展。如果劳动力迁移存在制度性壁垒，劳动力不能或很难自由流动，就无法实现城乡间经济的同步发展。各府州城乡间收入差距越大，说明劳动力迁移的制度性壁垒起到的阻碍作用越强。

资本的边际产出（x_2）根据公式 $MPK = s/(K/Y)$。式中，s为资本份额，反映经济发展阶段和经济结构的指标，K为当前物质资本存量，Y为当前地区GRP值。关于s的计算，首先从云南1820~1936年生产总值项目结构中得到劳动报酬占该区域生产总值的份额，再减去劳动份额就是资本份额。关于资本存量的测算，目前大多数文献采用永续盘存法测算资本存量，因此本书也采用此方法来对资本存量进行计算。将资本存量定义为累的经折旧后的投资总量，其计算公式为 $K_t = (1-\delta)K_{t-1} + I_t$，式中，$I_t$表示t时期固定资产形成总额，$\delta$表示折旧率。这里我们将各府州资本折旧率固定为0.096。对于初始年份的资本存量的估计，最常见的做法 $K_0 = I_0/(g+\delta)$，式中，I_0表示初始年份的投资，g表示初始年份附近投资的平均增长率，这里我们用1923~1936年的平均增长率表示。

政府政策（x_3）用扣除教育和战争支出后的财政支出表示。选择这一变量是考虑到区域政策要发挥作用必须有资金支持，财政支持对于当地经济的发展起到了支柱作用。扣除教育和国防支出的目的是剔除人力资本的重复影响。

人力资本地区差异（x_4）用人均受教育年限指标表示。经济增长离不开技术进步，只有技术进步才能促进厂商创新水平的提升。而人均受教育年限客观上反映劳动者对技术的吸收能力，较高的人力资本水平反映较高的技术溢出效应。

三、计量结果及分析

对于1820~1936年云南的产业发展状况，考虑到各个府州彼此的互动性、劳动力分布的特点、人口密度的高低、经济活跃度等情况，我们将云南省域内的22个府州作为单位，按照地理位置相邻接壤的特性把22个府州分为66个组。之所以有这样的分组策略，主要原因在于：一是可以尽量减少地理距离造成的产业分割，二是可以减少运输条件对劳动力流动的影响，三是可以借此探究相邻府州的经济联系程度。

（一）平稳性检验

使用Stata 12.0软件构建Panel Data模型，分别对各变量数据系列作平稳性检验。只有数据满足统计平稳的条件，才能进一步进行协整检验。常用的检验方法有LLC、Breintung、IPS、ADF-Fisher和PP-Fisher 5方法，检验秩序有水平、一阶差分、二阶差分至高阶差分。首先从水平开始检验，如果序列不平稳，依次进行差分检验直至序列平稳为止。若一个序列经过m次差分之后成为平稳序列，那么该序列被称为m阶单整，记为$I(m)$。在使用上面几种检验方法后，只有统计指标的概率值小于0.05，才能说明序列平稳。

用上述方法对M、x_1、x_2、x_3、x_4进行平稳性检验后，发现M、x_2、x_4是一阶单整序列，x_1和x_3是二阶单整序列。在协整检验之前，需要对变量进行序列变换，使之变成同阶序列。这里采取对数处理，使得lnx_1和lnx_3成为一阶单整序列，这样，所有变量都是一阶单整的平稳序列，可以进一步进行协整检验。

（二）协整检验

目前面板数据的协整检验可以分为两大类：一类是以Engle and Granger 二步法检验为基础，该方法主要有Pedroni检验和Kao检验；另一类是以Johansen协整检验为基础。本书采用Engle and Granger提出的两阶段回归方法对产业分布和人口分布不匹配的影响因素进行分析。下表列出了Kao检验和Pedroni检验的结果，滞后阶数由SIC准则确定，详见表5-9。

表 5-9 滇东、滇中、滇西部人口和产业匹配模型协整检验结果

检验方法	检验假设	统计量名	统计量值（P 值） 滇东	滇中	滇西
Kao检验	H_0: $\rho = 1$	ADF	−5.944034 (0.0000)	−8.578725 (0.0000)	−7.866269 (0.0000)
Pedroni检验	H_0: $\rho = 1$ H_1:（$\rho_1 = \rho$）< 1	Panel v-Statistic	2.0145345 (0.0032)	−2.401719 (0.0043)	−2.496097 (0.0052)
		Panel rho-Statistic	−4.657323 (0.0432)	−5.237662 (0.0028)	−6.511370 (0.0032)
		Panel PP-Statistic	−13.77812 (0.0021)	−16.69781 (0.0006)	−20.58407 (0.0000)
		Panel ADF-Statistic	−6.491142 (0.0054)	−6.573293 (0.0000)	−7.260684 (0.0000)
	H_0: $\rho = 1$ H_1:（$\rho_1 = \rho$）< 1	Group-rho-statistic	−4.234657 (0.0054)	−3.889673 (0.2454)	−3.093605 (0.1244)
		Group PP-statistic	−21.25460 (0.0005)	−19.72204 (0.0000)	−28.07761 (0.0000)
		Group ADF-statistic	−7.530817 (0.0000)	−6.613196 (0.0000)	−9.482517 (0.0000)

注：括号内的数据为估计值对应的 t 统计量，在 5%的显著性水平下拒绝原假设。

表 5-9 所示的统计结果中，只有滇中区和滇西区的 Group-rho-statistic 检验统计量值大于 0.05，其他检验值均支持协整，可以进一步进行回归方程的构建。

（三）模型形式的选择和回归

在对含有 N 个截面方程的 Panel Data 模型的估计过程中，根据截距项向量 α 和系数向量 β 中各变量的不同要求，可以将 Panel Data 模型划分为 3 类，具体如下：

（1）截距项 α 和系数向量 β 相同的不变系数模型：$y_i = \alpha + x_i\beta + \mu_i$，i = 1, 2, …, N。

（2）截距项 α 不同系数向量 β 相同的变截距模型：$y_i = \alpha_i + x_i\beta + \mu_i$，i = 1, 2, …, N。

（3）截距项 α 变和系数向量 β 同时变化的变系数模型：$y_i = \alpha + x_i\beta_i + \mu_i$，i = 1, 2, …, N。

建立 Panel Data 模型的第一步便是确定检验样本数据符合上述哪种模型形式，从而避免模型设定的偏差，改进参数估计的有效性。经常使用的检验是协方差分析检验。主要检验如下两个假设：

H_1: $\beta_1 = \beta_2 = \cdots \beta_N$ H_2: $\alpha_1 = \alpha_2 = \cdots \alpha_N$ $\beta_1 = \beta_2 = \cdots \beta_N$

如果接受假设 H2，模型构建符合不变系数模型，无须进行下一步的检验。如果拒绝假设 H2，需要进一步检验假设 H1。如果接受假设 H1，选择变截距模型；反之，选择变系数模型。故而，构建变系数模型得到残差平方和 S1，其自由度为 $N(T-k-1)$；构建变截距模型得到残差平方和 S2，其自由度为 $N(T-1)-k$；构建不变参数模型得到残差平方和 S3，其自由度为 $NT-(k+1)$，因此统计量为：

$$F_1 = \frac{(S2-S1)/[(N-1)k]}{S1/[NT-N(K+1)]} \sim F[(N-1)k, N(T-K-1)]$$

$$F_2 = \frac{(S3-S1)/[(N-1)(k+1)]}{S1/[NT-N(K+1)]} \sim F[(N-1)k, N(T-K-1)]$$

为了进一步对近代云南滇东、滇中、滇西地区的人口分布和产业分布的匹配差异性进行分析，利用 22 个府州的统计数据，分别建立匹配度分析模型，对各区域的人口产业分布结构进行分析。变量均为年度数据，样本区间为 1903~1936 年，滇东、滇中、滇西的三种模型的设定检验结果如表 5-10 所示。

表 5-10   1903~1936 年云南主要地区人口和产业匹配模型形式设定检验结果

检验统计量	滇东 (N=11, k=4, T=12)	滇中 (N=10, k=4, T=12)	滇西 (N=10, k=4, T=12)
F_1	0.934201 (1.57)	1.021467 (1.68)	1.185202 (1.54)
F_2	6.665150 (1.53)	3.2782 (1.63)	5.465214 (1.49)

注：统计量 F_1 和 F_2 分别由上式计算得到，括号内的数值为 F 统计量在 5%显著性水平下的临界值。

从表 5-10 可以看出，滇东、滇中和滇西人口和产业匹配模型的 F_2 在 5%的显著性水平下显著，而各模型的 F_1 均小于相应临界值，可见，对三个模型进行模型形式设定检验时均拒绝 H2 且接受 H1，因此，滇东、滇中和滇西的人口和产业匹配模型均采用变截距形式。模型形式为：

$$M_{j,it} = \alpha + \alpha_{j,i} + \beta_1 x_{1j,it} + \beta_2 x_{2j,it} + \beta_3 x_{3j,it} + \beta_4 x_{4j,it} + \mu_{j,it}$$

式中，j=1，2，3分别代表滇东、滇中和滇西地区；i=1，2，…，N_j，分别表示滇东、滇中、滇西部包含的地区个数，t表示时间期间。α为滇东、滇中、滇西部的产业和人口的平均匹配水平；α_i代表i地区相对平均水平的偏离值，用来反映省市间匹配结构的差异；β表示各变量对被解释变量的影响程度。通过使用Crossing Section SUR分析方法对模型进行初步估计，其估计结果见表5-11。

表 5-11　1903~1936年云南主要地区产业和人口匹配模型回归结果

	滇中	滇东	滇西
α	0.010309 (9.155733)	0.020968 (6.2873360)	0.011168 (7.323998)
β_1	0.004238 (22.8232)	0.010414 (22.713300)	0.091254 (21.54877)
β_2	0.014164 (51.46181)	−0.004485 (−3.47978)	−0.003812 (−2.091674)
β_3	−0.001329753 (−10.86753)	−0.005218 (−14.70483)	−0.003745 (−14.32776)
β_4	−0.001112 (−12.01815)	−0.001689 (−8.204826)	0.001723 (−9.23655)
R^2	0.969776	0.977926	0.923341
D. W.	2.088502	2.140321	2.131235
样本容量	132	120	120

注：括号内的数据为估计值对应的t统计量，在5%的显著性水平下拒绝原假设。

由表5-11中的计量结果可知，由于α表示产业和人口分布匹配度平均值，在上面三个回归模型中的α值皆显著大于0，而且滇东>滇西>滇中，即滇东区相对于其他地区更不匹配。原因可能在于滇中区依靠优越的地理优势，以及早期积累起的资本优势，资本集聚吸引优秀的人才，从而互相促进发展；滇西区和滇中区虽然也在发展，但地处省内交通不便的区域，缺乏滇中的区位优势，在获得政策扶持方面也落后于滇中地区，所以产业和人口分布的平均匹配度上远不如滇中。

此外，由于x_1的系数β_1在滇东、滇中和滇西地区的回归模型中显著为正，表明劳动力迁移壁垒导致产业和人口的不匹配性扩大。造成这一现象的原因在于，从1903年开始，近代云南也受到了辛亥革命、重九起义、抗日战争等多重外部冲击，[①] 这些外生变量改变了明清以来劳动力自由流动的趋势，影响了劳动力的迁移。

x_2 的系数 $β_2$ 在滇东、滇中、滇西区呈现不同的趋势。滇中的系数为正，表明滇中地区的资本边际产出与地区差距呈正向变化，而滇东、滇西部欠发达地区的系数显著为负，说明资本边际产出与地区经济差距呈反向变化。根据系数关系可以看出，滇中资本边际产出的下降缩小了各府州间经济差距，滇东、滇西资本边际产出的下降扩大了欠发达地区的经济差距。

x_3 的系数 $β_3$ 在滇中、滇东和滇西显著为负，表明地区的政府财政支持缩小了产业分布和人口分布的不匹配度。近代云南始终处于一个战争动荡的不稳定环境下，因此政府历年的财政支出中军费开支是远远超过其他开支的。[②] 在此条件下，民国政府有限的推动工业化发展的经济政策，就起到了增加地方财政支出和引导培育产业发展的作用，从而带动产业集聚促进本地区经济增长。

x_4 的系数 $β_4$ 在滇中、滇东和滇西显著为负，表明人均受教育程度的提高有助于缩小不匹配度。提高地区的人均受教育水平，优化人力资本结构能够促进技术转化为先进生产力。注重对人力资本的积累和开发，加强人力资本投资和需求的匹配性，增强人力资本结构和产业结构的耦合性，是保证经济快速增长的重要举措。

第四节　本章小结

本章主要研究云南近代工业化进程中劳动力流动的特征、地区产业集聚的变迁以及劳动力流动和产业集聚的匹配度。

---

① 《云南文史资料选辑》第十八辑。
② 张肖梅：《云南经济》1942年版。

首先，根据 1820~1936 年的人口数据得到云南的近代劳动力流动主要呈现两大特征：一是跨区域流动的劳动力以低素质劳动力为主；二是劳动力流动地区分布不均衡，滇中地区的府州吸引到的人口居多。

其次，根据产业集聚标准化指数的测算方式，得出各府州的产业集聚指数平均值以及 1909~1936 年该指数的变化趋势，结果显示云南平均聚集指数值呈上升趋势，滇中地区表现最为突出。

再次，选取 12 个制造业行业测算 1903~1936 年的聚集指数，得出产业密集程度由知识密集型到资本密集型再到劳动密集型产业逐层递减，产业集聚排名靠前的府州主要集中在滇中地区，这与劳动力主要流入的府州排名较吻合。

最后，建立 Panel Data 模型测算劳动力流动和产业集聚的匹配性，分析得出劳动力迁移壁垒会导致区域差距的扩大，而提高滇东和滇西的资本收益率、增加地方的财政支持和提高劳动者的受教育水平能够缩小产业和人口的匹配，从而达到缩小地区差距的效果。

第六章 结 语

本书研究对近代云南工业发展过程中的劳动力流动与产业集聚及主要特点进行了深入的讨论，发现两者之间具有一定的互惠共生关系。然而，如果将劳动力流动与产业集聚放到近代中国经济变迁的历史大背景之下，将不可避免地遇到这样两个问题：云南的近代工业化，是否会最终导致现代经济意义上的现代化？如何理解近代中国的工业化转型问题？

第一节 云南近代工业化转型的启示

什么因素决定了产业的集聚和劳动力人口的流动？这无疑是地区或国家在工业布局时需要优先考虑的问题。事实上，一些古典经济学家在18世纪就提出了区位论的思想，论述了交通运输费用、地理距离以及原材料等因素对工业区位和产业集聚的影响。不过，创建现代工业区位理论基础的是德国经济学家阿尔弗雷德·韦伯，他是马克斯·韦伯的弟弟。小韦伯在其所著《论工业区位》一书中系统地论述了工业区位理论，认为运输成本和工资是决定工业区位的主要因素。[1]随后，理论界出现了两种主要的工业区位理论。第一种是新古典贸易理论（Neo-classical Trade Theory），其代表就是赫克歇尔—俄林模型（Heckscher-Ohlin Theory）。该理论认为，经济活动的空间分布是由要素禀赋引致的比较优势所决定的。

---

[1] 阿尔弗雷德·韦伯：《工业区位论》，商务印书馆1997年版。

具体而言，在没有运输成本、生产服从规模报酬不变以及完全竞争市场的假设之下，经济活动的分布是由要素禀赋在区位上的相对可得性所决定的。第二种是新经济地理理论（New Economic Geograph，NEG）。该理论认为，在垄断竞争的框架下，运输成本、规模报酬递增，以及市场规模的交互作用孕育了经济活动的空间集聚。

早在19世纪，云南就实现了早期的工业化。需要注意的是，云南的工业化与国内市场一体化是基本同步的。近代云南国内要素市场和商品市场统一主要得益于历届政府的自由化政策，以及铁路网络的扩张，大幅降低了运输成本。同时，从19世纪50年代到抗日战争时期（1936~1939），云南工业化区位布局发生了较大变化，不仅制造业空间集聚程度高，而且区域分工也深化。那么，如何解释以上云南工业区位布局和产业集聚变化这一历史现象呢？要素禀赋理论和新经济地理理论的因素如何决定历史上云南的工业区位呢？

法国著名历史学家布罗代尔曾对工业革命的本质提出了深刻的见解，他指出，"真正的工业革命发生在18世纪，因为它接二连三地推出众多的革新。换句话说，只有当革新导致连锁反应时，才能算是工业革命"。[①] 这一论断精辟地道出了工业化所包含的一种扩散化的社会后果。而保尔·芒图的论述则进一步明确地表达了这一实质性的内容，他认为，"如果产业革命仅仅在于一些技术改进，如果它的后果并不扩张到设备和商品之外，那么，它就终于成为一个不大重要的事件"，但是"它已用自己的标记把近代社会——首先在英国，其后在一切文明国家——烙上了印记……无论人们是从外部来观察社会，把整个社会看作是由按照某些法则增长着和分布着的人口组成的也好，或者人们研究社会内部构造以及组成社会各阶级的形成、作用和关系也好，人们处处都会发现这一伟大运动的遗迹，这一运动在改变生产制度的同时，也为整个集体改变了生活状况"。[②] 保尔·芒图在对英国早期工业革命进行研究的结果中表明，作为英国工业革命初期所表现出来的最一般的特征，其一是导致了该区域人口的增加，以及对区域外人口所

[①] 布罗代尔：《资本主义论丛》，中央编译出版社1997年版。
[②] 保尔·芒图：《十八世纪产业革命》，商务印书馆1983年版。

具有的吸引力；其二是阶级的凸显、阶级矛盾的产生与调和方式；其三是社会生产技术所表现出来的一种过渡性特征；其四则是社会资本结构的变化，以及政府在以上各方面所采取的国家干涉与自由放任政策于其中的变化等。

以英国经验为基础的近代工业化模式，被经济史学家简称为英国模式。这种模式体现了近代工业化向近代工业化的成果转变，而这个转变也就是工业革命。英国工业革命究竟包括哪些内容？为什么能够发生？这些问题在过去的200多年中，一直是世界经济史研究中最重要的课题。以前学者做出了各种解释，形成了各种不同版本的英国故事。这些版本随着英国经济史研究的进展而不断被修正，因此人们对英国模式的了解也在不断变化之中。目前，为较多学者所接受的主流观点是迪安和诺斯的研究。其中，迪安认为："工业革命一词，一般用来指复杂的经济变革，这些变革蕴含在生产力低下、经济增长速度停滞不前的、传统的、工业化前经济向人均产量和生活水平相对提高、经济保持持续增长的现代工业化发展的转变过程"，她接着指出："这一转变的性质，可以通过一系列相互关联的变革来说明：①经济组织变革；②技术变革；③工业结构变革。这些变革和（既是原因又是结果的）人口、总产值及人均产量（即使不是立即、但是最终将实现的）持续增长有一定的联系"。[1] 诺斯则指出：工业革命由组织变革和技术变革构成，是一个"组织变革和技术进步相互影响的过程"。[2] 简而言之，工业革命是一个从早期工业化向近代工业化转变的过程。成功地体现这种转变的经验模式，正是英国模式。这种模式之所以在世界经济史研究中具有特别重要的意义，主要在于两个原因：

首先，因为在世界所有国家或地区中，只有英国是"自发"地从早期工业化过渡到近代工业化的。虽然任何国家或地区的近代工业化都离不开一定的外部影响，但是相对于其他任何国家或地区而言，只有英国的工业革命主要是在"自己完成的经济循环"（笛福语）的基础上发生的，从而带有某种"自立性"的色彩。[3]

---

[1] 奇波拉：《欧洲经济史》第4卷上册，《工业社会的兴起》，商务印书馆1988年版。
[2] D. North. Structure and Change in Economic History, Harvard University Press, 1993.
[3] [日] 大河入晓南：《英国的工业革命》（中译本），周宪文编《西洋经济史论集》，台湾银行，1984年版。

而其他国家或地区的近代工业化，则或多或少地要受到先行者（特别是英国）的影响，即使是紧随英国发生工业革命的法、德等国也不例外。① 至于更晚出现工业革命的国家或地区，其近代工业化受先行者的影响就更为巨大和明显。正是由于英国在世界经济史上的这种特殊地位，其经验对于研究其他国家或地区自身的早期工业化向近代工业化的转变过程，当然是一个较为完美的参照物。

其次，英国从早期工业化向近代工业化成果转变的经验，与马克思再生产理论所揭示的普遍规律相一致。根据这些规律，社会生产力的发展是社会再生产的扩大。虽然再生产存在于一切社会生产之中，但在近代工业化以前，社会再生产主要是简单再生产。只有到了近代工业化时代，扩大再生产才成为了社会再生产的主要特征。因此由早期工业化向近代工业化的转变，实际上是以简单再生产为主的社会向再生产向以扩大再生产为主的社会再生产的转变。而最终体现这个转变的历史事件，无疑就是19世纪首先发生在英国本土的工业革命。

社会生产分为生产资料再生产（主要即重工业）和生活资料生产（主要即农业和轻工业）两大部类。这两大部类之间存在着一定的比例关系。在简单再生产中，这种比例基本上保持稳定；而在扩大再生产中，这种比例关系发生了很大变化，生产资料生产所占的比重较前有明显提高。因此，虽然无论是简单再生产还是扩大再生产都需要实现两大部类之间的平衡，但在社会再生产迅速扩大的时候，生产资料生产扩大的速度往往比生活资料生产扩大的速度更快，因为只有这样才能使前者为后者的扩大提供必要的物质基础。正是因为如此，虽然一般认为英国的工业革命以纺织业为先导，但实际上在这场革命中起更大作用的却是重工业的迅猛发展，即所谓煤铁革命。如果没有这个煤铁革命，要实现工业革命是无法想象的。

扩大再生产中两大部类关系的变化，存在于任何国家或地区的早期工业化向近代工业化转变的过程中，但这种变化只有在英国表现得最为清楚。因此英国经

---

① 在研究工业革命发生的特定条件时，法国经济史学家克劳德·福伦说："法国不是这一革命的原发地，按照一个普遍发生于西欧的过程，工业革命在很大程度上是由英国输入并向英国仿效的结果。"德国经济史学家克纳特·博查特也说："不列颠的经济发展对德国的经济发展产生了深刻的影响。"[奇波拉：《欧洲经济史》（第4卷上册）]。

验在近代工业化研究中的重要性，当然也自不待言。从某种意义上可以说，以英国经验为基础的近代工业模式，正是马克思再生产理论所揭示出来的那些普遍规律的具体化。如果我们在对其他国家或地区的近代工业化问题进行研究时，不用英国模式作为这些普遍规律的具体参照，那么我们又能用别的什么模式作为参照呢？这一点，对于近代云南工业发展的研究也至关重要。这一方面是因为云南的近代工业化并不可能背离上述普遍规律，另一方面是因为云南的近代工业化不是一种外源性的发展（换言之，不像一些后进地区那样是在先进地区的强烈影响下才出现的发展）。因此，对于近代云南工业发展中的劳动力流动与产业集聚研究来说，使用英国模式作为最主要的参照，不仅是非常重要的，而且也是非常必要的。

云南近代工业化由于处于半殖民地国家的特殊历史条件下，并伴随着落后国家所具有的政府主导型特征，因而推动其发展变化的力量当然也不止一种，但是其中最主要的，应当是劳动分工和专业化的发展。这种推动力量在亚当·斯密的《国富论》中得到很好的总结和高度的重视，因此也被经济学家称为"斯密动力"（The Smithian Dynamics）。斯密认为经济发展的动力是劳动分工及专业化所带来的高生产率，即每个人生产其最适宜生产的产品，然后与他人交换，从而在市场上获得较多的利润。劳动分工仅受到市场规模的限制。市场扩大，给经济成长提供的机会随之增加。分散化的价格体系拓宽了市场范围，并且也扩大了从劳动分工获得的优势。因此，贸易既是劳动分工与专业化发展的条件，同时又以劳动分工和专业化所体现出来的相对优势为基础。但斯密时代的经济基本上仍是农业经济，所以他并未预见到工业革命，以及由此所导致的社会与经济的根本变革。[①]

延续古典经济学的观点，费维恺（Albert Feuerwerker）从理论上说明了"斯密型成长"的特点，即经济总产量、劳动生产率都有提高，但技术变化不大。[②]斯密型经济增长受到的主要制约，是没有出现技术突破。由于没有技术突破，所

[①] 王国斌：《转变的中国——历史变迁及欧洲经验的局限》，江苏人民出版社 2003 年版。
[②] See Albert Feuerwerker, Presidential Address: Questions about China's Early Modern Economic History that I Wish I Could Answer. 与此相对的是"广泛性成长（extensive growth）和"库兹涅茨型成长"，前者是只有经济总量增加而无劳动生产率的提高，而后者则是 19 世纪以来的近代工业化。

以这种成长取决于市场规模及其扩大的情况。换言之，市场的容量就是这种成长的极限。①也正是因为没有技术突破，所以斯密动力无法导致近代工业化。这一点，在欧洲早期工业化的模范国家荷兰表现得最为明显。②而在近代早期西欧国家中，与近代云南的情况最为相似的就是荷兰。与荷兰一样，近代云南工业的发展也没有导致工业革命，其原因就在于两者经济增长的推动力量都是斯密动力。

近代云南工业化进程的特点也符合斯密型经济增长。③换而言之，劳动分工和专业化推动了云南工业的发展，而这种推动作用的大小和持续时间的长短又主要取决于市场的变化。这里所说的劳动分工和专业化，具有多方面的含义。其中最主要的方面，一是工业和农业之间的分工和专业化，二是地区之间的分工与专业化。而这两点在近代云南都表现得十分明显。在前一方面，从清代以农业为赋税主要来源到民国以工商业为赋税主体的转变，表现了近代云南工农业生产的分离和男女的劳动分工与专业化；在后一方面，正如第三、四章研究中所显示的那样，云南与中国其他地区之间，以及云南省内各府州之间已经形成了一种区域产业分工、集聚与专业化。

此外，抗日战争时期东亚南亚地区国际贸易的发展，导致了一个以中国西南边疆地区为中心的东亚南亚贸易圈的形成。④而在这个贸易圈中，云南处于一种连接点的中心位置。由于这种地位，在包括中国在内的东南亚地区的区域劳动力流动与产业集聚的过程中，云南逐渐成为全地区的附加值高的军事工业、重工业

---

① 斯密与李嘉图、马尔萨斯等古典经济学家都相信经济成长受到更广泛的限制。他们认为，经济决定人口成长速率，因此维持生存的费用与工资紧密联系在一起。斯密认为，高工资增加了儿童生存率；而儿童增加导致人口增长，并使工资下降。在富裕国家，增加财富的机会已经竭尽，所以利润水平和利息率在下降。李嘉图的基本分析构架也一样，他预计自然资源会耗尽。马尔萨斯则对人口增殖超过其资源基础所能支持的数量的前景深感恐惧。

② 荷兰虽是欧洲早期工业化的模范国家，但其早期工业化并未走向工业革命。主要原因在于煤、铁等重要矿物的贫乏使之始终停留在雷格莱所说的那种"发达的有机经济"（advanced organic economy），而不能像英国那样，转变为"矿物能源经济"（mineral-based energy economy）。雷格莱在 Continuity, Chance and Change: The Character of the Industrial Revolution in England 一书中，对上述转变做了深刻的分析，并把荷兰作为英国的对照。他强调，只有与上述转变相结合，西欧近代早期的经济进步（即通常意义上的资本主义）才能导向近代化（详见该书第 113-115 页、第 130-132 页）。

③ 王国斌曾认为，明清中国经济成长属于斯密型成长（《转变的中国——历史变迁及欧洲经验的局限》）。斯密本人也强调中国经济成长有其极限："甚至在他（指马可·波罗）以前很久，中国可能已经获得了其法律与制度的性质所允许获得的全部财富。"[参见《国富论》（中译本）]。

④ 周建明：《论民国时期中国与东南亚的贸易》，广西师范大学学报（哲学社会科学版）2012年第4期。

和轻工业产品的生产中心。由于战时东南亚正处于一个资源加速聚集、产业成长的时代，因此到了抗战中期，由地区劳动力流动和产业集聚所推动的云南近代工业化还具有很大的提升空间，远未达到其发展的极限。

传统理论认为劳动力流动能够缩小地区间经济差距，研究焦点主要集中在劳动力流动对迁入地和迁出地的影响差异上。产业集聚意味着产业的空间分布不均衡，使得地区间增长速度不一致。我们知道劳动力流动到发达地区，是由于能够与产业结合释放高效的生产力，从而引起区域间经济发展差异。因此，通过探究劳动力流动和产业集聚在区域间的匹配关系，进而分析两者对区域间差距的影响，对于缓解地区经济发展不平衡现状具有较大的理论和实际意义。在今天中国经济起飞所引起的产业结构大调整中，云南又一次站在"一带一路"新经济带的前沿，面临着产业发展的新机遇。云南工业在近代时期的这些表现，虽然与它在20世纪后半段的经历已有天壤之别，但如果仔细去探寻历史深处的轨迹，仍然能够看到两者之间有着一种承续的关系。

因此，从今天回顾过去，更使人感到马克思的一段话说得极为精辟："人们不能自由选择自己的生产力——这是他们的全部历史的基础，因为任何生产力都是一种既得的力量，以往的活动的产物。所以生产力是人们的实践能力的结果，但是这种能力本身决定于人们所处的条件，决定于先前已经获得的生产力，决定于在他们以前已经存在、不是由他们创立而是由前一代人创立的社会形式。单是由于后来的每一代人所得到的生产力都是前一代人已经取得而被他们当作原料来为新生产服务这一事实，就形成人们的历史中的联系，就形成人类的历史。"[①] 从云南近代工业化进程中体现出来的诸多特点来看，情况正是如此。

[①]《马克思恩格斯全集》第 27 卷，《马克思致巴维尔·瓦西里也维奇·安年柯夫》，人民出版社 1979 年版。

第二节 从劳动力流动和产业集聚看近代中国工业化转型

客观上说,学界历年来的若干有影响的研究均对近代中国工业化转型问题提供了若干合理的解释。然而,到目前为止,我们也很难说哪一种论点已经找到了全部的答案。例如,以伊懋可(M. Elvin)为代表的"人口压力论"者认为,随着日益增长的人口压力,清代中期以后的农业长期处于仅能维持生存的状态,人口增长使中国陷入了"高水平均衡陷阱",劳动力越来越廉价,资本越来越昂贵,制造业、运输业和农业发展受到限制,也阻碍了中国近代工业化和"资本主义萌芽"的成长。①接续人口压力论,黄宗智(P. Huang)提出经济"过密化"或"内卷化"(Involution)以解释明清中国(以江南为典型)由于人口压力而带来的"没有发展的增长"。黄宗智认为,由于受到资源有限的约束,人们只能依靠不断地增加生产要素来提高单位产量,要素过分投入的结果导致劳动密集化、劳动力边际报酬递减和劳动生产率下降等后果。②如果人口压力以及由此而来的"内卷化"能够解释近代中国工业化的停滞之谜,那么无疑也会带来另外的一些问题:为什么近代只有中国人口会过度增长?为什么明末人口锐减和清代中后期战争导致人口大规模减少后,仍然不能由此实现中国工业化转型?③

---

① Evlin, M. The Pattern of the Chinese Past, Methuen, London, 1973.
② 黄宗智:《长江三角洲小农家庭与乡村发展:1368-1988》(中译本),中华书局1992年版。
③ 事实上,葛剑雄、李中清、王国斌、William Lavely 等的研究表明,清代人口增长率大大高于以往的说法是站不住脚的,1700~1850 年中国的人口增长率与西北欧及英国相差并不大。Stearns 也指出,如果18世纪下半叶西欧人口的快速增长使大量农业人口进入城市,为工业化提供了充足的劳动力,但为何同样使人口快速增长(如13~14世纪的西欧)却只是造成了经济困难?Stearns 还举例,在18世纪60年代的法国东南部,Schlumberger 是一个满足于采用传统方法生产的小作坊主,但他有10个孩子且没有一个夭折,为养活家人,他只能扩大生产,采用新的纺织制造设备(Peter N. Stearns. The Industrial Revolution in World History, rev.ed., Westvies Press, Boulder, Co., 1998)。针对"内卷化"假设,彭慕兰曾经特别指出,即使假定黄宗智对中国生产率的描述是正确的,也有充足的证据表明,在欧洲1500~1800年出现的产量扩大主要是由于使用了更多数量的劳动力,而不是由于任何生产力的扩大;这一趋势如此普遍,以至于荷兰经济史学家 Jan de Vries 提议把这一阶段重新概念化为"勤劳革命"阶段[彭慕兰所著《大分流:欧洲、中国及现代世界经济的发展》(中译本)]。

本书无法为上述问题提供一个全新的解释，只能从产业经济的角度为上述若干论点提供一些补充说明。

首先，影响中国近代工业化转型的第一个重要因素是近代中国经济的产业结构。本书对于云南近代工业的研究也显示，近代云南的工业有着典型的轻工业结构为主的特征。在第二产业中，制造业是主导产业（占比超过70%），其中纺织和食品加工等消费品的制造约占90%，机器和生产工具制造的贡献不足10%。此外，矿冶业的主要产品是食盐，在19世纪上半叶食盐在矿业的GDP占比高达50%，而工业化所必需的煤、铁等的产量十分有限。

其次，影响近代中国工业化转型的第二个因素是低水平的人均收入。大量研究显示，按1990年美元计算，人均350~400美元是人口的最低生存线（subsistence level）。[①]据本书研究的估计，1600~1840年中国人均收入折合1990年美元各年平均只有351美元，最高时也不过391美元，最低时仅有309美元，整个经济实际上处于"低水平均衡陷阱"状态。这也就是说，当近代中国人均收入处在很低水平时，经济增长就会被更快的人口增长所抵消，从而使得人均收入退回到维持生存的水平上。

最后，需要再次提高政府在经济中的重要作用。德国社会学家格罗·詹纳（Gero Jenner）认为，目前已经成型的工业化或市场经济道路主要有三种：日本模式（国家资本主义模式）或东亚模式（日本模式的复制与扩大）、盎格鲁·撒克逊模式或美国模式（新自由主义模式）和德国模式（社会伙伴关系模式）。[②]本书认为，从近代世界各国近代化进程来看，至少存在着两种不同形式的工业化路径：自发式工业化道路和国家引导型工业化道路。前者以英国为代表，后者以前计划经济国家和东亚国家为代表。在政府主导经济的国家，即使不能实现自发式的工业化转型，仍然有可能通过农业反哺工业等手段迅速实现工业化，苏联和1949年以后的中国就是两个成功的例子。当然，近代以来中国的实情，由于政

[①] 麦迪森：《世界经济千年史》（中译本），北京大学出版社2003年版；Bairoch, Paul. Economics and World History: Myths and Paradoxes, Harvester Wheatsheaf, New York.
[②] 格罗·詹纳：《资本主义的未来——一种经济制度胜利还是失败？》（中译本），社会科学文献出版社2004年版。

府在经济中的作用十分有限。以清代政府为例，其政府服务在GDP的比重平均在4.5%，政府收入的比重更低，政府财政支出的比重最大也不超过4%，此外，从财政支出的内容看，皇室消费、官员俸禄、军饷等消费性支出占主导地位，而基础设施、投资性支出则微不足道。因此，近代中国很难完全通过政府的力量步入国家引导型的工业化道路。

虽然从地理和历史条件上看，近代云南地区不完全具备沿海地区所拥有的发展工业的比较优势，但由此造成的地区间工业发展的差异在近代中期以后特别是中华人民共和国成立以后实行的地区间的均等化政策和工业分散化政策之下得到了缓解。鸦片战争之后，正是由于市场的力量导致了地区间产业发展的差距，地方政府在中央政权动荡体制下就产生了通过分割市场和地方保护主义来保护本地经济的动机。当然，从结果看，市场的力量更为强大，云南省内市场总体上呈现出了一体化的趋势，产业集聚程度进一步得到加强。如果近代云南的工业化水平进一步提高，经济开放促进国内市场一体化的力量更为强大，政府对于经济的直接参与程度也有所加强，那么，云南省内市场一体化水平和工业集聚程度的持续提高将是可以预见的结果。遗憾的是，历史没有如果，近代云南的工业化进程的结果并不是以一个童话的结尾收场。这就是本书为理解近代中国区域工业经济发展而整理出的一个经济学逻辑——一个基于既有文献和本书研究的有关云南区域经济发展的"故事"。

通过本书的研究，我们希望对于近代云南工业经济发展的有关问题有了更为真实的了解，但是，这项研究似乎还只是刚刚开始。

参考文献

[1] Acemoglu, D., S. Johnson, and J. Robinson, "Reversal of Fortune: Geography and Institutions in the Making of the Modern World Income Distribution", Quarterly Journal of Economics, 2002, 117: 1231-1294.

[2] Alexander, and Wyeth, "Co-integration and Market Integration: An Application to the Indonesian Rice Market", The Journal of Development Studies, 1994, 30 (2): 303-328.

[3] Albion, B. G., "The Rise of New York Port: 1815-1860", New York: Charles Scribner's Sons., 1939.

[4] Alchina, A. A., and H. Demsetz, "Production, Information Costs and Economic Organization", American Economic Review, 1972, 72: 777-795.

[5] Allen, R., and R. Unger, "The Depth and Breath of the Market for Polish Grain, 1500-1800", in Lemmink and van Konigsbrugge (eds.), Baltic Affairs: Relations between the Netherland and North-Eastern Europe, 1500-1800, Nijmegen: Institute voor Noord-en Osteuropese Studies, 1990.

[6] Andrabi, T., and M. Kuehlwein, "Railways and Price Convergence in British India", Journal of Economic History, 2010, 70 (2): 351-377.

[7] Assaf, R., and Chi Wangyuen, "Capital Income Taxation and Long Run Growth: New Perspectives", Journal of Public Economics, 1996, 59: 239-263.

[8] Audretsch, D. B., and Feldman, M. P., "R&D Spillovers and the Geography of Innovation and Production", American Economic Review, 1996, 3: 221-234.

[9] Atwell, W. S., "International bullion flows and the Chinese economy, circa 1530-1650", Past and Present, 1982, 95: 68-90.

[10] Berg, M., "The Age of Manufacture, 1700-1820: Industry, Innovation and Work in Britain", London & New York: Routledge, 1994.

[11] Baker, W., "Markets as Networks: A Multimethod Study of Trading Networks in a Securities Markets", Ph. D. diss, Department of Sociology, Northwestern University, 1981.

[12] Barrett, C. B., "Market Analysis Methods: Are Our Enriched Toolkits Well Suited to Enlivened Markets?" American Journal of Agricultural Economics, 1996, 78 (3): 825-829.

[13] Barrett, W., "World Bullion Flow, 1450-1800", in Rise of the Merchant Empires: Long-Distance Trade in the Early Modern World, 1350-1750, James D. Tracy ed., Cambridge: Cambridge University Press, 1990.

[14] Bergere, Marie-Claire, "The golden age of the Chinese bourgeoisie, 1911-1937", trans. by Janet Lloyd, Cambridge: Cambridge University Press, 1989.

[15] Bith-Hong Ling, Pingsun L., and Yung C. S., "Behaviour of Price Transmissions in Vertically Coordinated Market: The Case of Frozen Black Tiger Shrimp (Penaeus mondon)", Aquaculture Economics & Management, 1998, 2 (3): 119-128.

[16] Braudel, F., "Afterthoughts on material civilization and capitalism", trans. By Patricia Ranum, Baltimore, Maryland: The Johns Hopkins University Press, 1979.

[17] Bray, F., "The Rice Economics: Technology and Development in Asian Societies", Oxford: Basil Blackwell, 1986.

[18] Brook, T., "The merchants' network in 16th century China: A discussion and translation of Chang Han's 'On merchants'", Jouranl of the Economic and Social History of the Orient, 1981, 24 (2): 165-214.

[19] Blyn, G., "Price series correlation as a measure of market integration",

Indian Journal of Agricultural Economics, 1973, 28: 56-59.

[20] Buccola, S. T., "Pricing efficiency in agricultural markets: Issues, methods, and results", Western Journal of Agricultural Economics, 1989, 14: 111-121.

[21] Chan, Wellington K. K., "Merchants, mandarins, and modern enterprise in Late Imperial China", Cambridge, Mass.: Harvard University Press, 1977.

[22] Chandler, A., "The Visible Hand: The Managerial Revolution in American Business", Cambridge, MA: Harvard University Press, 1977.

[23] Chen, Fu-mei, and Myers, R. H., "Coping with transaction costs: The case of merchant associations in the Ch'ing period", in the second conference on modern Chinese economic history, Taipei: The Institute of Economics, Academic Sinica, 1989.

[24] Chuan, H. S., and Kruas, R. A., "Mid-Ch'ing Rice Markets and Trade: An Essay in Price History", East Asian Research Center Harvard of University, 1975.

[25] Clark, G., "Markets and Economic Growth, The Grain Market of Medieval England", University of California-Davis, Working Paper, 2002.

[26] Coleman, A., "A model of spatial arbitrage with transport capacity constraints and endogenous transport prices", American Journal of Agricultural Economics, 2009, 1: 42-56.

[27] Coase, R. H., "The Nature of the Firm", Economica, 1937, 4: 386-405.

[28] Coase, R. H., "R. H. Coase Lectures, 2: The Nature of the Firm-Meaning", Journal of Law, Economics, and Organization, 1988a, 4: 19-32.

[29] Coase, R. H., "The Firm, the Market, and the Law", Chicago and London: University of Chicago Press, 1988b.

[30] Dahlgran, R. A., and S. C. Blank, "Evaluating the integration of contiguous discontinuous markets", American Journal of Agricultural Economics, 1992, 74: 469-

479.

[31] Dimond, J., "Guns, Germs and Steel: The Fates of Human Societies", New York and London, W. W. Norton & Company, 1999.

[32] Ejrnæs, M., and K. G. Persson, "Market Integration and Transport Costs in France 1825–1903: A Threshold Error Correction Approach to the Law of One Price", Explorations in Economic History, 2000, 37: 149–173.

[33] Engel, C., and Rogers, J. H., "Relative Price Volatility: What Role does Border Play?", Discussion Paper in Economics at the University of Washington, No.0061, 1998.

[34] Enke, S., "Equilibrium among Spatially Separated Markets: Solution by Electrical Analogue", Econometrical, 1951, 19 (1): 40–47.

[35] Elvin M., "The Pattern of the Chinese Past", Stanford: Stanford University Press, 1973.

[36] Faminow, M., and B. Benson, "Integration of Spatial Markets", American Journal of Agricultural Economics, 1990, 72 (1): 49–62.

[37] Fan I-Chun, "Long-distance trade and market integration in the Ming Ch'ing Period, 1400–1850", Ph. D. dissertation, Stanford: Stanford University Library, 1992.

[38] Feuerwerker, A., "Materials for the Study of the Economic History of Modern China", The Journal of Eonomic History, 1961, 21 (1): 41–60.

[39] Feuerwerker, A., "China's Modern Economic History in Communist Chinese Historiography", The China Quarterly, 1965, 22: 31–61.

[40] Fewsmith, J., "Party, state and local elites in Republic China: Merchant organizations and politics in Shanghai, 1890–1930", Honolulu: University of Hawaii Press, 1985.

[41] Friedman, W., "Birth of a Salesman: The Transformation of Selling in America", Cambridge, Massachusetts & London, England: Harvard University Press, 2004.

[42] Furubotn, E. G., and R. Richter, "The New Institutional Economics: An Assessment", In E. G. Furubotn and R. Richter, eds., The New Institutional Economics, Tubingen: J. C. B. Mohr (Paul Siebeck), 1991.

[43] Goldstone, J. A., "Revolutions and Rebellions in the Early Modern World", Berkeley and Los Angeles: University of California Press, 1991.

[44] Granger, C. W. J., "Some Properties of Time Series Data and Their Use in Econometric Model Specification", Journal of Econometrics, 1981, 16 (1): 121-130.

[45] Granovetter, M., "Getting a job: A Study of Contacts and Careers", Cambridge: Harvard University Press, 1994.

[46] Grief, A., "Cultural Beliefs and the Organization of Society: Historical and Theoretical Reflection on Collectivist and Individualist Societies", Journal of Political Economy, 1994, 102 (5): 912-950.

[47] Hamilton, Gary G., and Biggart, N. W., "Market, Culture and Authority: A Comparative Analysis of Management and Organization in the Far East", American Journal of Sociology, Special Issue on Economic Sociloloty, 1988, 94: 52-94.

[48] Harriss, B., "There is method in my madness: Or is it vice versa? Measuring agricultural market performance", Food Research Institute Studies, 1979, 17: 197-218.

[49] Ho, Ping-ti, "The Ladder of Success in Imperial China: Aspects of Social Mobility, 1368-1911", New York: Columbia University Press, 1962.

[50] Hayek, F. A., "Freiburger Studies: Gesammelte Aufsaetze", Mohr: Tuebingen, 1969.

[51] Huang, P. C. C., "The Paradigmatic Crisis in Chinese Studies: Paradoxes in Social and Economic History", Modern China, 1991, 17 (3): 299-341.

[52] Heytens, P. J., "Testing Market Integration", Food Research Institute Studies, 1986, 1: 25-41.

[53] Im, Kyung-So, M. Hashem Pesaran, and Yongcheol Shin, "Testing for

Unit Roots in Heterogeneous Panels", Mimeo, Department of Applied Economics, University of Cambridge, 1997.

[54] Im, Kyung-So, M. Hashem Pesaran, and Yongcheol Shin, "Testing for Unit Roots in Heterogeneous Panels", Journal of Econometrics, 2003, 115 (1): 53-74.

[55] Johansen, S., "Statistical Analysis of Co-integration Vectors", Journal of Economic Dynamics and Contrat, 1988, 12: 232-254.

[56] Jones, S. R. H., "Transaction costs, institutional change, and the emergence of a market economy in later Anglo-Saxon England", The Economic History Review, New Series, 1993, 46 (4): 658-678.

[57] Krugman, P. R, "Increasing Returns and Economic Geography", Journal of Political Economy, 1991, 40 (2): 483-499.

[58] Landes, David S., "The Unbound Prometheus, Technological Change and Industrial Development in Western Europe from 1750 to the Present", Cambridge: Cambridge University Press, 1969.

[59] Landes, D., "Why Europe and the West? Why not China?" Journal of Economic Perspectives, 2006, 20 (2): 3-22.

[60] Li., L. M., "Integration and Disintegration in North China's Grain Markets, 1738-1911", The Journal of Economic History, 2000, 60 (3): 665-699.

[61] Lindert, P. H., "English Population, Wages and Prices: 1541-1913", Journal of Interdisciplinary History, 1985 (4): 609-614.

[62] Liu, Kwang-ching, "Chinese merchant guilds: An historical inquiry", Pacific Historical Review, 1988, 57 (1): 1-23.

[63] Liu, W. G., "Wrestling for Power: The Changing Relationship between the State and the Market Economy in Later Imperial China, 1000-1770", Ph. D. dissertation, Harvard University, 2005.

[64] Maddison, A., "Chinese Economic Performance in the Long Run, 960-2030AD", Second Edition, Paris: OECD Development Centre, 2007.

[65] Marks, D., "Unity or diversity? On the integration and efficiency rice markets in Indonesia, c.1920-2006", Explorations in Economic History, 2010, 47: 310-324.

[66] Marks, R. B., "Rice Price, Food Supply, and Market Structure", Late Imperial China, 1991, 12 (2): 64-111.

[67] Marshell, A., "Principles of Economics", 8th ed. London: Macmillan, 1920.

[68] McNew, K. E, and E. L. Fackler, "Testing market equilibrium: Is cointegration informative?", Journal of Agricultural and Resource Economics, 1997, 22: 191-207.

[69] Merel, P., Sexton, R., and Suzuki, A., "Transportation cost and market power of middlemen: A spatial analysis of agricultural commodity markets in developing countries", 2006, Available at http://www.ssrn.com/abstract=944167, accessed July 1, 2008.

[70] Mokyr, J., "The Lever of Riches. Technological Creativity and Economic Progress", New York: Oxford University Press, 1990.

[71] Monke, E., and J. Petzel, "Market Integration: An Application to International Trade in Cotton", American Journal of Agricultural Economics, 1984, 66: 481-487.

[72] Mote, F. W., "A millennium of Chinese urban history: Form, time and space concepts in Soochow", in Robert A. Kapp ed. Rice University Studies-Four views of China (Rice), 1973.

[73] North, D. C., "Sources of productivity change in ocean shipping, 1600-1850", Journal of Political Economy, 1968, 76: 953-970.

[74] North, D. C., and R. W. Barry, "Constitutions and Commitment: The Evolution of Institutions Governing Public Choice in Seventeenth-Century England", Journal of Economic History, 1989, 49 (4): 803-832.

[75] North, D. C., "Institutional Change and Economic Performance", Cam-

bridge, U. K. and N. Y.: Cambridge University Press, 1990.

[76] O'Rourke, K., and J. Williamson, "After Columbus: Explaining the Global Trade Boom 1500-1800", NBER Working Papers 8186, 2001.

[77] Ostrom, E., "Governing the Commons: The Evolution of Institutions for Collective Action", Cambridge: Cambridge University Press, 1990.

[78] Parsley, D., and, S. Wei, "Convergence to Law of One Price without Trade Barriers or Currency Fluctuations", Quarterly Journal of Economics, 1996, 114 (4): 1211-1236.

[79] Perdue, P. C., "The Qing State and the Gansu Grain Market 1739-1864", Thomas G. Rawski and Lillian M. Li ed., Chinese History in Economic Perspective, Berkeley and Los Angeles, CA: University of California Press, 1992.

[80] Persson, K. G., "Grain Markets in Europe 1500-1900: Integration and Deregulation", Cambridge: Cambridge University Press, 1999.

[81] Pomeranz, K., "The Making of a Hinterland: State, Society, and Economy in Inland North China 1900-1937", Ph. D. Diss., Yale University, 1988.

[82] Pusateri, C., "A History of American Business" (2nd Ed.), Arlington Heights, Illinois: Harlan Davidson, Inc., 1988.

[83] Ravallion, M., "Testing market integration", American Journal of Agricultural Economics, 1986, 68: 102-109.

[84] Rawski, E., "Agricultural Change and the Peasant Economy of South China", Cambridge: Harvard University, 1972.

[85] Reid, A., "Southeast Asia in the Age of Commerce", Expansion and Crisis, Yale University, 1933, 2, 7-14.

[86] Ricardo, D., "The Principle of Political Ecoonomy and Taxation", Gaernsy Press, 1871, (London, 1973).

[87] Rodrik, D., A. Subramanian, and F. Trebbi, "Institutions Rule: The Primacy of Institutions over Geography and Integration in Economic Development", Journal of Economic Growth, 2004, 9 (1): 131-165.

[88] Roll, R., "Violations of purchasing power parity and their implications for efficient international commodity markets", In: M. Sarnat and G. Szego, eds., International Finance and Trade (Ballinger, Cambridge, 1979).

[89] Roman, S., "Does Trade Explain Europe's Rise? Geography, Market Size and Economic Development", Working Papers No.129/09, 2009.

[90] Rowe, William T., "The problem of 'civil society' in Late Imperial China", Modern China, 1993, 19 (2): 139-157.

[91] Rowe, William T., "Hankow: Conflict and community in a Chinese city, 1796-1895", Stanford: Stanford University Press, 1989.

[92] Sachs, J., "Tropical Underdevelopment", NBER working paper No.8119, Cambridge MA, February, 2001.

[93] Samuelson, P., "Spatial Price Equilibrium and Linear Programming", American Economic Review, 1952, 42 (3): 283-303.

[94] Sands, B., and Mayers, R., "The spacial approach to Chinese history: A test", Journal of Asian Studies, 1986, 45 (4): 721-743.

[95] Shiue, C. H., and W. Keller, "Markets in China and Europe on the Eve of the Industrial Revolution", The American Economic Review, 2007, 97 (4): 1189-1216.

[96] Shiue, C. H., and W. Keller, "Institutions, Technology, and Trade", Working Paper 13913, 2008, http://www.nber.org/papers/w13913.

[97] Skinner, G. W., ed., "The City in Late Imperial China", Stanford: Stanford University Press, 1977.

[98] Skinner, G. W., "Marketing System and Regional Economies: Their Structure and Development", paper present for the Symposium on Social and Economic History in China from the Song Dynasty to 1900, Beijing, 1980.

[99] Spiller, P. T., and C. J. Huang, "On the extent of the market: Wholesale gasoline in the Northern United States", Journal of Industrial Economics, 1986, 35: 131-145.

[100] Smith, A., "An Inquiry into the Nature and Causes of the Wealth of Nations", first published in 1776, edited by E. Cannan (New York, 1937).

[101] Stephens, E., E. Mabaya, S. Von Cramon-Taubadel, and C. Barrett, "Spatial Price Adjustment with and without Trade", American Agricultural Economics Association 2008 Annual Meeting Paper 6538, 2008.

[102] Stigler, G., and R. Sherwin, "The Extent of the Market", Journal of Law and Economics, 1985, 28 (3): 555-587.

[103] Stock, J., and M. Yogo, "Testing for Weak Instruments in Linear Ⅳ Regression", in D. Andrew and J. Stock, ed., Identification and Inference for Econometric Models: Essays in Honor of Thomas Rothenberg, Cambridge: Cambridge University Press, 2005: 80-108.

[104] Studer, R., "India and the Great Divergence: Assessing the Efficiency of Great Markets in Eighteenth and Nineteenth Century India", Journal of Economics History, 2008, 68 (2): 393-437.

[105] Studer, R., "Does Trade Explain Europe's Rise? Geography, Market Size and Economic Development", Working Paper, 2009.

[106] Swedberg, R., "Markets as Social Structures", In the Handbook of Economic Sociology (eds.), by Neil Smelser & Richard Swedberg, Princeton, N. J.: Princeton University Press, 1994.

[107] Takayama, T., and G. G. Judge, "Spatial equilibrium and quadratic programming", Journal of Farm Economics, 1964a, 46: 67-93.

[108] Takayama, T., and G. G. Judge, "An intertemporal price equilibrium model", Journal of Farm Economics, 1964b, 46: 349-365.

[109] Takayama, T., and G. G. Judge, "Spatial and Temporal Price Allocation Models", (North-Holland, Amsterdam, 1971).

[110] Tirole, J., "The Theory of Industrial Organization", Cambridge: The MIT Press, 1998.

[111] Unger, R., "Integration of Baltic and Low Countries Grain Markets,

1400-1800", in van Winter, J. M., ed., The Interactions of Amsterdam and Antwerp with the Baltic Region, 1400-1800, Leiden: Nijhoff, 1983.

[112] Uzzi, B., "Social Structure and Competition in Interfirm Networks: The Paradox of Embedded ness", Administrative Science Quarterly, 1997, 42: 35-67.

[113] Vries, Peer., "Via Peking Back to Manchester: Britain, the Industrial Revolution, and China", Leiden, The Netherlands: Research School CNWS, Leiden University, 2003.

[114] Wallis, J. J., and D. C. North, "Measuring the Transaction Sector in the American Economy, 1870-1970", In S. L. Engerman and R. E. Gallman, eds., Long-Term Factors in American Economic Growth, 95-161. Studies in Income and Wealth, No.51, Chicago and London: University of Chicago Press, 1988.

[115] Wang Yeh-chien, "Spatial and Temporal Patterns of Grain Prices in China, 1740-1910", Paper presented at the conference on Chinese economic history, Bellagio, Italy, 1984.

[116] Wang Yeh-chien, "Secular Trends of Rice Prices in the Yangzi Delta, 1638-1935," in Chinese History in Economic Perspective, ed. Thomas G. Rawski and Lillian M. Li (Berkeley: University of California Press), 1992.

[117] Weber, M., "Economy and Society: An Outline of Interpretative Sociology", Edited by G. Roth and C. Wittich, Berkeley: University of California Press, 1968.

[118] Werden, G. J., and L. M. Froeb, "Correlation, causality, and all that jazz: The inherent shortcomings of price tests for antitrust market delineation", Review of Industrial Organization, 1993, 8: 329-353.

[119] Wilkinson, E. P., "Studies in Chinese Price History", (Ph. D. Dissertation Princeton University, 1970), New York: Garland Publishing, Inc., 1980.

[120] Williamson, O. E., "The Evolving Science of Organization", Journal of Institutional and Theoretical Economics, 1993, 149: 36-63.

[121] White, H. C., "Where Do Markets Come From?", The American Jour-

nal of Sociology, 1981, 87（3）: 517-547.

[122] Wong, R. B., and P. C. Perdue, "Grain Markets and Food Supplies in Eighteenth-century Hunan", 1988, in Rawski and Li eds., Chinese History in Economic Perspective, Berkeley: University of California Press, 1992.

[123] Wong, R. B., "Transformation of China's Post-1949 Political Economy in Historical Perspective", Pacific Economic Review, 2008, 13（3）: 291-307.

[124] Wyeth, J., "Measure of market integration and applications to food security policies", Institute of Development Studies, Discussion Paper, 1992, No. 314.

[125] Yang, X., and Y.-K. NG, "Specialization and Economic Organization: A New Classical Microeconomic Framework", Amsterdam: North-Holland, 1993.

[126] 艾德荣：《职权结构、产权和经济停滞：中国的案例》，《经济学（季刊）》，2005年第4卷第2期。

[127] 埃德温·多兰：《现代奥地利学派经济学的基础》（中译本），浙江大学出版社2008年版。

[128] 岸本美绪：《评林满红〈世界经济与近代中国农业——清人汪辉祖一段乾隆粮价记述之解析〉一文》，《中央研究院近代史研究所集刊》1997年第28期。

[129] 岸本美绪：《清代中国的物价与经济波动》（中译本），社会科学文献出版社2010年版。

[130] 布罗代尔：《15~18世纪的物质文明、经济和资本主义》（中译本），生活·读书·新知三联书店1992年版。

[131] 布罗代尔：《资本主义的发展动力》（中译本），生活·读书·新知三联书店1997年版。

[132] 滨下武志：《中国、东亚与全球经济：区域和历史的视角》（中译本），社会科学文献出版社2008年版。

[133] 蔡昉、王美艳：《中国工业重新配置与劳动力流动趋势》，《中国工业经济》2009年第8期。

[134] 曹树基：《中国人口史：明时期》（第四卷），复旦大学出版社2000

年版。

[135] 曹树基：《中国人口史：清时期》（第五卷），复旦大学出版社2001年版。

[136] 岑毓英：《岑襄勤公遗集》，卷一。

[137] 陈真、姚洛：《中国近代工业史资料》第一、二、三辑，生活·读书·新知三联书店1957年版。

[138] 陈真：《旧中国工业的若干特点》，载《中国近代国民经济史参考资料》（一），中国人民大学国民经济史教研室1962年版。

[139] 陈庆德：《清代云南矿冶业与民族经济的开发》，《中国经济史研究》1994年第3期。

[140] 陈庆德：《资源配置与制度变迁》，云南大学出版社2001年版。

[141] 陈凌：《信息特征、交易成本和家族式组织》，《经济研究》1998年第7期。

[142] 陈吕范、邹启宇：《个旧锡业鼎盛时期出现的原因和状况》，云南省历史研究所1979年铅印本。

[143] 戴鞍钢：《中国近代工业与城乡人口流动》，《云南大学学报（社会科学版）》2011年第2期。

[144] 段成荣：《人口迁移研究》，重庆出版社1998年版。

[145] 邓亦兵：《清代前期抑商问题新探》，《首都师范大学学报》2004年第4期。

[146] 董梦雄：《云南近代地方经济史研究》，云南人民出版社1998年版。

[147] 范剑勇：《市场一体化、地区专业化与产业集聚趋势》，《中国社会科学》2004年第6期。

[148] 方豪：《方豪六十自定稿》，学生书局1969年版。

[149] 方行：《中国封建社会的经济结构与资本主义萌芽》，《历史研究》1981年第4期。

[150] 费正清：《费正清论中国》（中译本），正中书局1994年版。

[151] 方国瑜：《云南史料目录概况》，中华书局1984年版。

[152] 方田瑜：《云南地方史讲义》，云南广播电视大学内部本1992年版。

[153] 傅衣凌：《明清社会经济变迁论》，人民出版社1989年版。

[154] 筑夫：《中国经济史论丛》，生活·读书·新知三联书店1980年版。

[155] 葛兆光：《中国思想史》，复旦大学出版社2009年版。

[156] 管汉晖、李稻葵：《明代GDP及结构试探》，《经济学（季刊）》2010年第9卷第3期。

[157] 哈耶克：《个人主义与经济秩序》（中译本），生活·读书·新知三联书店2003年版。

[158] 韩格理：《中国社会与经济》（中译本），联经出版公司1990年版。

[159] 胡焕庸、张善余：《中国人口地理》，华东师范大学出版社1984年版。

[160] 何炳棣：《中国会馆史论》，学生书局1966年版。

[161] 何炳棣：《明初以降人口及相关问题：1368~1953》（中译本），生活·读书·新知三联书店2000年版。

[162] 洪焕春：《明清史偶存》，南京大学出版社1992年版。

[163] 侯杨方：《长江中下游地区米谷长途贸易（1912~1937）》，《中国经济史研究》1996年第2期。

[164] 黄敬斌：《清代中叶江南粮食供需与粮食贸易的再考察》，《清华大学学报》（哲社版）2009年第3期。

[165] 黄仁宇：《资本主义与二十一世纪》（中译本），生活·读书·新知三联书店1997年版。

[166] 黄仁宇：《十六世纪明代中国之财政税收》（中译本），生活·读书·新知三联书店2001年版。

[167] 加藤繁：《中国经济史考证》（中译本·第一卷），商务印书馆1962年版。

[168] 荆德新：《云南回民起义史料》，云南民族出版社1986年版。

[169] 经君健：《试论地主制经济与商品经济的本质联系》，《中国经济史研究》1987年第2期。

[170] 孔经纬：《鸦片战争前中国社会是否形成了统一市场——与伍丹戈同

志商榷》，《学术月刊》1961年第5期。

[171] 李春龙：《云南史料选编》，云南民族出版社1997年版。

[172] 李成瑞：《中华人民共和国农业税史稿》，中国财政经济出版社1959年版。

[173] 李根蟠：《自然经济、商品经济与中国封建地主制》，《中国经济史研究》1988年第3期。

[174] 李根蟠：《关于明清经济发展中的一个悖论》，《中国经济史研究》2003年第1期。

[175] 李绂：《与云南李参政论铜务书》，《皇朝经世文编》，第五十二卷。

[176] 李伯重：《简论"江南地区"的界定》，《中国社会经济史研究》1991年第1期。

[177] 李伯重：《中国全国市场的形成，1500~1840年》，《清华大学学报》1999年第14卷第4期。

[178] 李伯重：《十九世纪初期中国全国市场：规模与空间结构》，《浙江学刊》2010年第4期。

[179] 李伯重：《中国的早期近代经济——1820年代华亭—娄县地区GDP研究》中华书局2010年版。

[180] 李伯重：《江南早期的工业化（1550~1850)》（修订版），中国人民大学出版社2010年版。

[181] 李埏：《滇越铁路半世纪》，《云南日报》1957年4月14日。

[182] 李寿、苏培明：《云南历史人文地理》，云南大学出版社1996年版。

[183] 李约瑟：《李约瑟文集》，辽宁科学技术出版社1986年版。

[184] 李中清、王丰：《人类的四分之一：马尔萨斯的神话与中国的现实（1700~2000)》（中译本），生活·读书·新知三联书店2000年版。

[185] 梁方仲：《梁方仲经济史论文集》，中华书局1989年版。

[186] 梁方仲：《中国历代人口、田地、田赋统计》，上海人民出版社1980年版。

[187] 林满红：《银与鸦片的流通及银贵钱贱现象的区域分布（1808-1854)——

世界经济对近代中国空间方面之影响》,《中研院近代史研究所集刊》1993年第22卷（上）。

[188] 林满红:《嘉道钱贱现象产生原因"钱多钱劣论"之商榷》,张彬村、刘石吉《中国海洋发展史》第5辑,台湾"中央研究院"1994年版。

[189] 林毅夫:《李约瑟之谜、韦伯疑问和中国的奇迹——自宋以来的长期经济发展》,《北京大学学报·哲学社会科学版》2007年第4期。

[190] 刘石吉:《城郭市廛——城市的机能、特征及其转型》,收入《中国文化新论·经济篇——民生的开拓》,联经出版社1983年版。

[191] 刘大均:《工业化与中国工业建设》,商务印书馆1944年版。

[192] 龙登高:《中国传统市场发展史》,人民出版社1997年版。

[193] 龙登高:《浅析清代云南的矿业资本》,《经济问题探索》1991年第1期。

[194] 陆铭、陈钊:《中国区域经济发展中的市场整合与工业集聚》,上海三联书店、上海人民出版社2006年版。

[195] 陆韧:《云南对外交通史》,云南民族出版社1997年版。

[196] 罗玉东:《中国厘金史》（上、下）,文海出版社1979年版。

[197] 缪云台:《云南经济建设问题》,《云南实业通讯》1940年第1期。

[198] 马立博:《清代前期两广市场整合》,《清代区域社会经济研究》（叶显恩主编）1992年版。

[199] 马凌诺斯基:《文化论》（中译本）,华夏出版社2002年版。

[200] 马耀:《云南简史》,云南人民出版社1983年版。

[201] 麦迪森:《中国经济的长期表现:公元960~2030年》（中译本）,上海人民出版社2008年版。

[202] 诺斯:《制度、制度变迁与经济绩效》（中译本）,生活·读书·新知三联书店1994年版。

[203] 帕金斯:《中国农业的发展:1368-1968年》（中译本）,上海译文出版社1984年版。

[204] 潘向明:《清代云南的矿业开发》,载《清代边疆开发研究》,中国社会科学出版社1990年版。

[205] 彭泽益：《中国社会经济变迁》，中国财政经济出版社 1990 年版。

[206] 彭慕兰：《大分流：欧洲、中国及现代世界经济的发展》（中译本），江苏人民出版社 2003 年版。

[207] 彭南生：《半工业化：近代乡村手工业发展进程的一种描述》，《史学月刊》2003 年第 7 期。

[208] 彭信威：《中国货币史》，上海人民出版社 1958 年版。

[209] 全汉昇：《中国行会制度史》，新生命书局 1934 年版。

[210] 全汉昇：《中国经济史论丛》（第二册），新亚研究所出版 1972 年版。

[211] 全汉昇、何汉威：《清季的商办铁路》，《香港中文大学中国文化研究所学报》1978 年第 9 卷第 1 期。

[212] 全汉昇：《清康熙年间（1662~1722）江南及附近地区的米价》，《香港中文大学中国文化研究所学报》1979 年第 10 卷（上）。

[213] 漆侠：《宋代社会生产力的发展及其在中国古代经济发展过程中的地位》，《中国经济史研究》1986 年第 1 期。

[214] 桑巴特：《现代资本主义》，华夏出版社 1999 年版。

[215] 盛襄子：《法国对华侵略之滇越铁路》，《新亚西亚月刊》1940 年第 6 期。

[216] 斯波义信：《宋代江南经济史研究》（中译本），江苏人民出版社 2001 年版。

[217] 施坚雅：《中国农村的市场和社会结构》（中译本），中国社会科学出版社 1998 年版。

[218] 施坚雅：《中华帝国晚期的城市》（中译本），中华书局 2000 年版。

[219] 孙代兴、吴宝璋：《云南抗日战争史》，云南大学出版社 1995 年版。

[220] 塔洛克：《寻租——对寻租活动的经济学分析》（中译本），西南财经大学出版社 1999 年版。

[221] 唐炯：《成山老人自撰年谱》。

[222] 田洪：《鸦片战争到辛亥革命时期云南境内商业述略》，载《云南近代经济史文集》，经济问题探索杂志社 1988 年版。

[223] 希克斯：《经济史理论》（中译本），商务印书馆 1987 年版。

[224] 王国斌：《转变的中国——历史变迁与欧洲经验的局限》（中译本），江苏人民出版 1998 年版。

[225] 王敏铨：《中国历史上田赋的上涨及各朝代的衰落》，《太平洋事务》卷九 1936 年第 2 期。

[226] 王福明：《近代云南区域市场研究》，载彭泽益主编《中国社会经济变迁》，中国财政经济出版社 1990 年版。

[227] 王孝通：《中国商业史》，商务印书馆 1936 年版。

[228] 王业键：《The Secular Trend of Prices during the Ch'ing Period (1644-1911)》，《香港中文大学中国文化研究所学报》1972 年第 5 卷第 2 期。

[229] 王业键、黄国枢：《十八世纪中国粮食供需的考察》，《近代中国农村经济史研讨会》论文 1989 年版。

[230] 王业键、黄翔瑜、谢美娥：《十八世纪中国粮食作物的分布》，载郝延平、魏秀梅主编《中国近世之传统与蜕变》上册，台湾中央研究院近代史研究所 1998 年版。

[231] 王业键、黄玉珏：《清代中国气候变迁、自然灾害与粮价的初步考察》，《中国经济史研究》1999 年第 1 期。

[232] 王业键：《清代经济史论文集》，稻乡出版社 2003 年版。

[233] 王业键：《清代田赋刍论（1750~1911)》（中译本），人民出版社 2008 年版。

[234] 王纲：《清代的边疆开发》，西南师范大学出版社 1993 年版。

[235] 王玉茹、刘佛丁、张东刚：《制度变迁与中国近代工业化》，陕西人民出版社 2000 年版。

[236] 文贯中：《中国的疆域变化与走出农本社会的冲动——李约瑟之谜的经济地理学解析》，《经济学（季刊）》2005 年第 4 卷第 2 期。

[237] 文贯中：《李约瑟之谜与经济地理学的启示：答皮文的评论》，《经济学（季刊）》2006 年第 6 卷第 1 期。

[238] 韦森：《斯密动力与布罗代尔钟罩》，《社会科学战线》2006 年第 1 期。

[239] 吴承明：《中国的现代化：市场与社会》，生活·读书·新知三联书店

2001年版。

［240］伍丹戈：《鸦片战争前中国社会经济的变化》，上海人民出版社1959年版。

［241］吴慧：《中国经济史若干问题的计量研究》，福建人民出版社2009年版。

［242］吴荣杰、陈永琦、刘祥熹：《贸易自由化与国内、外畜禽市场价格长期均衡关系之研究》，《农业经济丛刊》2000年第5卷第2期。

［243］吴松弟：《港口—腹地和中国现代化空间进程研究概说》，《浙江学刊》2006年第5期。

［244］吴其睿：《滇南矿厂图略·滇矿图略》（下），《郤》第四。

［245］西鸠定生：《中国经济史研究》（中译本），农业出版社1984年版。

［246］谢本书：《龙云传》，四川人民出版社1988年版。

［247］许纪霖、陈达凯：《中国现代化史》第一卷，上海三联书店1995年版。

［248］邹君宇、苗文俊：《中国人口》（云南分册），中国财政经济出版社1989年版。

［249］杨一星：《中国少数民族人口研究》，地震出版社1988年版。

［250］杨寿川：《抗战时期的云南矿业》，云南社会科学1995年第6期。

［251］亚当·斯密：《国富论》（中译本·增订本），陕西人民出版社2001年版。

［252］晏才杰：《田赋刍议》，共和印刷局1915年版。

［253］严中平：《清代云南铜政考》，中华书局1948年版。

［254］严中平：《中国近代经济史统计资料选辑》，科学出版社1955年版。

［255］尤中：《云南民族史》，云南大学出版社1994年版。

［256］云南省历史研究所：《清实录有关云南史料汇编》卷四，云南人民出版社1986年版。

［257］云南省人口普查办公室：《云南省人口统计资料汇编》，云南人民出版社1990年版。

［258］云南省地震局：《云南地震资料汇编》，地震出版社1988年版。

［259］云南省气象科学研究所：《云南天气灾害史料》（内部资料），1980年版。

[260] 云南省经济研究所：《云南近代经济史文集》(铅印本) 1988 年版。

[261] 张德昌：《清代鸦片战争前之中西沿海贸易》，《清华学报》1935 年第 1 期。

[262] 张肖梅：《云南经济》，中国国民经济研究所 1942 年版。

[263] 张连红：《整合与互动：民国时期中央与地方财政关系研究》，南京师范大学出版社 1999 年版。

[264] 张宇燕、高程：《海外白银、初始制度条件与东方世界的停滞——关于晚明中国何以"错过"经济起飞历史机遇的猜想》，《经济学（季刊)》2005 年第 2 期。

[265] 赵伟、李芬：《异质性劳动力流动与区域收入差距》，《中国人口科学》2007 年第 1 期。

[266] 赵冈、陈仲毅：《中国经济制度史论》，联经出版事业公司 1986 年版。

[267] 赵冈：《中国城市发展史论集》，联经出版事业公司 1995 年版。

[268] 赵凌云：《从市场发育与演变的悖论看中国传统经济衰落的原因》，《中国经济史研究》2003 年第 1 期。

[269] 赵文琳、谢淑君：《中国人口史》，人民出版社 1988 年版。

[270] 章开沅：《关于改造研究中国资产阶级方法的若干意见》，《历史研究》1983 年第 5 期。

[271] 章开沅、罗福惠：《比较中的审视：中国早期现代化研究》，浙江人民出版社 1993 年版。

[272] 章英华：《历史社会学与中国社会史研究》，《中国社会学刊》1983 年第 7 期。

[273] 郑友揆：《1840~1948 年中国的对外贸易和工业发展》，上海社会科学院出版社 1984 年版。

[274] 周育民：《晚清财政与社会变迁》，上海人民出版社 2000 年版。

后 记

"历尽人间无量劫，依然默默自耕耘；治学不为媚时语，独寻真知启后人。"

这是著名历史地理学家、文学家和翻译家楚图南先生的诗句。一年前我将这位云南文山籍学者的上述诗作打印出来放在书桌的玻璃板下，以此自勉。如今板凳虽然还没有坐得十年，文章更不敢轻言无半句不空，扪心自问，自己好歹还算是做到了努力潜心向学。当然，至于本书的研究价值如何，仍有待学界的评判和时间的检验。

需要说明的是，本书所展开的研究内容主要来源于我主持完成的云南省哲学社会科学基金规划项目（项目号：YB2014024），以及目前主持在研的国家社会科学基金一般项目（项目号：17BJL023）。当然，随着研究的深入，在书稿写作过程当中不免又产生了一些新的想法，使得我对研究结构、数据做了很多改变与更新，也顺带增加并完善了一些章节。在本书即将完结之际，回顾这数年来的工作，既倍感顾亭林所谓"采铜于山"的辛苦，又有朱元晦"无边光景一时新"的喜悦。在过去半年多的时间里，我曾经有过重新大幅修改全部文稿的想法，也因此尽可能地利用一切空闲时光重写一些章节，但限于条件，并没有能够补充更多有价值的史料，殊为遗憾。因此，面对即将付梓的书稿以及筋疲力尽的自我状态，此时并没有感觉一块大石头落了地，反而自己的心情十分忐忑。

在本书写作进入收尾的时候，我曾经于2017年7月炎热的夏天赶赴千年古都开封参加第五届"量化历史讲习班暨国际学术研讨会"。在开封河南大学金明校区，我从7月10日一直待到17日，白天上课，晚上参加完研讨会后就赶回宾馆继续书稿写作。除了学习和写作，那十余天我还抽空重读了钱穆先生20世纪40年代写下的《湖上闲思录》，其中读到钱先生关于人文科学研究特点的一段话，不禁产生了强烈的共鸣。钱穆先生在该书中有一段论述了人文科学的价值观，其中特别提到，"人文科学家不应该像自然科学家一样，对他研究的对象，只发生兴趣，而没有丝毫的情感，如自然科学家般的冷淡和严肃。所贵于人文科学家者，正在其不仅有知识上的冷静与平淡，又应该有情感上的恳切与激动"。

在如今历史人文等社会科学因其不具实用性而备受冷落的时代，钱穆先生的观点让人深思。不得不承认的是，正如许多学者所意识到的，随着人文科学研究的职业化，社会科学研究与改造社会的联系日益弱化，人文社会学者的志向也从18世纪和19世纪的社会承担和民族承担转向了20世纪以来的专业承担，没有了前两个世纪学术在人生、信仰以及终极关切方面的意义。更为不幸的是，学者一旦掉入竞争求存的旋涡，便身不由己。曾经有过的改造社会、造福人类的志向也往往被发表论文、著书立传以求升迁所取代，结果是不少社会科学成果失去了其应有的社会价值。值得庆幸的是，通过量化历史讲习班上陈志武教授、龙登高教授、滨下武志教授和邓小南教授等诸位学者的讲授，我此行的意外收获，也是最大的收获，是更加强化了个人学术研究的社会责任感，更加感到只有研究方向与时代变革的需要结合在一起，研究成果最终转化为服务于社会进步、服务于普通民众生活质量的改善，学术研究才能保持长久的生命力。

从2014年7月入手这项研究伊始，直至2018年3月左右竣稿，这个题目已耗费了我生命中四年的宝贵光阴，其间经历了很多学术和生活方面的困难。例如，云南近代关于人口特别是劳动力流动的数据极为稀少，相关史料的阙如使得研究进展缓慢，甚至让人产生放弃的想法；还有生活中诸多杂事，教学任务的繁重等烦心事，都无时无刻不在牵绊着自己。那种莫名的筋疲力尽之感是如此深刻，以至于我总会想起葛兆光教授在其大作《中国思想史》后记中的那句话的含义，"无论别人怎么看，我几乎已经是筋疲力尽"。也许是基于学者们的得失存心知，曹树基教授在他那本具有开创性的著作《人口史·第五卷》中，也曾说过极为相似的话语。出于上述原因，我更愿意把这篇"后记"当作自己近年"闭门造车"的感慨而自道之。

事实上，我感觉到很多问题还没有说清楚，也暂时不可能说清楚。例如，尽管发现了当前研究中的不少问题，但是在许多情况下，我还不能从更为精细的定量研究入手，得出一系列可靠的或较为可靠的数据，以建立起一套更为严密或更

后 记

完整的概念体系，准确地描述云南近代产业的变动过程和特点。从目前来看，对于清代至民国时期经济过程与人口过程的关系，战争、自然灾害等外生变量与相关人口数量及人口结构之间的关系，我们所知所探的还处于较为初级的阶段。此外，受到时间和数据的限制，我未能在实证研究中引入空间计量方法，殊为遗憾。本书研究所涉及的云南近代劳动力流动与产业集聚，只能暂且视作一系列研究的基础性工作，后面还非常有必要继续加以深入研究。

在我本项研究进行的几年当中，许多师友、同事和学生为我提供过帮助。我的老师杨先明教授一直鼓励我要耐得住寂寞，要有超越前人的学术勇气，可惜我资质愚钝一直未能达到他对我的期望。当年正是得力于杨老师的指引，我才走向了产业组织和经济史的探索之路，选定了一个难度很大的题目：明清商人组织与市场整合研究。虽然花费了四年时间来做毕业论文，备尝艰辛，但也得到了丰富的回报：2015年8月获得云南省优秀博士学位论文，2017年4月获得云南省哲学社会科学优秀成果（著作）二等奖。

当然，还要特别感谢多年来一直不断督促我进步的师友。他们是香港大学的陈志武教授，复旦大学的吴松第教授和戴鞍钢教授，河南大学的彭凯翔教授，云南大学的黄纯艳教授、张林教授、吕昭河教授、陈征平教授和方盛举教授，云南财经大学的伏润民教授、钟昌标教授、龚刚教授、朱立教授、龙超教授、晏雄教授、佴澎教授、丁世青教授、王智勇教授和罗宏翔研究员，云南省社会科学院的谢青松研究员，以及赵果庆、梁双陆、黄宁、陈新、刘志坚和杨洋等几位同门。

最后，本书在出版过程中得到了云南省哲学社会科学学术著作出版项目的资助，并有幸入选2018年云南省哲学社会科学创新团队成果文库（因为不能同时获得两个省级资助而放弃，甚为遗憾）。无论如何，在此感谢云南省哲学社会科学规划办公室的何飞、杨君凤和马云等老师，以及云南省社会科学界联合会卢华老师对本书出版的关心和帮助。

是为记。

二○一七年十一月三日谨识于至简斋
二○一八年十二月八日改订于云财熙园